普通高等院校“十三五”规划教材

大学生军事理论与训练教程

主　编　刘卫锋
副主编　刘许亮　柴　杉　史　晋

华中科技大学出版社
中国·武汉

内容简介

本书按照《普通高等学校军事课教学大纲》的要求，从课程的性质和内容出发，以国防教育为主线，结合大学生现有的知识结构特点，比较全面地概括了普通高等学校军事理论课的课程体系。本书分为前、后两部分，共九章，分别介绍了中国国防、国际战略环境、军事高技术、信息化战争、军事技能、条令条例教育与训练、轻武器射击、战术、军事地形学、综合训练等内容。

本书适合作为普通高等院校、高职高专各专业的军事理论课教学用书，也可作为军事爱好者的参考读物。

图书在版编目(CIP)数据

大学生军事理论与训练教程/刘卫锋主编.—武汉：华中科技大学出版社，2018.9(2021.9 重印)
普通高等院校"十三五"规划教材
ISBN 978-7-5680-4577-3

Ⅰ.①大… Ⅱ.①刘… Ⅲ.①军事理论-高等学校-教材 ②军事训练-高等学校-教材 Ⅳ.①E0 ②G641.8

中国版本图书馆 CIP 数据核字(2018)第 203635 号

大学生军事理论与训练教程 刘卫锋 主编
Daxuesheng Junshi Lilun yu Xunlian Jiaocheng

策划编辑：周永华
责任编辑：叶向荣
封面设计：原色设计
责任校对：刘 竣
责任监印：朱 玢
出版发行：华中科技大学出版社(中国·武汉) 电话：(027)81321913
武汉市东湖新技术开发区华工科技园 邮编：430223
录 排：华中科技大学惠友文印中心
印 刷：武汉市籍缘印刷厂
开 本：787mm×1092mm 1/16
印 张：12.25 插页：2
字 数：319 千字
版 次：2021 年 9 月第 1 版第 4 次印刷
定 价：45.00 元

华中出版

本书若有印装质量问题，请向出版社营销中心调换
全国免费服务热线：400-6679-118 竭诚为您服务

前　　言

国防教育是建设和巩固国防的基础，是增强民族凝聚力、提高全民素质的重要途径。高校的国防教育是全民国防教育的基础，是实施素质教育的重要内容，是加强大学生思想政治教育的有力手段。我国改革开放以来，全国普通高等学校相继开展了军事理论教育和学生军事技能训练，国防教育取得了丰硕成果。军事课作为高等学校的一门必修课纳入了课程建设体系。根据《普通高等学校军事课教学大纲》的规定，总结多年来军事理论教学和军事技能训练的成果，结合当前形势发展变化的需要，我们组织有关专家、学者在以往教材的基础上重新进行了编写。新编写的《大学生军事理论与训练教程》，注重从课程建设的研究对象、任务、目的出发，按照课程建设的要求，在思想性、科学性、知识性和可读性等方面进行了有益探索。

《大学生军事理论与训练教程》分为前、后两部分，共九章。前半部分为军事理论，包括：第一章，中国国防；第二章，国际战略环境；第三章，军事高技术；第四章，信息化战争。后半部分为军事技能，包括：第五章，条令条例教育与训练；第六章，轻武器射击；第七章，战术；第八章，军事地形学；第九章，综合训练。

本书由刘卫锋任主编，刘许亮、柴杉、史晋任副主编。本书在编写中，引用和参阅了有关专家、学者的最新研究成果和论著资料，在此谨向各位专家、学者深表谢意。

由于编者水平有限，不当之处在所难免，敬请广大读者提出宝贵意见。

编者

2018 年 6 月于开封

目　　录

第一章　中国国防 …… 1
第一节　国防概述 …… 1
第二节　国防法规 …… 11
第三节　国防建设 …… 16
第四节　武装力量 …… 22
第五节　国防动员 …… 24
第二章　国际战略环境 …… 34
第一节　战略环境概述 …… 34
第二节　国际战略格局 …… 43
第三节　我国周边安全环境 …… 54
第三章　军事高技术 …… 61
第一节　军事高技术概述 …… 61
第二节　高技术在军事上的应用 …… 66
第三节　未来的新概念武器介绍 …… 96
第四章　信息化战争 …… 102
第一节　信息化战争概述 …… 102
第二节　信息化战争的基本特征 …… 104
第三节　信息化战争的发展趋势 …… 109
第四节　信息化战争与国防建设 …… 112
第五章　解放军条令条例教育与训练 …… 119
第一节　共同条令 …… 119
第二节　队列动作训练 …… 125
第三节　阅兵 …… 133
第六章　轻武器射击 …… 137
第一节　轻武器常识 …… 137
第二节　简易射击原理 …… 139
第三节　射击动作和方法 …… 141
第四节　实弹射击 …… 143
第七章　战术 …… 146
第一节　战斗类型 …… 146
第二节　战术基本原则 …… 148
第三节　单兵战术基础动作 …… 150
第八章　军事地形学 …… 155
第一节　地形对作战行动的影响 …… 155
第二节　地图的基本知识 …… 158

第三节　现地使用地形图 …… 171
第九章　综合训练 …… 179
第一节　行军 …… 179
第二节　宿营 …… 182
第三节　野外生存 …… 185
参考文献 …… 190
附录　各种军训方队类型图 …… 191

第一章　中国国防

第一节　国防概述

一、国防的含义

国防是国家为防备和抵抗侵略，制止武装颠覆，保卫国家的主权、统一、领土完整和安全所进行的军事活动，以及与军事有关的政治、经济、外交、科技、教育等方面的活动。国防是国家的重要职能之一，是随着国家的产生而产生的。自古以来，有国就有防，国无防而不立。作为一个主权国家，最重要的是生存与发展。国防是国家生存与发展的安全保障，国防是否巩固，事关国家和民族的兴亡。维护国家安全利益是国防的根本职能；捍卫国家主权、领土完整和防止外来侵略、颠覆是国防的主要任务。

（一）国防的主体

国防的主体是国家，国家也是国防活动的实施者。国防是国家的事业，是国家的固有职能。任何国家，从诞生之日起，就要固国强边，防备和抵御各种外来侵略，保障国家安全，维系国家的生存和发展。从国家的本质看，国家是阶级专政的工具，是统治阶级利益与意志的体现，实现这种利益与意志，必须通过国家权力。国防就是要维护国家的这种权力。同时，也只有依靠国家的这种权力才能使国防得以运转，只有国家才能领导和组织国防事业。从国防的本义上看，国防是国家的防务，与国家的各个部门、各种组织以及全体公民都息息相关。加强国防建设，进行国防斗争，必须依靠国家各个方面的综合力量。

（二）国防的目的

国防的目的，是保卫国家的主权、统一、领土完整和安全。主权、统一、领土完整和安全作为国防的目的，是总结了长期以来国防建设和斗争经验的结果，这四个方面也是互相联系的。

1. 捍卫国家主权

国家和主权不可分割，主权是国家存在的根本标志。如果一个国家的主权被剥夺，其他的一切，包括国家的独立、领土完整、传统的生活方式、基本的政治制度、社会准则和国家荣誉、尊严等，都无从谈起了。因此，捍卫国家主权，始终是国防中第一位的、根本的目的和任务。

2. 维护国家统一

国家的统一是指国家由一个中央政府对领土内一切居民和事务行使完整的管辖权，不允许另立政府或分割国家的管辖权。从国际法的角度来说，保卫国家统一、反对分裂，历来是一个国家的内部事务，绝不允许外国干涉，这是一个原则性问题，不能有丝毫的含糊。因此，保卫国家的统一历来是国防的重要任务。当外国敌对势力插手我国内政，破坏我国的民族团结，危及国家的统一和完整时，国防力量必须予以坚决打击，发挥其维护国家统一和稳定的职能。

3. 保卫国家领土完整

领土是国家存在和发展的自然物质前提，是构成国家的基本要素之一。国家主权与国家领土相存相依，领土既是国家行使其主权的空间，也是国家主权行使的对象，没有领土，主权就失去了存在空间和行使对象。国家的领土被侵占，主权必遭侵犯。国防捍卫国家主权，必然要保卫国家领土的完整。

4. 保障国家安全

国家要正常地生存和发展，必须有一个安全的内外环境。一个国家如果没有和平、稳定的状态，不仅难以建设和发展，而且生存也会受到威胁。因此，保持安全稳定的局势，也是国防的主要目的之一。

（三）国防的手段

国防的手段是指为达到国防目的而采取的方法和措施。根据《中华人民共和国国防法》的规定，我国国防的手段包括军事活动以及与军事有关的政治、经济、外交、科技、教育等方面的活动。

1. 军事手段

国防的主要手段是军事手段。现代国防的根本职能是捍卫国家利益，防备和抵御外来的各种形式与不同程度的侵犯，防备和平息内部及外部的敌对势力相互勾结所发动的武装暴乱。在对国家利益的各种形式的侵犯中，威胁和危害最大的是武装侵犯，包括军事威胁、恫吓、军事干预、占据部分领土、武装掠夺经济资源、发动侵略战争等。上述活动和内外敌对势力相互勾结发动的武装暴乱，不仅使国家主权和人民生命财产遭受损失，而且直接危及国家与民族的发展前途。对付武装入侵和武装暴乱最根本的和最有效的莫过于采取军事手段。这是因为：首先，军事手段是最具有威慑作用的手段，可以对各种可能的外来侵犯进行有效的阻止或遏制；其次，军事手段是唯一能够有效对付武装侵略的手段，它可以用军事力量所拥有的巨大的即时打击能力给侵略者造成物质和精神的严重损害，从而迫使其中止侵略行动，以至放弃侵略企图；最后，军事手段是解决国家之间矛盾冲突的最终手段，同时，军事手段还能够作为各种非军事手段的有力后盾，可以强化各种非军事手段的国防功能。因此，军事手段理所当然成为国防活动中的主要手段。

2. 政治手段

政治手段作为国防手段之一，指的是“与军事有关的”政治活动，而不是政治本身的全部含义。构成国防手段的政治活动主要是政治制度、思想政治工作、政治宣传等。政治与国防关系密切。一方面，国防直接保卫的国家主权是政治的第一需要；国防直接保卫的国家领土是政治的物质前提；国防直接保卫的国家安全利益与发展利益是政治的根本追求。国家政权、政治制度也要靠国防力量来捍卫。另一方面，政治对国防起着决定性的支配作用；国家的政治需要决定国防的根本性质和基本类型；国家的政治指导思想和路线决定国防的方向、方针和原则；国家的政治制度决定国防的根本体制；国家的政治素质制约国防的客观效应。

3. 经济手段

经济是国防的基础，社会经济制度决定国防活动的性质，社会经济状况决定国防建设的水平。在现代条件下，无论是国防建设还是国防斗争，都要广泛采用经济手段，这些手段主要有国防经济活动、经济动员、经济战、经济制裁等。

4. 外交手段

国防外交活动主要是指国家与国家之间为了国防目的而开展的外交活动。由于这种外交主要涉及军事领域，所以又称军事外交。它既有通常意义上外交的一般特征，又具有区别于其他外交工作的特殊规律，是集外交与军事于一体的活动。它的范围很广，领域很多，活动的内容也十分丰富。从总体上讲，国防外交主要涉及国家与国家之间、军事集团与军事集团之间的军事政治关系、军队关系、军事战略关系、军事科技关系和军事经济关系等。国防外交涉及的各个方面的活动不是孤立的，而是有机联系的。从事国防外交活动的主体也不单纯是武装力量，还包括国家机关与民间的一些部门。

除上述因素外，与军事有关的科技、教育等，也是国防的重要手段。

（四）国防的对象

国防的对象是指国防所要防备、抵抗和制止的行为。根据《中华人民共和国国防法》的界定，我国国防的对象是“侵略”和“武装颠覆”。

1. 国防要防备和抵抗的是“侵略”

《中华人民共和国国防法》对国防对象的这一法律界定，既有国际法理依据，又符合国防的现实需要，与国家面临的威胁相一致。

联合国 1974 年专门通过了《关于侵略定义的决议》，凡属于决议所指的侵略，均属于运用国防力量防备和抵抗的对象。现实当中，确实存在着武装侵略和非武装侵略，如果以法律的形式规定，国防只是防备和抵抗“武装侵略”，在今后的国防建设和斗争中，就会束缚自己的手脚。当今现实世界中，主权国家对另一主权国家的非武装侵略及被侵略国家的反侵略大多要以武力为后盾，而且有些非武装侵略，是非国防手段不能抵御的，因此，国防要防备和抵抗的是“侵略”，而不仅仅是“武装侵略”。

2. 国防应把“武装颠覆”作为制止的对象

所谓“武装颠覆”是指用武装暴力推翻现政府的一种叛逆行为。反武装颠覆是国家的大事，它不完全属于国防的范畴，但与国防又密切相关，需要进行具体的分析。各种武装颠覆活动，包括分裂国家、武装叛乱以及企图推翻社会主义制度的武装暴乱，都构成对国家安全的主要威胁。对此，在国防上必须做好应付突发事件的准备，必须将反武装颠覆作为国防的基本职能之一。

二、国防的基本类型

国家的社会制度和国家政策决定国防的性质。国家的社会制度不同，制定的国防政策、追求的国防目的不同，国防类型也有不同。目前世界上的国防类型主要有扩张型、自卫型、联盟型和中立型四种。

1. 扩张型

扩张型国防是少数霸权主义国家的国防类型。它是以国家安全和防务需要为幌子，侵犯他国主权和领土、干涉他国内政，赤裸裸地对他国进行侵略、颠覆和渗透。

2. 自卫型

自卫型国防是广大第三世界国家通常采用的国防类型。它主要依靠本国的国防力量抵抗侵略和制止颠覆,维护国家的安全和尊严;广泛争取国际上的同情和支持,从而达到维护本国安全及周边地区和世界的和平与稳定的目的。

3. 联盟型

联盟型国防是以联盟的形式借助他国的力量进行防卫,以弥补自身力量的不足,这种类型的国防有侵略扩张型和防御自卫型两种。有的联盟形式是一个大国处于主导地位,其余国家处于从属地位;有的联盟形式是各国处于平等地位,形成伙伴关系,共同协商防卫大计。

4. 中立型

中立型国防主要是中小发达国家,为了保障本国的发展和安全,奉行和平中立的国防政策,制定总体防御战略和实行寓兵于民的防御体系。其中,有的采取完全不设防的方式,有的采取全民保卫的武装中立,目的是使潜在的侵略者不敢轻易发动侵略战争。

我国是社会主义国家,我国的国防属于典型的自卫型国防,其宗旨是反对侵略战争,维护世界和平,保卫国家的安全与发展。在国防力量的运用上,坚持自卫立场,实行积极防御的战略方针。

三、我国历史上的国防

国防是伴随着国家的产生而产生,并随着国家的发展而发展的,亦随着国家的消亡而消亡。只要国家存在,国家就不可一日无防。安全生存是人类的第一需要。只有在安全的环境里,人类才能生存下去,继而求得发展。生存是发展的基础,发展是生存的保障;没有生存就没有发展,没有发展就难以生存。

原始人类的安全防卫,是在狩猎动物时,以人群四面围猎而得到成功。当猛兽来攻时,人们的自卫手段是用围猎办法将猛兽击毙,并分食其血肉,以求得生存和发展。这不是依靠个人之力的单独斗争,而是依靠大众之力互相合作而成的。于是人们结成团体,以自卫求生存。在团体内推举强者一人或几人为首领,以建立其内部秩序和对大众分配工作,这就是原始的社会组织,亦即后来演变为“国家”的基础。这个原始社会组织维护生存的自卫,以后演变为“国防”。随着生产力的发展和阶级的分化,成型的利益集团(国家)出现后,国防就随着国家一起在生产力进化和政治分化中得到巩固和发展。因此,人类组成国家,除了生产方式演变进化的动因外,更有效地、更强劲地捍卫自身集团利益,是个十分重要的原因。到了阶级社会,人类生存与发展中的威胁,不仅来自自然界,而且来自于社会各集团、国家之间的利益争夺所产生的流血冲突,并上升为主要因素。从此,国家和国防更是密不可分了。人类为了防卫而组成国家,国家为了生存与发展而组织防卫。正如孙武所说:“兵者,国之大事,死生之地,存亡之道,不可不察也。”

我国几千年的国防历史,是一部阶级斗争的历史,是一部被压迫阶级反抗压迫阶级、抗御外敌入侵的历史,是一部屡遭外敌欺凌、饱含人民血泪的历史。学习我国的国防历史,对于进一步增强国防观念,搞好社会主义现代化建设;对于发扬我国人民的爱国主义的优良传统,形成崇勇尚武的风气;对于了解我国国防建设现行方针政策的历史渊源,都具有重要的意义。

(一)中国古代国防

中国古代国防始于公元前 21 世纪夏王朝的建立,止于公元 1840 年鸦片战争爆发。我国古代国防历经数千年,随着各朝代的盛衰更替和社会的发展不断发展。

1. 中国古代兵制建设

兵制，即军事制度，也称军制，是国家或政治集团组织、管理、维持、储备和发展军事力量的制度。我国古代的兵制建设主要包括武装力量体制、军事领导体制和兵役制度等方面的内容。兵制建设是我国古代国防的一个重要方面。

早在夏初，帝王已控制了军事大权，已有对参战人员编组和奖惩的规定。商和西周，帝王是最高军事统帅，军事领导职务由贵族大臣和方国首领担任，士卒主要由奴隶主和平民充当，奴隶一般只随军服杂役。

春秋时期，随着奴隶制的解体，各诸侯国开始实行兵制变革，废除奴隶不能充当甲士的限制，实行武官任免制度，开始出现郡县征兵制。战国时期，封建制度开始确立，社会处于大动荡、大变革、大发展之中。争霸、兼并、统一战争激烈，用兵数量增多；步兵、骑兵、水师逐渐分离为独立兵种；军制上，打破了世袭兵制，出现了募兵制和郡县征兵制；剥夺私属武装，集中军权，统一军队，文武分职；凭玺印、虎符任将发兵；建立按军功晋爵升赏制度；战争指挥复杂、要求高，将帅专职化；学术上的百家争鸣等促进了中国古代兵学的发展。

自秦统一中国到清末，历代封建王朝根据各自的需要和条件，在专制主义中央集权制度的基础上，加强帝王的军权。从中央到地方建立便于帝王控制的统帅指挥系统；常备军按任务或武器编组，成为武装力量的主体，区分为中央军、地方军和边防军，以步兵或骑兵为主要兵种。明朝开始出现专门装备火器的部队，建立武库、粮储和运输制度，主要武器装备和军需物品由国家监制和供给；采用征兵制、募兵制、世兵制等，军队以农民为主要成分。封建时代兵制的许多内容通过法律形式颁布，如唐朝的《卫禁律》《捕亡律》《擅兴律》《军防令》等，对军队的组织编制、番上宿卫、屯田戍边、兵役军赋、军队调发、军需补给、驻站通道、兵器制造和配发、厩库管理等都作了具体的规定。

2. 中国古代的边防、海防建设

边防、海防是国防建设的重要内容。中国古代的边防建设，主要是修筑防御工程和实行实边固边政策。著名的万里长城，是中国古代构筑的以长城城墙为主体，与其他工程设施相结合的连续线式防御工程体系。长城据险筑墙、关堡相连、烽堠相望、敌台林立、层层布防，在中国战国时期各诸侯国之间、秦统一之后国内民族之间的战争中，发挥过重要的防御作用。此外，我国少数民族在东北也修筑了称为“边堡线”的长城。

西汉文景时，为防御匈奴南下，积极推行实边屯边的政策。一是置军戍边。在边关要地配置边防军，包括边境上的郡国兵和屯田兵，依靠边郡太守和都尉率兵防堵匈奴的进攻。二是输粟实边。依百姓输粟多少，赐给一定的爵位，或赦免罪过，并令百姓将粟运至长城沿线，待边境一带粮食充足后，再运至内地郡、县收藏。三是徙民治边。在边境要害之处，组织徙民建立城邑，由有才能、习风俗、知民心者充任首领，平时组织徙民训练，战时则率徙民抗击敌人。到了汉武帝时期，在西北边境地区大量增设新郡，并实行大规模的军事屯田，使数十万边兵有警则战，无事则耕，戍卒无饥馁之忧，国家无转运之劳。屯戍军队与大量移民共同守边，且耕且守，较之“徙民实边”更为扎实有效。

中国古代的海防建设是从明代开始的。为防止倭寇的偷袭、骚扰，明王朝一是下令禁海，二是在沿海的主要地段陆续修建了以卫城、所城为骨干，堡、寨、墩、烽堠和障碍物相结合的防御工程体系，有效地抗击了倭寇的侵扰。

3. 中国古代富国强兵的国防思想

富国强兵是我国古代各朝代都十分重视的国防思想。早在春秋战国时期，许多统治者和军事家就已经认识到国防与经济的关系，提出“国不富，则无称雄之本，兵不强，则无争霸之力”，主张废除世卿世禄制，奖励军功，尤重耕战，强调富国强兵，“显耕战之士”。当时的军事家孙武在《孙子兵法·作战篇》中指出：“带甲十万”、“日费千金”，说明军队进行战争必须要有物资作保证。而齐国著名政治家管仲也说：“甲兵之本，必先于田宅”，进一步阐明国防强大依赖经济发展，加强国防建设，其根本是发展生产。秦始皇之所以能吞并六国一统帝业，正是秦国推行富国强兵政策的结果。汉高祖得天下后，实行裁军赐爵、与民生息、重视农业的政策，尽快恢复和发展生产、增强军力；西汉与唐朝的军事屯田收到明显的效果；明朝把开发边疆、繁荣经济同抵御外来侵略结合起来；清朝初期至鸦片战争爆发前这个时期，我国各族人民不惜流血牺牲，不断地维护祖国的统一，反对民族分裂，使我国这个统一的多民族国家得到巩固和发展。

（二）清朝后期的国防

1840 年中英鸦片战争的爆发，导致了中国近代历史上第一个丧权辱国的不平等条约——《南京条约》的签订，从此“天朝大国”的大门顿开，陷入了一个又一个国防危机，中华民族步入了漫漫长夜，开始了一部充满屈辱、辛酸和悲壮的近代中国的国防史。

1840 年 6 月，英国以清政府的禁烟为借口，对中国发动了战争，史称鸦片战争。1842 年 8 月，清政府在满足了英国大多数的要求，并正式签订了中英《南京条约》之后，第一次鸦片战争结束。中英《南京条约》使中国的领土、主权遭到破坏，开始步入半殖民地半封建社会。1856 年到 1860 年，英国又联合法国，对中国发动了第二次鸦片战争。战败后的清王朝，在同侵略者签订了《天津条约》之后，又签订了《北京条约》。沙皇俄国也趁火打劫，强迫清政府签订了《瑷珲条约》。中国的领土、主权遭到进一步破坏，半殖民地程度也进一步加深。在 19 世纪 80 年代的中法战争中，虽有冯子材等爱国将领的英勇杀敌，取得了战场上的胜利，但腐败的清政府却趁胜求和，同法国签订了《中法新约》，出卖国家权益，清政府的腐败无能也暴露无遗。1895 年，日本以中国出兵朝鲜为由发动了甲午战争，北洋水师全军覆没，清政府被迫与日本签订了《马关条约》，中国被进一步肢解，半殖民地程度加深，民族危机加剧。1900 年，英、美、德、法、俄、日、意、奥八国，以保护在华侨民“利益”为借口，组成八国联军，发动了侵华战争。1901 年，战败的清政府同列强签订了《辛丑条约》，帝国主义列强从政治、经济、军事等方面加深了对中国的统治，中国完全沦为半殖民地半封建社会。

列强的侵略，使中国在政治上、经济上、文化上蒙受了巨大的屈辱和损失。香港，被迫割让给了英国；澳门，被葡萄牙霸占；沙俄侵吞了我国 150 多万平方千米的土地，相当于德、法两国面积的总和；日本占领了台湾及澎湖列岛；旅顺、胶州湾、广州湾等地成了帝国主义列强的租借地。中日甲午战争后，中国的主权被外国列强一步步攫取，外国商船和军舰可以在中国内河、领海任意航行，自由停泊于各通商口岸。当时在中国 1.8 万多千米的海岸线上，竟难以找到一个中国自己享有主权的港口；外国人在中国境内犯罪，中国人无权审理；外国人在租界地实行殖民统治，形成了“国中之国”；外国人甚至控制了中国的警察权，指挥中国的外交。

有压迫就有反抗，有侵略就有斗争。在第一次鸦片战争中，与清兵的节节败退形成鲜明对照的广州三元里人民，首先自发地兴起了抗英斗争。它向全世界昭示，中国人民绝不甘心当亡国奴，帝国主义永远也不可能灭亡中国。1900 年，当八国联军进攻中国之际，农民阶级再一次担负起挽救民族危亡的历史重任，掀起了义和团运动。为了争取民族强盛和反对外来侵略，中华民族的优秀儿女赴汤蹈火，奋斗不息。虎门销烟、奋力抗英的林则徐、邓廷桢、关天培，誓死保卫定海的葛云飞，抗英保台的姚莹，"舁榇出关、抗击沙俄、收复新疆"的左宗棠，抗法援越的刘永福、冯子材，血溅海疆的丁汝昌、邓世昌，疾吁"生气"的龚自珍，倡导"师夷长技以制夷"的魏源，为"恢复中华，创立民国，鞠躬尽瘁，死而后已"的孙中山……他们或血战沙场，为国捐躯；或折中尊俎，力争主权；或外争权利，实业救国；或启迪民智，教育救国；或改革文艺，激励民心；或武装起义，重造中华，从而唤醒了一代代民众，为保家卫国而战，为驱逐强虏而战。

（三）民国时期的国防

辛亥革命推翻了清王朝的封建统治，但胜利的果实被袁世凯和北洋军阀所窃取。袁世凯死后，全国的军队主要由三部分组成：实力雄厚的北洋军，内部又分裂演化为直系、皖系和后来的奉系三派；经营已久实力居中的进步党和西南军阀武装；力量涣散、根基不牢的中华革命党武装。为争夺地盘，各派军阀之间连年进行混战，人民的生活痛苦不堪。

北伐战争后，蒋介石在形式上完成了中国的统一。他实行对内高压、对外屈服的政策，中国的国防实力依然弱小。1921 年 7 月，中国共产党正式宣告成立。从此，中国无产阶级有了自己的战斗司令部，中国人民救亡图存的革命斗争有了自己的组织者和领导者。当日本军国主义对我国发动侵略战争，国家危亡时刻，由于蒋介石积极推行"攘外必先安内"的政策，致使中国大片国土沦陷。中国共产党高举团结抗日旗帜，肩负起救民族于危难的神圣使命，领导全国各族人民进行了艰苦卓绝的抗日战争，终于取得了我国近代史上第一次抗击外敌侵略的完全胜利。

抗战胜利后，蒋介石又背信弃义，发动内战。在中国共产党的领导下，中国人民经过四年的浴血奋战，终于推翻蒋家王朝，建立了中华人民共和国。从此，中国结束了一百多年来有国无防的屈辱史，中国的国防建设揭开了新的篇章。

（四）中华人民共和国成立以后的国防

1949 年中华人民共和国的成立翻开了中国历史新的一页，中国在各方面迅速崛起，中华民族由独立自主开始走向全面强大。我国国防也随之出现了崭新的面貌，从而成为民族振兴的重要标志和根本保证。60 多年来，我国的国防建设大体经历了五个阶段。

第一阶段：从 1949 年 10 月到 1953 年 12 月，这是我国国防的起步阶段。

为了洗雪历史的耻辱，中华人民共和国成立后将国防建设作为工作重点之一。在解放战争取得基本胜利和继续追歼残敌的基础上加大了对国防的投入。国家成立了统一的军事领导机构，加强了对全国武装力量的领导；组建新的军兵种，开始由单一陆军向诸军兵种全面建设过渡；建立军事院校，为国防建设培养大批现代化军事人才。

1950 年 6 月 25 日，朝鲜内战爆发。6 月 26 日，美国总统杜鲁门命令驻日本的美国远东空军协助韩国作战，27 日再度命令美国第七舰队驶入基隆、高雄两个港口，在台湾海峡巡逻，阻止中国人民解放军收复台湾。7 月 7 日，美国操纵联合国安理会通过决议，组建了以美国为首的 16 个国家参加的"联合国军"支援大韩民国，侵入朝鲜。唇亡齿寒，为了保家卫国，1950 年 10 月 25 日，中国人民志愿军赴朝作战，协同朝鲜人民军，经过两年零九个月的艰苦作战，连续进行了五次大的战役，以劣势装备打败了"武装到牙齿"的美军，把"联合国军"赶到"三八线"以南。1953 年 7 月 27 日，签署了《朝鲜停战协定》，抗美援朝战争胜利结束。抗美援朝的胜利，用铁的事实向世界宣布：站起来的中国人不可欺，中国人民解放军将不惜一切代价捍卫祖国的尊严。

第二阶段:1954 年到 1966 年 5 月,这是我国国防的全面建设阶段。

1953 年 12 月,中央召开了第一次全国军事系统党的高级干部会议,会议提出了要将我军建设成为“世界上第二支最优良的现代化的革命军队”的国防和军队建设总方针,并且提出全军要实行“统一装备、统一编制、统一训练、统一制度、统一纪律”的正规化建设。作为我国国防核心力量的人民解放军连续进行了四次精简整编,取得显著成效:一是压缩了军队规模;二是确立了诸军兵种合成体制;三是调整了军委和总部领导机构;四是重新划分军区;五是健全了院校和科研机构;六是统一了部队编制。经过整编以后的人民解放军编制更加合理,战斗力更强。1954 年召开的全国人民代表大会第一次会议上明确提出包括国防现代化在内的“工业、农业、国防、科学技术”四个现代化建设的奋斗目标,确立了我国国防的地位和作用。

在这期间,我国的国防科研和国防工业有了较大的发展,常规武器基本上实现了国产化,1954 年第一架喷气式飞机试飞成功,1956 年步兵武器实现了制式化,1957 年自制的鱼雷潜艇、护卫舰、扫雷舰下水,1959 年坦克实现国产化。特别是在 1960 年,我国第一枚导弹腾空而起,准确命中目标;1964 年 10 月 16 日,我们自己研制的第一颗原子弹在罗布泊试爆成功,这极大地提高了我国防御战争的能力、提高了中华民族的国际地位。

对这一时期我国国防力量的重大检验,一是炮击金门。1954 年 9 月,部署在厦门地区的解放军首次炮击金门岛,并在次年一月解放了被国民党军队占领的一江山岛、大陈岛。1958 年 8 月 23 日开始,地面炮兵和海岸炮兵再次炮击金门岛。此次炮击金门岛的目的,是要粉碎美国企图制造的“划峡而治”和“两个中国”的阴谋。二是 1962 年 10 月的中印边境自卫反击战。1962 年 10 月 20 日,印军悍然向我国边防部队发动大规模的侵犯,我国边防部队奉命进行自卫反击,经过两个阶段作战,毙伤俘敌共 9000 余人,粉碎了印度的侵略阴谋,保障了西南地区的和平与安全。

第三阶段:1966 年 5 月至 1976 年 10 月,这是我国国防的曲折发展阶段。

这一时期我国的国防在曲折中得到持续发展。继第一颗原子弹爆炸成功后,1966 年 10 月 27 日我们又成功地进行了地对地导弹核武器精确命中目标的试验,1967 年 6 月 17 日第一颗氢弹爆炸成功,1969 年地下核试验成功,1970 年 4 月 24 日第一颗人造地球卫星发射成功。这些不仅显示了中国现代科学技术的水平,而且极大地增强了我国的国防实力。随着第一颗原子弹爆炸成功并投入到军事应用,1966 年 7 月 1 日,中国人民解放军战略导弹部队(第二炮兵,今为中国人民解放军火箭军)在北京宣告成立。从此,中国人民解放军由陆、海、空三军演变为陆、海、空三军和第二炮兵一个独立兵种。

在这十年间,我国的安全环境非常紧张。美国、苏联不仅对我国进行核讹诈,而且在我国周边地区布兵摆阵,虎视眈眈。中苏边境上苏军陈兵百万;在东面和南面,国民党叫嚣“反攻大陆”,美国不断进行武装挑衅。为了保卫国家的安全,我们在国防上提出了“立足于早打、大打、打核战争”的战略方针。这一时期我国也取得反抗外来侵略方面的两次胜利。1969 年 3 月苏联军队入侵我国珍宝岛,我军进行自卫反击,给敌予歼灭性打击,保卫了我国领土。1974 年南越反动当局入侵我国西沙群岛领域,我国海军南海舰队所属部队与陆军、民兵协同作战,对入侵西沙群岛的南越军队进行了自卫反击作战。

第四阶段:从 1976 年 10 月至 1989 年,这是我国国防新的发展阶段。

这一阶段实现了国防建设指导思想的战略转变,国防建设步入了快速发展的轨道。

1981 年 9 月举行了我军历史上规模最大的一次诸军兵种联合实战演习——华北大演习。这次联合军演，告诉世人“我国国防和军队建设指导思想实现了战略性转变，从立足于‘早打、大打、打核战争’的‘盘马弯弓箭不发’的临战状态，转变到和平时期现代化建设的轨道上来”。

军队实行精简整编，体制改革，走“精兵、合成、高效”的军队建设之路。精兵就是裁减军队员额，1985 年我军裁减 100 万，使解放军总规模保持在 300 万人；撤并了武汉、昆明、福州、新疆四个军区，只保留沈阳、北京、兰州、成都、广州、南京和济南 7 个军区。2016 年，七大军区又整合为南部、北部、西部、东部和中部战区这五大战区。合成就是进行编制体制改革，走军民兼容的国防发展道路。比如，将陆军整编为合成集团军，海军成立陆战队旅，提高综合作战能力。高效就是以科学技术推动国防现代化建设的发展，把教育训练提高到战略地位。在全军院校中，实行指挥军官初、中、高级三级培训体制。初级指挥院校按中专、大专、本科三个层次培养各军兵种初级指挥员。军事学院、政治学院、后勤学院合并为国防大学，作为全军最高军事学府，培养高级指挥人员和高级参谋人员，使之成为培养将军的摇篮。

进行边境自卫还击作战，保卫国家安全。1979 年 2 月 17 日凌晨，我军从广西和云南两个方向对越南进行了惩罚性的自卫还击作战，共毙敌 37000 余人，俘敌 2200 余人，向越纵深攻击达 40 千米，取得了重大胜利。

第五阶段：从 1989 年至今，这是我国国防历史性跨越发展阶段。

从 1989 年开始，世界格局发生了根本性的变化：苏联解体，东欧剧变，冷战结束，世界由两极变为一超多强。与此同时，世界军事变革迅猛发展，特别是 1991 年 1 月爆发的海湾战争，对各国国防的发展产生了深远的影响，我国的国防建设进入了一个历史性飞跃发展的时期。

首先，提出了“把军事斗争准备的基点放在打赢现代技术特别是高技术条件下的局部战争上”的新时期军事战略方针。随后，又提出了“在军事斗争准备上，由应付一般条件下的局部战争向打赢现代技术特别是高技术条件下局部战争转变；在军队建设上，由数量规模型向质量效能型、由人力密集型向科技密集型转变”的军队建设总要求。

其次，坚持走“精兵、利器、合成、高效”的国防建设之路。精兵，在 1985 年裁军基础上，分别在 1997 年裁减 50 万、2003 年裁减 20 万，到 2005 年前常备军规模缩减为 230 万。利器，就是加速国防科技和武器装备的发展，重点发展打高技术战争必需的武器，并且组建了中国人民解放军总装备部，一批高科技武器陆续装备部队。合成，就是在各军种内部兵种合成的基础上，再根据联合作战的需要，加强各军种间的“联合”，以形成更加强大的攻防一体的综合作战能力。高效，就是在搞好军事训练的同时，更加注重以高新技术推动国防建设的发展，将高新技术变成战斗力的“倍增器”。

再次，外扬国威、内镇“台独”、驻军港澳、保护人民利益。在这个时期，我军陆续走出国门，显示军威和国威，海军舰艇编队多次外访各大洋，标志着中国人民解放军海军已具备了远洋作战能力。为了表示我们完全有决心、有办法、有能力，采取国家认为必要的手段，捍卫国家的主权与领土完整，实现祖国统一。1997 年 7 月、1999 年 12 月，人民解放军奉命进驻香港、澳门，成为我国对香港、澳门恢复行使主权的重要象征和标志。2008 年 12 月 26 日，中国海军的第一批护航舰队从海南三亚起航，拉开了中国海军亚丁湾护航的大幕。2012 年 9 月，我国第一艘航空母舰“辽宁号”正式交接入列，结束了我国没有航空母舰的历史。2015 年，中国人民解放军战略支援部队成立。

四、中国国防历史的启示

在中华民族数千年的悠久历史中，国防建设与国运的兴衰有着密切的关系，国防历史蕴藏着丰富而又宝贵的经验教训，给予我们许多有益的思考与启迪。

（一）有国必有防

自从有了国家，便有了国防，这是历史发展的必然。世界上任何独立的国家，都有这样的发展历程。如果有国无防，必遭欺凌。腐败无能的清政府苟且偷生，守内虚外，畏敌如虎，在相对和平的时期耽于安乐，罢兵息武，最终难免国防崩溃，主权丧失，割地称臣，人民遭殃。历史告诫人们：国无防不立，民无兵不安。

对此，古今中外的政治家、军事家都曾有过许许多多的至理名言。春秋末期鲁国史官左丘明说道："国无小，不可易也。无备，虽众不可恃也。"我国古代最著名的军事理论家孙武指出："兵者，国之大事，死生之地，存亡之道，不可不察也！"杰出的资产阶级革命家、伟大的民主革命先行者孙中山说："无武力之国家，必至于灭亡。"所有这些精辟的论述，都是先辈们在漫长的中华民族的历史长河中，从血与火、生与死的深刻教训中得出的科学结论。古今中外的历史和正反两个方面的经验也都雄辩地证明，建设强大的国防，是抵御外敌入侵、保证国家安全的屏障，是一个国家生存和发展的必要前提。所谓"无兵不安"的道理就在于此。

纵观我国历史，曾有过强大、国泰民安的盛世，同时也吃尽了有国无防的苦头。帝国主义的侵略和强迫中国政府签订的丧权辱国的条约，使我国社会沦为任人宰割的半殖民地半封建社会，造成了巨大的政治、经济方面的损失，给中国人民带来了深重的灾难。无数历史事实证明，国防的强弱关系到国家的存亡、民族的安危。一个国家如果没有强大的国防、没有足以自卫的能力，就没有立足之地，即使勉强存在下来，也不可能有政治上的真正独立，经济、文化、外交等方面也必然要受制于人，更不可能得到发展，国家无以言主权，人民无以言安全。自从中华人民共和国成立后，中国有了自己强大的国防，我国的经济建设才得以顺利进行，人民的安宁生活才得到可靠保障。

（二）落后要挨打

中国一百多年的近现代历史，为我们提供了多方面的启示：强兵必先富国，落后必然挨打。我们这样一个具有 5000 多年的悠久历史、人口众多的文明古国，为什么到了近代屡遭列强的侵略欺凌、任人宰割呢？究其所以，有诸多方面的原因，但根本原因是国家落后，国力衰弱，国防废弛。

中国历史发展过程中的无数事实充分证明经济是国防的基础，强大的国防必须要有强大的经济力量作后盾。在我国近代，中华民族之所以屡遭列强的侵略和欺辱，多次反抗都遭到失败，除了社会制度腐败之外，其根本的原因就是经济和科学技术的落后，在某种意义上说，是强大的资本主义经济战胜落后的封建社会经济的结果。过去的战争是这样，现代与未来的战争仍然如此，表面上是双方军事对抗，其实质是经济与科技也就是综合国力的较量。所以，国防的强盛基于国家经济和科技的发展，富国才能强兵。只有把经济建设和科学技术搞上去，才能有足够的经费供养武装力量，给军队以先进的武器装备，保障部队的训练和执行任务，一旦战争爆发，就能以雄厚的经济实力应付战争，直至取得胜利。因此，集中一切力量加强现代化建设，使国家尽快繁荣昌盛，是全国人民根本利益之所在，也是建设强大国防的必由之路和根本举措。

（三）强国须强军

自从有国家以来，国防和军事就是一对“双胞胎”。尽管国防是一个包括经济、政治等因素在内的庞大复杂系统，但是，国防无论如何也离不开军事，而军备建设又在军事中处于举足轻重的地位。因此，大力加强军备建设就成了巩固国防的重要手段，这也是中国国防史留给我们的一个重要启示。

在我国历史上，有大量通过加强军备建设实现国防巩固的鲜活事例。如战国时期的赵国因推行以“胡服骑射”为主要内容的军事改革而有效缓解了来自北方游牧民族的威胁，越国因“卧薪尝胆”而消灭宿敌吴国，汉因肃整军备而大败匈奴等。同样，因军备松弛而国家灭亡的事例在中国历史上也比比皆是。秦国统一后因“刀枪入库、马放南山”而军力大降，晚清因军备不整而丧权辱国等，就是这方面沉痛的教训。

总之，国家的富裕并不一定就等于国家的强大，任何时候，我们只有犁剑并举，做到有备无患，才能真正实现国家的安全和人民的幸福。一部近代中国的国防史说明，民族团结是实现国防巩固的重要条件和保障。只要全国各族人民团结起来，发挥人民战争的巨大威力，把国防建设牢牢建立在民族团结的基础上，中国就一定能真正铸起一道保障国家安全的钢铁长城。

第二节　国防法规

国防法规是指国防法律规范以及制定、修改、废止和实施国防法律规范的活动的总和，是国家法制的重要组成部分，也是国防和军队建设的重要内容。

一、国防法规的产生和发展

国防法规是随着国家和战争的出现而产生的。我国古代典籍中有“师出于律”“刑始于兵”的记载，表明国防法规产生于战争实践。由于国防活动的主要形式是军事斗争，所以国防法规也可以称为军事法规。

在奴隶社会，军事法规的主要形式是临战前统治者发布的誓命文诰，如《尚书》中就有甘誓、汤誓、牧誓、大诰、费誓等篇章。这些既是战争动员令，也是最初的军事法规。进入封建社会，军事法规的形式发生了明显改变。这时已经有了稳定的成文法，不再是临时性的军事誓言了。而且，军事法规的调整范围不断拓展，军事立法、司法以及监督制度也逐步建立起来。近代，中国跟随世界军事变革的历史潮流，借鉴西方法治思想，军事法制建设也有所进步。1933 年 6 月，国民政府颁布了我国历史上第一部《兵役法》，规定实行征兵制，并建立了预备役制度。中华人民共和国成立后，我国很重视国防法规建设，很快颁布了《中华人民共和国兵役法》《中华人民共和国民兵组织暂行条例》以及军队的各种条令条例。特别是改革开放以来，国家加大了国防立法的力度，制定了一系列国防法规，初步形成了具有中国特色的国防法规体系。

二、国防法规的特性

国防法规也是国家法律的组成部分，是由国家制定或认可的、由国家强制力保证其实施的行为规范，它具有法律的一般特性：鲜明的阶级性、高度的权威性、严格的强制性、普遍的适用性和相对的稳定性。国防法规还有着区别于其他法规的具体特性。

1. 调整对象的军事性

国防法规就是专门用来调整国防和武装力量建设领域的各种社会关系的。这些带有军事性的社会关系是国防法规特有的调整对象，是其他任何法律规范所不能代替的，这是国防法规特性的一个基本表现。这里需要强调的是，国防和武装力量建设领域的社会关系不仅包括武装力量内部的社会关系，还包括武装力量与外部的社会关系。国防不是军防，不只是军队的事。国防是国家行为，是整个国家的事，是全民族的事。无论是行政部门、经济部门，科技、文化、教育等部门，还是社会各阶层人士都与国防有密切的关系。因此，调整对象的军事性决不意味着国防法规只管军队，不管地方。一切社会团体和个人都必须按照国防法规的要求，履行自己的国防义务。

2. 公开程度的有限性

一般的法律是不存在保密问题的，但国防法规有些不同，公开程度是有限的。大部分国防法规，特别是一些基本的、主要的国防法规是公开的，如《中华人民共和国国防法》《中华人民共和国兵役法》《中华人民共和国军事设施保护法》等。但有少部分国防法规，特别是关于军队的作战、训练、编制、装备和战备工作等方面的法规，只限一定范围的人员了解，如各种战斗条令，如《中国人民解放军军事训练条例》《中国人民解放军战备工作条例》等，都规定了保密等级。所以说，国防法规的公开性是有限的。为了加强法制，对能公开的国防法规要尽量公开，以便大家了解和遵守。为了国家安全，该保密的国防法规也要严格保密，以免国家利益受到损害。

3. 司法适用的优先性

国防法规优先适用，是指在解决与国防利益、军事利益有关的法律问题时，如果国防法规和其他法规都有相关的规定，这时要以国防法规的规定作为司法依据，以国防法规作为评判是非的标准和采取行动的准则，其他法规要服从国防法规。同时要注意，优先适用不是指先后顺序，而是一种排他性的单项选择。在解决与国防利益、军事利益有关的法律问题时，只有国防法规起作用，其他法规不起作用。“特别法优先于普通法”是国际公认的法律适用原则。国防法规属于特别法，因而在司法活动中实行“军法优先”。

4. 处罚措施的严厉性

国防法规所保护的国防利益，是关系国家安危的重大利益，因而对危害国防利益的犯罪实行比较严厉的处罚。如《中华人民共和国刑法》规定，一般抢劫罪通常处三年以上十年以下有期徒刑；而冒充军警人员抢劫的，抢劫军用物资的，处十年以上有期徒刑、无期徒刑或者死刑。破坏公用电信设施罪，处三年以上七年以下有期徒刑；破坏军事通信罪，处三年以上十年以下有期徒刑，情节特别严重的，处十年以上有期徒刑、无期徒刑或者死刑。同一类型的犯罪，战争时期的处罚要更严厉一些。《中华人民共和国刑法》《中华人民共和国兵役法》都有战时从重处罚的规定。如平时应征公民拒绝服兵役，通常是行政处罚，在两年内不得被录取为国家公务员、国有企业职工，不得出国或者升学，还可以同时处以罚款。而战时要依法追究刑事责任，通常要判 2～3 年有期徒刑。

三、我国国防法规体系

国防法规体系是指由不同层次、不同门类的国防法律规范构成的相互联系、相互制约、和谐一致的有机整体。我国的国防法规从国防建设的实际需要出发，内容十分广泛，已形成完整的国防法规体系。这一体系包括规范国防建设基本任务、方针原则、领导体制及制度的《中华人民共和国国防法》；规范国家兵役制度的《中华人民共和国兵役法》；规范国防教育的《中华人民共和国国防教育法》；规范武装力量作战训练、管理等内容的行政法规；规范军官、士兵服役、军衔等内容的国防人事法规；还有规范发展武器装备、保护军事设施的《中华人民共和国国防科技法》《中华人民共和国军事设施保护法》等。我国的国防法规，按立法权限可以区分为五个层次。

1. 全国人民代表大会及其常务委员会颁布的法规

根据我国宪法，全国人民代表大会及其常务委员会是唯一拥有国家立法权的机关，凡是基本军事法律和军事法规均须经全国人民代表大会或其常务委员会讨论制定。属于这一层次的有《中华人民共和国国防法》《中华人民共和国兵役法》《中华人民共和国国防教育法》等。《中国人民解放军现役军官服役条例》《中国人民解放军军官军衔条例》等由全国人大常委会制定颁布，属于基本法律之外的其他法律。

2. 国务院和中央军委制定的法规

根据我国宪法，国务院是最高行政机关，肩负领导国防事业的职权；中央军委是最高军事机关，行使领导全国武装力量的职权。二者作为最高权力机关的执行机关，都有权制定国防行政法规。如《军人抚恤优待条例》等由国务院制定颁布；《中国人民解放军内务条令》《中国人民解放军纪律条令》《中国人民解放军队列条令》等由中央军委制定颁布；而《征兵工作条例》则是由国务院和中央军委联合制定颁布的。

3. 国务院各部委和军委各总部制定的法规

军事规章和国防行政规章以军事法规和国防行政法规为依据，结合本系统或本区域的实际情况作出具体规定，以保证军事法规或国防行政法规的贯彻实施。由军委各总部和国务院各部委制定的军事规章或国防行政规章在全军或全国一定范围内具有法律效力，如《单兵训练规定》《兵员管理规定》《牺牲、病故人员遗属抚恤的规定》等。

4. 各军兵种、各大战区制定的法规细则

中国人民解放军是诸军兵种合成的军队。为了加强部队建设，坚持严格训练，实施科学管理，提高作战能力，各战区、各军兵种根据自身特点，依据基本法律法规，制定具体的法规细则。如陆军颁布的《战斗条令》、海军颁布的《舰艇条令》、空军颁布的《飞行条令》等。

5. 各省、自治区、直辖市人民代表大会和政府制定的地方性法规

为了贯彻落实国家宪法、国防基本法律，加强国防建设，确保地方政府各个部门有法可依，有章可循，各省、自治区、直辖市的人民代表大会和政府制定了相应的法规和规章。如《关于加强人武部建设意见》《征兵工作若干规定》《国防教育条例》等。

四、公民的国防权利和义务

公民的国防权利是指宪法、法律赋予公民在国防活动中享有的权利或利益。国家从法律和物质上保障公民和组织享有这种权利的可能性。国防义务是法定义务、法律义务，是由国家强制力保证其落实的。每一个公民都享有相应的国防权利，也必须履行相应的国防义务。

1. 公民的国防权利

根据《中华人民共和国国防法》的规定，公民享有 3 个方面的国防权利。

(1) 国防建设建议权。《中华人民共和国国防法》第 54 条规定:公民和组织有对国防建设提出建议的权利。所谓建议权,就是公民有权对国防建设的指导思想、方针原则、规章制度、措施方法等提出改进意见。此项权利是公民依宪法相应的对国家事务的建议权在国防建设方面的体现。

(2) 制止、检举危害国防行为权。《中华人民共和国国防法》第 54 条规定:公民和组织有对危害国防的行为进行制止或者检举的权利。所谓制止权,就是公民有权采取一定的方式使危害国防的行为停止,从而维护国防利益。所谓检举权,就是在危害国防的行为发生以后,公民有权进行揭发。对违法犯罪行为进行制止、检举是公民享有的一项普遍性权利,在国防领域也不例外。国家保护行使此项权利的公民,使之免于因此而受到打击报复或其他损害。

(3) 损失补偿权。《中华人民共和国国防法》第 55 条规定:公民和组织因国防建设和军事活动在经济上受到直接损失的,可以依照国家有关规定取得补偿。公民享有受到公平待遇的普遍性权利,当公民因国防建设和军事活动而在经济上受到直接损失时,有权依照国家有关规定请求补偿。必须明确的是,有些补偿措施是在战后落实的,不能把预先得到补偿作为接受动员和接受征用的条件。战时,国家可能一时拿不出钱来,那就先征用,战后再补偿。

2. 公民的国防义务

我国的国防法规赋予公民的国防义务主要有以下 7 项。

(1) 维护国家统一和安全的义务。《中华人民共和国宪法》第 52 条规定:中华人民共和国公民有维护国家统一和全国各民族团结的义务。维护国家统一主要是指维护国家领土的完整,任何公民都不得破坏、变更和以其他各种形式分裂肢解国家领土;维护国家政权的统一,不允许任何公民以各种方式分裂国家政权,破坏国家的统一,不允许任何人以任何方式把国家主权割让给外国。《中华人民共和国宪法》第 54 条规定:中华人民共和国公民有维护祖国的安全、荣誉和利益的义务,不得有危害祖国的安全、荣誉和利益的行为。维护国家的安全主要是指维护国家的领土、主权不受侵犯,国家各项机密得以保守,社会秩序不被破坏。履行维护国家统一和安全这项义务,就是要求每一个公民都有高度的爱国主义精神和爱国主义行动,以国家利益为最高利益,自觉维护祖国统一、安全、荣誉和利益,绝不做危害国家安全、民族荣誉和祖国利益的事。

(2) 履行兵役的义务。《中华人民共和国宪法》第 55 条规定:保卫祖国、抵抗侵略是中华人民共和国每一个公民的神圣职责。依照法律服兵役和参加民兵组织是中华人民共和国公民的光荣义务。《中华人民共和国国防法》第 50 条规定:依照法律服兵役和参加民兵组织是中华人民共和国公民的光荣义务。《中华人民共和国兵役法》第 3 条规定:中华人民共和国公民,不分民族、种族、职业、家庭出身、宗教信仰和受教育程度,都有义务依照本法的规定服兵役。按照《中华人民共和国兵役法》的规定,公民履行兵役义务有服现役、服预备役和参加民兵组织三种形式。参加民兵组织、服预备役,以及高等院校和高级中学学生参加军事训练,是我国应征公民在军队之外履行兵役义务的普遍形式。所有预备役人员必须依法参加军事训练,执行其他军事任务,并随时准备应征入伍服现役。

(3) 支持国防建设的义务。《中华人民共和国国防法》第 53 条规定:公民和组织应当支持国防建设,为武装力量的军事训练、战备勤务、防卫作战等活动提供便利条件或者其他协助。这是一项适用比较广泛的义务。这项义务的核心是支持和协助,支持是指对国防建设的广泛的支持,而协助的重点是武装力量的军事活动,特别是要深刻认识军队在国防建设中的地位和作用，积极支持军队的建设，在全社会形成尊重、爱护军队的良好风尚，并从各方面大力支持军队平时的各项工作和战时的各种作战勤务。同时，要积极支持民兵、预备役部队建设，民兵和预备役部队是武装力量的重要组成部分，做好民兵、预备役工作是加强国防后备力量建设的重要工作和长期的战略任务。

(4) 接受国防教育的义务。《中华人民共和国宪法》第 24 条规定：在人民中进行爱国主义、集体主义和国际主义、共产主义的教育。《中华人民共和国国防法》第 52 条规定，公民应当接受国防教育。《国防教育法》第 5 条进一步强调：中华人民共和国公民都有接受国防教育的权利和义务。国防教育是建设和巩固国防的基础，是增强民族凝聚力和提高全民素质的重要途径，普及和加强国防教育是全社会的共同责任，自觉接受国防教育是公民应尽的义务。

(5) 支前参战的义务。《中华人民共和国国防法》第 47 条规定：一切国家机关和武装力量、各政党和各社会团体、各企业事业单位和公民，在和平时期必须依照法律规定完成动员准备工作；在国家发布动员令后，必须完成规定的动员任务。《中华人民共和国兵役法》第 50 条规定：预备役人员、国防生随时准备应召服现役，在接到通知后，必须准时到指定的地点报到；《中华人民共和国兵役法》第 51 条规定：战时根据需要，国务院和中央军事委员会可以决定征召 36 周岁至 45 周岁的男性公民服现役。根据《中华人民共和国宪法》精神和《中华人民共和国国防法》《中华人民共和国兵役法》的规定，在战争发生时，为了对付敌人突然袭击，抵抗侵略，适龄公民应当积极响应祖国的战时征召。

(6) 保护国防设施的义务。《中华人民共和国国防法》第 52 条规定：公民和组织应当保护国防设施，不得破坏、危害国防设施。《中华人民共和国军事设施保护法》进一步明确规定：中华人民共和国的所有组织和公民都有保护军事设施的义务。禁止任何组织或者个人破坏、危害军事设施。任何组织或者个人对破坏、危害军事设施的行为都有权检举、控告。根据《中华人民共和国国防法》和《中华人民共和国军事设施保护法》等有关保护军事设施规定的要求，公民应当自觉遵守各类军事设施的保护规定。

(7) 保守国防秘密的义务。《中华人民共和国宪法》第 53 条规定：中华人民共和国公民必须遵守宪法和法律，保守国家秘密。《中华人民共和国国防法》第 52 条进一步规定：公民和组织应当遵守保密规定，不得泄露国防方面的国家秘密，不得非法持有国防方面的秘密文件、资料和其他秘密物品。《中华人民共和国保守国家秘密法》规定：国家秘密关系国家的安全和利益，一切国家机关、武装力量、政党、社会团体、企业事业单位和公民都有保守国家秘密的义务。

五、大学生服兵役

为了鼓励高学历青年参军，国家对高校大学生入伍参军实施了五大优惠政策：优先参军政策，优先选拔使用，考研升学优惠，享有学费补偿和国家助学金贷款代偿，就业安置优惠。

1. 优先参军政策

大学生参军，享受优先报名应征、优先体检政审、优先审批定兵、优先批准入伍的政策，对合格的大学生未被批准入伍前，不得批准高中文化程度的青年入伍。对批准入伍的大学生在安排去向时，优先安排到军兵种或专业技术要求高的部队服役。

2. 优先选拔使用

同等条件下，高校毕业生士兵在选取士官、考军校、安排到技术岗位等方面优先；具备普通本科学历、取得相应学位的高校毕业生士兵，表现优秀、符合总部有关规定的可按计划直接选拔为军官。大学在校生退役复学后参加国防生选拔、参加国家组织的农村基层服务项目人选选拔，以及毕业后参加军官人选选拔的，优先录取。

3. 考研升学优惠

具有高等教育学历的士兵退役后，参加政法干警招录培养体制改革试点考试的，教育考试笔试成绩总分加10分；退役后三年内参加全国硕士研究生招生统一入学考试，初试总分加10分；立二等功及以上的，退役后免试（指初试）攻读硕士研究生；具有高职（专科）学历的，退役后免试入读成人本科，或经过一定考核入读普通本科。

4. 享受学费补偿和国家助学贷款代偿

对应征入伍的普通高校应届毕业生和在校生，由中央财政实施相应的学费补偿、国家助学贷款代偿和复学后学费资助。对在读期间申请国家助学金贷款的学生实施代偿。对于在校期间每年实际缴纳学费或者申请国家助学金贷款本息高于六千元的，按照每年六千元的金额实施补偿或者代偿；低于六千元的，按照学费和国家助学金贷款本息两者就高的原则，实施补偿或代偿。对退役复学的高校在校生实行学费资助，每学年学费标准高于六千元的，按照六千元的金额进行资助；低于六千元的，按照实际学费金额进行资助。

5. 就业安置优惠

按照国家规定发给退役金，根据当地政策，还可领取经济补助；免费参加职业教育、技能培训，经考试考核合格的，发给相应的学历证书、职业资格证书并推荐就业；报考公务员、应聘事业单位职位的，在军队服现役经历视为基层工作经历，同等条件下应当优先录用或者聘用；参加户籍所在地省级毕业生就业指导机构和原毕业高校就业招聘会，享受提供信息、重点推荐、就业指导等就业服务；享受国家扶持就业方面的其他优惠政策。

第三节 国防建设

国防建设是指为满足国家安全利益需要，提高国防能力而进行的各方面的建设。它是国家建设的重要组成部分，包括精神和物质两个方面的建设。国防建设的内容主要包括武装力量建设、战场建设、人力物力的多种动员准备以及边防、海防、空防和人防建设；战略物资的储备；国防工业建设和国防科学技术研究；对人民群众和学生进行国防教育和军事训练，发展国防体育事业；建立、健全国防法规体系；军事理论研究，发展军事科学，制定并完善符合实际的战略战术原则；后备力量的建设，以及与国防相关的铁路、公路、水运、民航、邮电、能源、水利、造林、气象、卫生、航天等方面的建设。武装力量建设是国防建设的重点。

一、国防领导体制

国防领导体制是指国防领导的组织体系及相应制度。它包括国防领导机构的设置、职权划分、相互关系等。它是国家政权组织形式和机构的重要组成部分。一般设有最高统帅、最高国防决策机构、国家行政机关中管理国防事务的部门、武装力量领导指挥系统等。根据《中华人民共和国宪法》和《中华人民共和国国防法》，中华人民共和国的国防领导职权由以下机构行使。

（一）中央的国防领导职权

中国的武装力量受中国共产党的领导。党的中央军事委员会和国家的中央军事委员会的组成人员完全一致，两者对军队的领导职能也完全一致。中央军委实行主席负责制，中央军委主席即为全国武装力量的统帅。

（二）全国人民代表大会及其常务委员会的国防职权

全国人民代表大会是最高国家权力机关。它在国防方面的职权主要有：决定战争与和平的问题；制定有关国防方面的基本法律；选举中央军事委员会主席，根据中央军事委员会主席的提名，决定中央军事委员会其他组成人员的人选，并有权罢免以上人员；审查和批准包括国防建设计划在内的国民经济、社会发展计划和计划执行情况的报告；审查和批准包括国防经费预算在内的国家预算和预算执行情况的报告等。

全国人民代表大会常务委员会在国防方面的职权主要有：在全国人民代表大会闭幕期间，如果遇到国家遭受武装侵犯或者必须履行国际间共同防止侵略条约的情况，决定战争状态的宣布；决定全国总动员或者局部动员；制定国防方面的法律等。

（三）国家主席在国防方面的职权

中华人民共和国主席在国防方面的职权主要有：根据全国人民代表大会的决定和全国人民代表大会常务委员会的决定，宣布战争状态；发布动员令；授予在国防方面国家的勋章和荣誉称号；批准和废除同外国缔结的有关国防方面的条约和重要协定；公布全国人民代表大会及其常务委员会制定的有关国防方面的法律。

（四）国务院在国防方面的职权

中华人民共和国国务院是最高国家权力机关的执行机关，是最高国家行政机关。它在国防方面的职权是领导和管理国防建设事业，包括：编制国防建设发展规划和计划；制定国防建设方面的方针、政策和行政法规；领导和管理国防科研生产；管理国防经费和国防资产；领导和管理国民经济动员工作和人民武装动员、人民防空、国防交通等方面的有关工作；领导和管理拥军优属工作和退出现役军人的安置工作；领导国防教育工作；与中央军事委员会共同领导中国人民武装警察部队、民兵的建设和征兵、预备役工作，以及边防、海防、空防的管理工作；法律规定的与国防建设事业有关的其他职权。

（五）中央军事委员会在国防方面的职权

中央军事委员会领导和统一指挥全国武装力量，决定军事战略和武装力量的作战方针，领导和管理人民解放军的建设，向全国人大或者全国人大常委会提出议案，制定军事法规，发布决定和命令，决定人民解放军的体制和编制，任免、培训、考核和奖惩武装力量成员，批准武器装备体制发展规划，并行使法律规定的其他职权。

在中央军事委员会之下，设有人民解放军总部机关，即中国人民解放军总参谋部、总政治部、总后勤部、总装备部。总部既是中央军事委员会的工作机关，又是全军军事、政治、后勤、装备工作的领导机关。总参谋部负责组织领导全国武装力量的军事建设，组织指挥全国武装力量的军事行动；总政治部负责管理全军党的工作、组织，进行政治工作；总后勤部负责组织领导全军后勤工作；总装备部负责组织领导全军装备工作。

为了加强国防领导的协调，国务院和中央军事委员会还建立了协调会议制度。《中华人民共和国国防法》规定，国务院和中央军事委员会可以根据情况召开协调会议，解决国防事务的有关问题。会议议定的事项，由国务院和中央军事委员会在各自的职权范围内组织实施。

二、国防政策

国防政策，是国家在一定时期所制定的关于国防建设和斗争的基本行动准则，是国家政策的组成部分。中国的国防政策是由中国的国家利益、社会制度、对外政策和历史文化传统等因素决定的。中国奉行防御性的国防政策。中国的国防政策有以下主要内容。

（一）维护国家安全统一，保障国家发展利益

防备和抵抗侵略，确保国家领海、领空和边境不受侵犯。反对和遏制“台独”分裂势力及其活动，防范和打击一切形式的恐怖主义、分裂主义和极端主义。人民解放军坚决履行新世纪新阶段的历史使命，为中国共产党巩固执政地位提供重要的力量保证，为维护国家发展的重要战略机遇提供坚强的安全保障，为维护国家利益提供有力的战略支撑，为维护世界和平与促进共同发展发挥重要作用，不断提高应对多种安全威胁、完成多样化军事任务的能力，确保能够在各种复杂形势下有效应对危机、维护和平、遏制战争、打赢战争。

（二）实现国防和军队建设全面协调可持续发展

坚持国防建设与经济建设协调发展的方针，把国防和军队现代化建设融入经济社会发展体系之中，使国防和军队现代化进程与国家现代化进程相一致。全面加强军队的革命化、现代化、正规化建设，科学统筹中国特色军事变革与军事斗争准备、机械化建设与信息化建设、诸军兵种作战力量建设、当前建设与长远发展、主要战略方向建设与其他战略方向建设。深化体制编制和政策制度调整改革，注重解决体制和机制上制约军队发展的深层次矛盾和问题，着力推进军事组织体制创新和军事管理创新，提高军队现代化建设的效益。

（三）加强以信息化为主要标志的军队质量建设

坚持以机械化为基础，以信息化为主导，推进信息化、机械化复合发展，实现军队火力、突击力、机动能力、防护能力和信息能力的整体提高。实施科技强军战略，依靠科技进步加快战斗力生成模式的转变。提高武器装备和国防科技的自主创新能力，力争在一些基础性、前沿性、战略性技术领域取得重大突破。

（四）贯彻积极防御的军事战略方针

中国在战略上实行防御、自卫和后发制人的原则。立足于打赢信息化条件下的局部战争，着眼维护国家主权、安全和发展利益的需要，做好军事斗争准备。创新发展人民战争的战略思想，坚持军事斗争与政治、经济、外交、文化、法律等各领域的斗争密切配合，综合运用各种手段和策略，主动预防、化解危机，遏制冲突和战争的爆发。逐步建立集中统一、结构合理、反应迅速、权威高效的现代国防动员体系。以联合作战为基本作战形式，发挥诸军兵种作战特长。陆军逐步推进由区域防卫型向全域机动型转变，提高空地一体、远程机动、快速突击和特种作战能力。海军逐步增大近海防御的战略纵深，提高海上综合作战能力和核反击能力。空军加快由国土防空型向攻防兼备型转变，提高空中打击、防空反导、预警侦察和战略投送能力。火箭军逐步完善日常兼备的力量体系，提高信息化条件下的战略威慑和常

规打击能力。

（五）独立自主地建设和巩固国防

中国的社会制度、对外政策、历史传统和自然地理等国情，决定了中国必须独立自主地建设和巩固国防。中国独立自主的国防政策要求：坚持不与任何国家或国家集团结盟，不参与任何军事集团；坚持从国情出发，独立自主地进行决策和制定战略；坚持主要依靠自己的力量建设国防工业和国防科技体系，发展武器装备；坚持国家利益高于一切的原则，独立地处理一切对外军事事务。

（六）营造有利于国家和平发展的安全环境

按照和平共处五项原则开展对外军事交往，发展不结盟、不对抗、不针对第三方的军事合作关系。参与国际安全合作，加强与主要大国和周边国家的战略协作和磋商，开展双边或多边联合军事演习，推动建立公平、有效的集体安全机制和军事互信机制，共同防止冲突和战争。支持按照公正、合理、全面、均衡的原则，实现有效裁军和军备控制。中国坚持自卫反击和有限发展的原则，着眼于建设一支能满足国家安全需要的精干有效的核力量，确保核武器的安全性、可靠性，保持核力量的战略威慑作用，反对核扩散，推进国际核裁军进程。遵守《联合国宪章》的宗旨和原则，履行国际义务，参加联合国维和行动、国际反恐合作和救灾行动，为维护世界和地区和平稳定发挥积极作用。

三、中华人民共和国国防建设取得的主要成就

从中华人民共和国成立以来，在党中央、中央军委的领导下，国防和军队建设取得了很大成就，为保障人民安居、社会发展和国家安全，创造了一个又一个辉煌。

（一）建立和完善了中国特色的武装力量领导体制

我国的武装力量领导体制，是在长期的革命战争中形成和发展起来的，并随着社会主义建设的不断深入而日渐完善。1982 年，党和国家共同设立中央军事委员会。同年通过的《中华人民共和国宪法》规定：中华人民共和国中央军事委员会统一领导全国的武装力量。党的中央军委和国家中央军委并存，同时向中央和全国人民代表大会及其常务委员会负责。这种体制，既贯彻了党对军队绝对领导的根本原则，又适应我军已成为国家主要成分的实际，进一步完善了国家武装力量的领导体制。军委下设总参谋部、总政治部、总后勤部和总装备部作为军委的工作机关。在中央军委的领导下，还设有负责各军种组织建设、军事训练和战备作战的陆军、海军、空军、火箭军和战略支援部队指挥机关。此外，直接隶属中央军委的还有军事科学院和国防大学等单位，以及负责指挥驻扎在各大战略区范围内的陆、海、空军部队和民兵的战区领导机关。

（二）铸造了一支现代的合成军队

军队是国防力量的主体，我国根据国防的实际需要和国家的基本承受能力，建设了一支诸军兵种相结合的具有现代作战能力的革命化、现代化、正规化军队。

陆军从步兵单一兵种发展到集以装甲兵、步兵组成的地面突击力量，以炮兵、防空兵、陆军航空兵组成的火力支援力量，以侦察兵、通信兵、工程兵、防化兵、气象兵和电子对抗专业部（分）队组成的作战保障力量；以运输、输油管线、卫生、军需等专业部（分）队组成的后勤保

障力量;以装备供应、修理、器材等专业分队组成的装备技术保障力量为一体的集团军,大大提高了现代条件下陆军的合成作战能力。目前,陆军中的装甲兵、炮兵、陆军航空兵等技术兵种已占70%。部队的机动作战、火力打击等能力已今非昔比。

海军已发展成为拥有潜艇部队、水面舰艇部队、海军航空兵、海军岸防兵和海军陆战队等兵种及专业兵的海上精锐之师,舰艇部队日趋导弹化、电子化、自动化。已经具备了现代海上综合作战能力,不但具有在水面、水下、空中及对岸上实施攻防作战的能力,还可以协同其他军种进行海上作战任务。

空军已发展成为拥有航空兵、空降兵、地面防空兵(包括高射炮兵和地空导弹兵)、雷达兵、通信兵等诸多兵种及专业兵,具备较强的空中和地面攻防作战能力的合成军种。在全国范围内,构成了航空兵和地面诸兵种合成的完整防空体系。

火箭军(原第二炮兵)是我军的一个独立兵种,虽然起步较晚,但发展很快,目前已发展成为一支核导弹与常规导弹兼有,近、中、远程和洲际导弹齐备,既可实施固定发射,也可机动发射,并建有与之相配套的作战、防护工程和各种设施,具有较强的生存能力和远程机动打击能力的高技术兵种。它既可以独立进行自卫核反击战略打击任务,也可以协同其他军种对敌纵深实施常规打击。特别是核潜艇导弹和车载式机动洲际导弹的发射成功,标志着我军具有机动、隐蔽的第二次核打击能力。

在加强军队院校建设上,中华人民共和国成立以后,我军各类军事院校迅速发展,培养了一大批国防人才。在新的历史时期,中央军委进一步强调"要把教育训练提高到战略地位"。在这个思想指导下,全军开办了各级各类指挥院校,培养了一批又一批能适应现代战争需要的各级指挥人才和各类专业技术人才。

人民解放军已由单一军种发展成为诸军兵种合成的强大军队,高技术军兵种已成为我军战斗力的骨干力量。

(三)中国人民解放军的现代化、正规化和革命化建设有了突破性的进展

中华人民共和国成立后,人民解放军在毛泽东关于建设现代化革命武装力量的战略思想和邓小平关于新时期军队建设思想的指引下,不断向现代化、正规化和革命化迈进,并有了突破性的进展。20世纪90年代以来,根据高技术战争的特点和影响,人民解放军开始把军事斗争准备的立足点放在打赢现代技术特别是高技术条件下的局部战争上面,军队建设正逐步实现由数量规模型向质量效能型、由人力密集型向科技密集型的转变;在发展武器装备方面,人民解放军努力发展高技术"撒手锏";在改革调整体制编制方面,人民解放军在进一步压缩军队规模,优化诸军兵种比例结构,完善合成体制,使军队体制编制更能适应现代合同作战和联合作战的需要;在改革教育训练方面,为培养掌握现代科技知识和战争知识、精通现代军事科学理论的高层次指挥人才,指挥院校增设了硕士、博士生教育,部队训练加大了实战力度。总之,面向21世纪的中国人民解放军将继续优化体制编制,更新教育训练内容和手段,改善武器装备,加强军队的质量建设,提高诸军兵种的合成化水平,向精兵、合成、高效的方向发展。

(四)形成了门类齐全、综合配套的国防科技工业体系

国防科技是衡量一个国家综合国力的重要标志之一,也是国防现代化建设的一个重要方面。建国近70年以来,我国的国防科技工作从无到有,从小到大,从落后到先进,建立起了包括电子、船舶、兵器、航空、航天和核能等门类齐全、综合配套的科研实验生产体系,取得

了一大批具有国内或国际先进水平的科研成果，为我军现代化建设和切实增强我国的综合国力作出了重要贡献。

在军事电子方面，逐步发展出具有相当规模、门类齐全的新兴工业部门，特别在指挥自动化、情报侦察、预警探测、电子对抗和通信等方面，为我军提供了各种新式装备和产品，进一步增强了部队的作战能力；在船舶工业方面，先后自行研制和建造了核动力潜艇、常规动力潜艇、导弹驱逐舰、导弹护卫舰、导弹快艇及各种辅助船舶和新型鱼雷、水雷、反水雷等新装备，2012 年 9 月第一艘航空母舰正式入列；在兵器工业方面，研制生产了一大批具有先进性能的坦克、装甲车辆、火炮、弹药、轻武器、军用光电器材和综合火控、指挥系统等新型武器装备；在航空工业方面，已能够生产歼击机、轰炸机、直升机、运输机、教练机等，目前，我国自主研发的大型运输机和高端第四代隐身战斗机也取得了重大突破；在航天科技工业方面，已拥有地地、地空、海空和空空导弹武器系统，运载火箭、各种应用卫星的研制和实验能力以及发射能力，在世界高技术领域占有自己的一席之地；在核工业方面，我国不仅可以生产制造原子弹、氢弹，还掌握了核潜艇技术，形成了我国的核威慑力量，在和平利用核能方面，我国也取得了突破性进展。

（五）国防后备力量建设取得了长足的进展

我国国防后备力量建设，经过几代人的努力，形成了一整套制度和优良作风，打下了坚实的基础。1985 年，党中央、国务院、中央军委明确提出："精干的常备军和强大的后备力量相结合，是建设现代化国防的必由之路。"这一方针给国防后备力量建设指引了方向，确立了民兵和预备役相结合的制度，初步形成了具有中国特色的国防后备力量体系。为保证国家在发生战争的情况下，能很快由平时状态转入战时状态，我国于 1994 年成立了国家国防动员委员会，负责指导、协调全国的后备力量建设和动员工作。此外，加强了全民国防教育，特别是恢复并加强了对大学、中学在校学生的军训工作，使国防教育逐步纳入整个国民教育体系中，走上了法制化、规范化的轨道。

（六）国防法规建设取得了显著成效

国防法规是国家法律的重要组成部分，是加强国防和武装力量建设的基本法律依据，是调整国防领域中各种关系、坚持依法治军、全面提高部队战斗力的重要保证，也是做好战争准备、赢得战争胜利的根本保障。

几十年来，国防法规建设在党和政府的高度重视下，取得了显著成效，其范围十分广泛，内容十分丰富。从已经颁发的国防法规来看，主要分为以下几个等级：一是由全国人民代表大会及其常务委员会颁发的国防和军队建设的法律以及有关法律问题的决定，如《中华人民共和国国防法》《中华人民共和国兵役法》《中华人民共和国国防教育法》等；二是由国务院、中央军委制定的军事行政法规，如《国防交通条例》《征兵工作条例》等；三是由中央军委制定的军事法规，如《中国人民解放军司令部条例》《中国人民解放军政治工作条例》等；四是由各总部、各军兵种、各战区制定的军事规章，如海军颁发的《舰艇条例》、空军颁发的《飞行条例》等；五是各省、自治区、直辖市制定的地方性法规，如《关于加强人武部建设意见》《国防教育条例》等。

第四节 武装力量

武装力量是国家或政治集团各种武装组织的总称。《中华人民共和国国防法》明确规定:中华人民共和国的武装力量由中国人民解放军现役部队和预备役部队、中国人民武装警察部队和民兵组成。其任务是:巩固国防,抵抗侵略,保卫祖国,保卫人民和平劳动,参加国家建设事业,全心全意为人民服务。

一、中国人民解放军

中国人民解放军是中国共产党缔造和领导的,用马克思列宁主义、毛泽东思想、邓小平理论、"三个代表"重要思想、科学发展观、新时代中国特色社会主义思想武装起来的,以全心全意为人民服务为唯一宗旨的新型人民军队,是中华人民共和国武装力量的主要组成部分,是我国人民民主专政的坚强柱石。其在党中央和中央军委的领导下,在社会主义现代化建设时期,担负着巩固国防、抵抗侵略、保卫祖国、保卫人民的和平劳动、参加国家建设事业的任务。

中国人民解放军自 1927 年 8 月 1 日诞生以来,经历了中国工农红军、八路军、新四军、中国人民解放军几个发展阶段,由小到大,由弱到强,打败了国内外的反动派和帝国主义侵略者,为建立人民政权立下了不朽的功勋。中华人民共和国成立后,又经过了抗美援朝战争、边境自卫反击作战的考验,捍卫了国家主权和领土完整,并在革命化、现代化、正规化建设中得到了很大的发展,成为人民民主专政的坚强柱石、保卫社会主义祖国的钢铁长城和建设社会主义的重要力量。经过几十年的发展建设,现已发展成为拥有陆军、海军、空军、火箭军、战略支援部队及其他技术兵种的合成军队。中国人民解放军由现役部队和预备役部队组成。

1. 中国人民解放军陆军

陆军是在陆地上作战的军种。中国人民解放军陆军经过多年的建设和发展,由单一兵种逐步成为一支具有强大火力、突击力和高度机动能力的诸兵种合成军种。编有步兵、炮兵、装甲兵、工程兵、通信兵、防化兵等兵种,还编有电子对抗兵、防空兵和陆军航空兵部队。步兵有山地步兵、摩托化步兵、机械化步兵;炮兵包括压制炮兵、反坦克炮兵、高射炮兵和地空导弹兵;装甲兵部队在编制上以坦克部队为主体,还编有装甲步兵、炮兵、防空兵、工程兵、防化兵及其他勤务保障部队,装备除主战坦克外,还有水陆坦克、扫雷坦克、反坦克导弹发射车等;防空兵包括地空导弹兵、高射炮兵和雷达、电子对抗部(分)队;陆军航空兵包括直升机飞行部队和直升机保障部队;工程兵包括工兵、舟桥、建筑、工程维护、伪装、野战给水工程等专业部(分)队;通信兵由野战通信、固定台站通信、通信工程和平邮勤务等专业部(分)队组成;防化兵由防化、喷火、发烟等部(分)队组成,电子对抗兵由雷达对抗部(分)队和电子对抗部(分)队组成。

2. 中国人民解放军海军

中国人民解放军海军成立于 1949 年 4 月 23 日,是以舰艇部队为主体,在海洋上作战的军种。经过 60 多年的建设和发展,中国人民解放军海军已成为一支兵种齐全、常规和尖端武器兼备,具有立体攻防能力,能有效地保卫国家领海的战斗力量。主要有水面舰艇部队、潜艇部队、海军航空兵、海军岸防兵和海军陆战队等兵种及专业兵组成。海军的武器装备正朝着导弹化、电子化和自动化的方向发展。随着中国人民解放军海军远航能力的提高，其对外交往逐渐频繁。

3. 中国人民解放军空军

中国人民解放军空军成立于1949年11月11日，是以航空兵为主体的空中作战军种，是空中进攻和对空防御的主要力量，具有高速机动、远程作战和猛烈突击的能力。它既能协同陆军、海军作战，又能独立作战。其作战行动对战争的进程和结局能产生重大影响，是现代立体战争不可缺少的力量。空军兵种有航空兵、高射炮兵、地空导弹兵、雷达兵、空降兵等。经过60多年的建设和发展，中国人民解放军空军体制编制在精干、合成、效能方面不断改进，武器装备现代化水平逐步提高，具备执行空中突击、空中支援、空中运输、航空侦察和防空等任务的能力，成为一支既能独立完成国土防空任务，又能协同陆、海军作战的战斗力量。

4. 中国人民解放军火箭军

中国人民解放军火箭军的前身为中国人民解放军第二炮兵，组建于1966年7月1日，由地地战略导弹部队和常规战役战术导弹部队组成。地地战略导弹部队是一支具有一定规模和实战能力的主要核威慑和战略核反击力量，由近程、中程、远程和洲际导弹部队，工程部队，作战保障、装备技术保障和后勤保障部队组成。常规战役战术导弹部队是装备常规战役战术导弹武器系统，遂行常规导弹突击任务的部队。火箭军是实施战略威慑的核心力量。经过多年建设发展，火箭军已经成为一支核常兼备的战略力量。

5. 中国人民解放军预备役部队

中国人民解放军预备役部队，是以现役军人为骨干，以预备役军官、士兵为基础，按统一编制，为战时能迅速转为现役部队而组建起来的部队。它是实施成建制快速动员的有效组织形式，是提高动员质量的好办法，是节约军费开支、加强国防建设的重要措施。

中国人民解放军预备役部队组建于1983年，分为陆军、海军、空军和兵种预备役部队。其师、团已列入军队建制序列，授有番号、军旗，实行统一编制，按地区编组。预备役部队平时隶属于省军区，战时动员后归指定的现役部队指挥。

二、中国人民武装警察部队

中国人民武装警察部队，是中华人民共和国武装力量的重要组成部分，受中共中央、国务院和中央军委的统一领导。武警部队根据人民解放军的建军思想、宗旨、原则，按照其条令、条例和有关规章制度，结合武警部队特点进行建设，执行《中华人民共和国兵役法》，享受人民解放军的同等待遇。武警部队由内卫部队和武警序列的公安边防、消防部队和公安警卫系统，以及交通、水电、黄金、森林警察部队组成，这支遍及中华人民共和国大江南北的武警部队，既肩负着保卫国内安全的重任，又肩负着建设社会主义的重任。

武警部队属于国务院编制序列，由国务院、中央军委双重领导，实行统一领导管理与分级指挥相结合的体制。武警部队设总部、总队(师)、支队(团)三级领导机关。武警总部是中国人民武装警察部队的最高统帅机关，领导管理武警内卫部队和黄金、森林、水电、交通部队，成立于1983年4月。机关设司令部、政治部、后勤部等机构，下辖若干个总队、专业部队的指挥部和武警院校等。

武警总队、支队、大队和中队，是武警总部所属部队通常采用的编制序列。各省、自治区和直辖市设立人民武装警察总队，隶属于武警总部，同时受省、自治区、直辖市公安厅（局）领导。总队下辖若干个直属支队和各地区（自治州、市）支队，各地区、自治州、市的武警支队隶属于武警总队，同时接受所在地区公安处（局）领导。支队下辖若干个大队，各县、旗、县级市设武警大队或中队，大队为营级，中队为连级，隶属于支队。中队是武警部队的基层单位，以执勤为中心任务。

三、民兵

民兵是不脱离生产的群众武装组织，是我国武装力量的重要组成部分，是人民解放军的助手和后备力量。我国民兵产生于第一次国内革命战争时期，伴随着中国革命和建设进程不断发展壮大，始终是我党领导的“三结合”武装力量的重要组成部分。革命战争年代，民兵为人民解放、民族独立和中华人民共和国的建立作出了巨大的贡献。中华人民共和国成立后，民兵在建设祖国、保卫祖国中发挥了重大作用。《中华人民共和国国防法》规定：“中华人民共和国武装力量，由中国人民解放军现役部队和预备役部队，中国人民武装警察部队和民兵组成。”这就从法律上确立了我国民兵在武装力量体制中的战略地位。新时期，我国民兵建设取得了重大成绩。民兵的作用主要表现在三个方面：参加社会主义现代化建设，带头完成生产任务；担负战备勤务，保卫边疆，维护社会治安；随时准备参军参战和支前，抵抗侵略，保卫祖国。

民兵工作在国务院、中央军委领导下，由总参谋部主管。各大战区按照上级赋予的任务负责本区域的民兵工作；省军区、军分区和县（市）人民武装部是本地区的民兵领导指挥机关；镇、部分街道和企业事业单位设有人民武装部，负责民兵和兵役工作。按照《中华人民共和国兵役法》的规定，凡 18 周岁至 35 周岁符合服兵役条件的男性公民，经所在地人民政府兵役机关确定编入民兵组织的，应当参加民兵组织。民兵组织分为基干民兵组织和普通民兵组织。基干民兵组织是民兵组织的骨干力量，主要由退出现役的士兵以及经过军事训练和选定参加军事训练或者具有专业技术特长的未服过现役的人员组成。基干民兵组织可以在一定区域内从若干单位抽选人员编组。普通民兵组织，由符合服兵役条件未参加基干民兵组织的公民按照地域或者单位编组。根据需要，也可吸收 18 周岁以上的女性公民、35 周岁以上的男性公民参加民兵组织。镇、行政村、城市街道和具有一定规模的企业事业单位，是民兵的基本组建单位。基干民兵单独编组，在县级行政区内的民兵军事训练基地集中进行军事训练，目前编有应急分队和高炮、高机、便携式防空导弹、地炮、通信、防化、工兵、侦察等专业技术分队。

第五节　国 防 动 员

国防动员，也称战争动员，是指国家为准备战争和实施战争而在相应的范围内由平时状态转入战时状态所采取的统一调动人力、物力、财力的紧急措施。

一、国防动员的意义

（一）是增强国防实力的重要措施

国防实力是国家防御外来侵略的力量，是国家军事、政治、经济、科学技术等力量的总和。在和平时期，国家把动员准备纳入经济建设和社会发展的总体规划，贯彻军民结合、平战结合的方针，以增强战争潜力。同时通过动员准备，激发人民的爱国主义和国防观念，使国家政局稳定、经济发达、科技进步，迅速增强综合国力。由于平时奠定了良好的基础，一旦战争爆发，通过战时动员，就能迅速地把战争潜力转化为战争实力。就武装力量建设而言，为了对付敌人的突然袭击和入侵，保持一定数量的常备军是必要的，但在平时要保持一支满足战争需要的庞大军队，任何国家即使是经济发达国家都无法做到，巨额的军费开支必然加重国家的经济负担，影响国民经济的发展，同时也影响部队武器装备的研制和更新。这就要解决平时养兵少、战时用兵多的矛盾。采用常备军和后备力量相结合的措施，平时保持精干的常备军作为战时动员扩建部队的骨干力量，同时积极训练储备后备力量，以便战时根据需要组编参战。这样既可以加速国民经济的发展，又可以从根本上增强国防实力。

（二）是坚持和进行现代人民战争的基本手段

在未来高技术条件下的战争中，人民战争仍将是我军赖以战胜敌人的优势所在。人民战争的人民性决定了人民群众是战争的主体力量，而人民群众的主体地位必须通过实施战争动员才能形成。只有通过实施战争动员，才能广泛地组织和武装群众，将蕴藏于人民群众中的威力转化为战争实力，夺取最后的胜利。在未来战争中，只有实施充分有效的动员，我军的作战行动才能得到广大人民群众的配合，从而更加有效地运用人民战争的战略战术；才能组织群众支援前线、保卫后方，充分发挥出人民战争的整体威力。

（三）是增强国防威慑力的有效手段

一个国家的国防威慑力不仅取决于常备军的数量和质量，而且还取决于军队后备力量和其他动员潜力，取决于常备军与后备力量动员准备的有机结合，以及动员机制健全完善的程度和运行效率。平时充分做好战时动员的准备工作，建立强大的后备力量和健全的动员体制，可以使敌人望而生畏，不敢轻举妄动和贸然发动进攻。目前，一些国家主张采取“不战而屈人之兵”的军事战略，就是这个道理。特别是处于防御地位和反对侵略的国家，应该采取积极的对策，以充分有效的动员显示应付战争的能力和拼死抵抗的决心，迫使敌人延缓或放弃侵略战争。

二、国防动员的分类

国防动员有多种分类方法。按规模可分为总动员和局部动员两个类型；按方式把动员分为公开动员和秘密动员；按时间把动员分为初期动员和持续动员。秘密动员是在各种伪装手段掩护下隐蔽进行的动员；公开动员是宣布进入战争状态，公开发布动员令后所实施的动员。初期动员是在战争爆发前和战争初期进行的应急动员，包括整个战争初期的各项动员活动；持续动员是战争进入中后期之后，在初期动员的基础上，为继续满足战争需求所进行的动员。根据《中华人民共和国国防法》的规定，当中华人民共和国的主权、领土完整和安全遭受威胁时，国家将依照宪法和法律规定，进行全国总动员或者局部动员。

1. 总动员

总动员亦称全面动员，是国家采取紧急措施，在全国范围内实施的战争动员。即将全国军事、政治、经济、科技、文化以及社会生活的各个方面转入战时轨道。总动员通常在爆发大规模战争需要举国迎敌时进行，时机一般选择在战争初期。决定实施总动员的权限属于国家最高权力机关，总动员令通常由国家元首或政府首脑发布。由于总动员涉及面广、组织实施复杂，因而最能体现动员的一般规律和原则。与局部动员相比，总动员有如下特征。

(1) 全面性。总动员涉及国家各个地方、各个领域，包括军事、政治、经济、文化等各个部门，一切为了战争。就人员而言，总动员可能涉及每一个有能力承担国防义务的公民。

(2) 彻底性。由于全面战争往往比局部战争更复杂、更激烈、更残酷，因而总动员的程度也就更为彻底，它将使国家所具有的战争潜力更多地转化为战争实力，使政府的各种机制更多地由平时状态转换为战时状态，并由此导致整个国家的活动中心和社会生活发生根本性的改变。

(3) 持续性。总动员多是为全面战争而反复实施的。一般说来，全面战争比局部战争涉及的范围更广，持续的时间也更长。这就要求总动员也随之持续下去，成为长时间的、分批次进行的活动。因此，动员可能持久进行，或者反复进行，甚至整个战争自始至终都贯穿着动员。

2. 局部动员

局部动员是国家在部分地区或部门进行的动员。通常是动员部分武装力量和人力、物力、财力进行战争。根据战争的发展，局部动员也可能上升为总动员。决定实施局部动员的权限属于国家最高权力机关。与总动员相比，局部动员具有以下特征。

(1) 有限性。局部动员多是为局部战争而实施的。其作用、目的、时间、范围都有限，所以局部动员的规模必须严格控制。这样不仅可以尽量减少国家的负担和损失，还有利于达成政治上的主动。进行局部动员时，国家体制不作根本改变，社会的各个方面和公民也大多保持正常生产和生活，维持正常的社会秩序。动员只在局部地区和某些部门进行，不涉及国家的总体发展布局和正常的经济建设。

(2) 不稳定性。局部动员的不稳定性主要是说它有多种发展趋势，有可能发展上升为全面动员，也可能只在局部地区或部门进行，不需再发展扩大。这就要求在局部动员之前和实施过程中必须对战争的发展趋势不断地进行研究，作出科学的预测，以便有所准备，一旦需要，及时向总动员过渡。

实施总动员还是局部动员，是由战争规模和国家战略意图决定的，两者在一定条件下相互转化。随着战争规模的扩大，局部动员有可能升级为总动员，同样，随着战争规模的缩小，原来在全国各行各业进行的总动员，则逐步变为局部动员，国家的大部分地区和部门恢复正常状态。战场情况是不断发展变化的，随着交战双方政治、经济的需要，以及双方力量的消长，战争规模也处在不断的发展变化过程中，动员的指导者要把握这种变化，适时调整动员规模。

三、国防动员的内容

国防动员的内容通常包括武装力量动员、国民经济动员、人民防空动员、国防交通动员和政治动员等。

（一）武装力量动员

武装力量动员，即国家将军队及其他武装组织由平时体制转为战时体制所采取的措施。武装力量动员在国防动员中居于核心地位，通常包括兵员动员、武器装备动员和后勤物资动员。

兵员动员平时的主要工作是，完善动员体制和管理后备兵员，包括健全动员机构和法规，制订和修正动员计划，划分动员补充区和建立专业技术兵储备区，组建预备役部队，登记和训练预备役军官和士兵，以及开展国防教育，增强全民国防观念等。战时主要是根据国家动员命令，在停止现役军人退役、休假的同时，征召后备兵员，以数量充足、素质优良的兵员补充部队，并随着战争的发展和形势的需要，进行持续动员，保证战争的最后胜利。

武器装备动员平时的主要任务是，有计划地筹集、储备及管理好各种武器装备和器材，加强科学技术研究，积极发展现代战争所需要的武器装备。战时的主要工作是，根据国家动员命令，在军事系统的统一部署下，本着就近的原则，分别进行现役部队、预备役部队、民兵战略战役储备装备的紧急启用，把完好的装备迅速、准确地配发给作战部队和其他武装组织，满足战争需要。

后勤物资动员平时的主要工作是，搞好物资储备，做好军民通用物资的登记统计，制订战时征用计划。战时，根据部队扩编和作战需要，开设物资供应站、物资储备基地，对军队实施各种物资保障。

（二）国民经济动员

国民经济动员，即国家将国民经济各部门和相应的国家机构，有组织有计划地由平时状态转入战时状态，充分调动国家的经济能力，提高生产水平，保障战争的需要。经济力量是战争赖以进行的物质基础，国家的经济潜力及其动员程度如何，对战争的影响极大。国民经济动员包括工业、农业、物资、商业贸易、邮电通信、财政金融、科学技术等方面的动员。在现代条件下，工业动员、财政金融动员和科学技术动员的重要性尤为突出。

工业动员就是通过各种平战转换渠道，改组民用和军工企业，提高军品生产能力，保障战争需要。工业动员是经济动员的重点，也是经济动员中最复杂的问题。其主要内容是：统筹安排军需民用，调整工业布局，改组生产与产品结构，实行快速转产，扩大军品生产；组织工厂企业必要的搬迁、复产以及战略物资、生产原材料储备的隐蔽疏散和分配等，最大限度地把工业潜力转化为实力，为战争服务。农业动员，就是在战争爆发后农业劳动力和农业机械大量减少的情况下，调整农业结构，尽力扩大生产，这样既能保障战争所需要的粮食以及某些工业原料，又能保障人民生活的需要。

财政金融动员，是筹措巨额军费、保障战争需要的重要手段，也是保证国家战时经济稳定的有效措施。财政金融动员准备的主要工作有：制定完善的财政金融动员法规；加强国防财政金融储备；为增加国家战略物资和武器装备储备，对重要经济部门特别是军事工业部门和后方基地提供一定的资金；从财政上积极支持工业企业建立动员生产线，结合战时需要增加交通、邮电和防空等建设的投资。

科学技术动员，主要是把国家有关科研部门和这些部门的专家、学者、工程技术人员等组织起来，大力进行战争所需要的科学技术的开发研究；加紧培养和造就大批科学技术力量，并合理使用这些力量，有计划地为武装力量输送专业技术骨干，保证战时扩编的需要；广泛采用新技术、新材料、新工艺，研制和发展新型武器装备，力争使国家在战争过程中的军事科学技术处于优先地位，以适应战争需要。

（三）人民防空动员

人民防空动员的主要任务是：依据国家有关法律、法令，动员社会力量，进行防空设施建设，组织防空专业队伍，普及防空知识教育，配合防空作战，消除空袭后果等。人民防空动员的内容，一般包括群众防护动员、人防专业队伍动员、人防工程物资技术保障动员和人防预警保障动员。

群众防护动员的主要工作包括：平时对居民进行人防知识的宣传教育和防空训练，构筑防护工事和掩体，对人员、重要目标等进行必要的防护准备；战时适时进行人员隐蔽，实行灯火管制。在有放射性物质、毒剂沾染的情况下，对受染地区进行消毒和消除处理。

人防专业队伍动员的内容包括：平时根据战时防空任务的需要，组建人防专业队伍，搞好训练，提高执行人防工作任务的能力。战时在杀伤区开展抢险和紧急修复工作，对蒙难居民进行医疗救护，防火灭火，对受染人员、物资、设备和重要目标进行洗消，消除放射性沾染，维护社会治安。

人防工程物资技术保障动员的主要工作是：平时做好工程物资技术资料普查；拟制人防动员计划和保障计划；加强有关人防方面的科学技术研究。战时对居民和国民经济的重要目标实行伪装，根据需要与可能合理地组织人防力量，适时对各种装备器材进行补充和维修，随时保证向疏散地区居民群众供应粮食和各种生活保障用品等。

人防预警保障动员的主要工作是：平时规划和实施通信和警报网的建设，组织对空观察；战时及时向有关部门了解和向人防系统通报空中情况，并按规定适时发出空袭预报、警报和解除警报信号，加强警报系统的防护，确保警报器的可靠性。

（四）国防交通动员

国防交通动员是指在全国或部分地区调集交通力量，全力保障战争需要的紧急行动。国防交通动员通常在国家动员领导机构的统一领导下，由国防交通主管机构组织，协同政府、军队有关部门共同实施。国防交通动员准备包括：在平时制定完备的国防交通动员的法规和计划，健全国防交通机构，建立国防交通保障队伍，储备必要的国防交通物资和器材。国防交通动员的主要任务包括：根据战争规模和作战需要，有计划地将平时国防交通领导机构迅速按方案扩编为战时交通动员指挥机构，政府交通运输部门随即转入战时体制；根据作战保障需要，动员社会运输力量，必要时对交通运输系统实行不同范围、不同形式的军事化管理；动员、组织各交通保障队伍和交通保障物资器材迅速到位，进行运输、抢修、防护任务；根据统帅部的规定，做好对弃守地区的交通遮断准备，保证及时遮断。

（五）政治动员

政治动员，是国家从政治上、组织上发动军队和人民群众参加战争的措施和行动。政治动员在国防斗争中有重要的作用，它是赢得战争胜利的根本保证，也是顺利进行其他动员的前提条件和基础。政治动员分为国内政治（思想）动员和国外政治（外交）动员。政治动员的目的在于：激发全体军民的爱国热情，动员军队英勇作战，动员人民踊跃参军参战，努力增加生产，全力支援战争；通过各种外交活动和对外宣传，争取世界人民和友好国家的同情和支持。我国国家和地方县级以上人民政府设有国防动员委员会。各级国防动员委员会下设有人民武装、国民经济、人民防空、交通战备、国防教育等动员办公室和综合协调机构，负责承办相关工作。国家国防动员委员会主任由国务院总理担任，副主任由国务院、中央军委的副职领导担任，委员由国家有关部委和解放军各总部的领导及所属办公室的领导担任。地方各级国防动员委员会主任由本级政府的主要领导担任，副主任由本级政府的副职领导和同级军事机关的主要领导担任。

（六）国防教育动员

国防教育是国家为增强公民的国防意识，提高公民的国防行为能力而进行的教育，是国防建设和国民教育的重要组成部分。目的是使公民增强以爱国主义为核心的国防观念，树立居安思危的忧患意识；振奋以民族自尊心、民族自信心和民族自豪感为基础的国防精神，增强建设祖国、保卫祖国的使命感和责任感；掌握基本的国防知识和必要的军事技能；增强自觉履行国防义务的积极性。它不仅对提高受教育者的国防观念和增强国防实力有重要作用，而且是提高全民族素质，增强民族向心力和凝聚力的重要途径，对巩固和加强国防有着培根固本的意义。

国防教育是和平时期做好动员准备的一个重要方面，在国家发布动员令后，则进一步转化为战时政治动员。国防教育的对象是全体公民，教育内容主要包括国防理论教育、国防精神教育、国防法制教育、国防知识教育和军事技能教育。我国的国防教育贯彻“全民参与、长期坚持、讲求实效”的方针，实行经常教育与集中教育相结合、普及教育与重点教育相结合、理论教育与行为教育相结合的原则，针对不同对象确定相应的教育内容，并分类组织实施。目前，我国的国防教育主要分为学校国防教育和社会国防教育。学校国防教育的方法包括以下几方面。

（1）将国防教育纳入有关课程，将课堂教学与课外活动相结合。

（2）开展以国防教育为主要内容的少年军校活动。

（3）根据需要聘请课外辅导员，协助学校开展各种形式的国防教育。

（4）设置适当的国防教育课程，安排专门的国防教育内容。

（5）由学校负责军事训练的机构或者军事教员按照国家有关规定组织实施学生军事训练。

（6）教育行政部门将国防教育列入工作计划，加强对学校国防教育的组织、指导和监督，并定期进行考核。

（7）学校则将国防教育列入学校工作和教学计划，采取有效措施，保证教育质量和效果。社会国防教育的方法主要是分系统、按职责实行。例如，国家机关、企业事业组织、社会团体、军队系统、城市居民委员会、农村村民委员会，以及宣传、文化、新闻、出版、广播、电影、电视等部门和单位，根据各自的工作性质和特点，采取多种形式进行国防教育。

四、国防动员的基本原则

国防动员的基本原则是组织动员准备、实施战时动员的基本准则，也是动员工作规律的反映。从适应现代战争的客观需要出发，结合我国的国情、军情，现代条件下的国防动员应遵循以下基本指导原则。

1. 服从大局，长期准备

动员准备是实现国家总战略的重要措施之一。当前，国民经济发展是国家总战略的重点，加强经济建设是党和国家压倒一切的中心任务。这就决定了今后一定时期内国家用于动员工作的经费不可能有较大幅度的增长，不可能拿出更多的财力和物力去进行动员建设，动员建设和整个国防建设必须在发展经济的基础上逐步加强。应当看到，建立雄厚的经济基础本身就是加强国家战争潜力的根本措施和最根本的动员准备。同时，全国上下也必须树立居安思危的思想，在集中主要人力、物力、财力进行经济建设的同时，兼顾动员建设，把动员准备寓于国民经济和社会发展之中，不断提高动员能力。

2. 全面规划，统筹兼顾

为了做好动员准备，提高动员工作的整体效益，必须从国家和国防的全局出发，统一规划动员准备的目标和措施。一方面，要加强动员工作的计划性。要在对我国国土、人口、资源以及各种可能动员的战争潜力进行广泛的调查研究和掌握详细准确的统计资料的基础上，对战时需要的人力、物力、财力进行精确的计算，然后区分轻重缓急，进行综合平衡，从而确定动员的数量、步骤、时限、程序和方法，并制订详细的计划以及保障计划实现的措施。另一方面，建立并不断改进动员的组织体制。要加强国家对动员及其准备的统一领导，建立健全动员决策机构与计划协调部门；以职能为主，按照各自的分工成立一些专门的业务部门；实行分级分区管理，建立自上而下的动员体系；按照规定的职责和工作程序进行各项动员工作。

3. 军民结合，平战结合

所谓军民结合，主要是在经济部门实行军用和民用兼营。为了减少国家军费负担，又能满足未来战争的需要，世界各国大多通过军民结合的途径，建立起适应各种战争需要的国家动员基础。例如，在工业生产、交通运输、邮电通信、物资技术、工艺储备等方面的动员准备，尽量"寓军于民"，搞好军民通用，不搞重复建设；军事工业除了集中力量搞好专用军工生产外，也尽量适于民用。当然，在实行军民兼容的同时，必须保证战时能尽快实行军民转换。所谓平战结合，是指要把平时的动员准备与战时的动员实施结合起来。国家平时的各项经济活动和管理体制要适应或准备适应战时的需要，为战时动员创造条件；战时的动员活动要以平时的准备为基础，并为适应以后的战争进程的需要，以及战后的恢复和发展创造条件。

4. 严密组织，快速高效

严密组织就是要求动员必须运用科学先进的动员方式和手段，努力实现快速高效动员的目的。快速高效主要是指动员要在战争所允许的时间内快速反应和快速有效地完成动员任务，以满足战争需要。提高动员的速度和效率不仅要在平时做好准备，恰当地把握动员时机，而且还必须从本国的实际出发，恰当地确定动员的方式，提高动员体制的功能。为适应快速的要求，我国的武装力量动员必须坚持就地就近的原则。同时，要增加动员的技术含量，善于将新材料、新技术、新工艺运用于动员领域，做到优先组织最新技术成果投入军工生产，优先征用先进的民用技术设备和交通运输工具等，以满足战争的需要。

5. 因敌因势，协调灵活

我国未来面临的反侵略战争，规模和样式都可能是多样的，发生战争的地域也有不确定性，有可能对强敌作战，也有可能对与我国实力相当或实力不如我们的敌人作战。因此，必须根据不同的作战对象、作战规模、作战样式、作战地域，灵活地采用不同的动员方式和措施，有的放矢地做好动员工作。作战规模决定着动员工作的规模，举国迎敌的战争实施全面动员，在局部地区爆发的局部战争实施局部动员。目前，全面战争一时打不起来，但局部战争的危险却依然存在，因此，应在做好全面战争动员准备、以防不测的前提下，着重做好应付局部战争的动员准备，建立起适应局部战争的动员机制。另外，作战对象不同，动员的方式和手段也必须有相应的改变。不同的作战对手，其经济政治状况、军队的武器准备、奉行的军事政策与军事战略、军事理论、作战指导以及所处的地理环境等都是不同的。战争动员工作需要认真研究作战对手的各种特点，针对其特点做好动员准备和实施战时动员。

五、国防动员的准备与实施

战时实施快速动员，在平时对人力、物力、财力进行统筹安排，是战争准备的重要组成部分，是国防建设的重要内容之一，同时也是国防动员的基础和前提条件。

（一）国防动员的准备

1. 国防动员人力准备

国防动员人力准备主要包括军事人力准备和支援保障人力准备两大部分。

军事人力准备，主要包括保持必要的现役部队规模、组建预备役部队、组织群众武装、落实后备兵员制度等，现役部队、预备役部队、民兵、人防、交通战备等专业队伍和院校学生等都属于国防人力准备的范畴。其中，现役部队称为国防常备军，除现役部队以外的一切可供国防动员使用的群众性武装力量统称为国防后备军。

支援保障人力，主要包括支援前线的人力、战时社会生产和社会保障人力，它是战争力量的重要组成部分，是战时人力使用的重要方向。

支援前线的人力，是战时担负各种支前勤务的人员的统称。支前勤务包括：动员人民群众为军队运送弹药、给养和其他物资；抢救、运送伤员；修筑与护卫工事、道路、仓库、机场、码头等军事设施，筹集和提供生活物资、施工器材、运输工具；在后方参加为战争服务的其他各种勤务等。支援前线的人力准备，主要是做好支前人员的登记统计工作和搞好支前编组。

战时社会生产和社会保障人力，是军事人力以外的具有劳动能力的全部社会人口。对这一部分人力的安排，主要是根据战时生产、管理、生活的安排，合理区分各行业、各部门对人力的需要量。通常采用人口普查或抽查，对各种职业人口进行统计核查，以确定战时的生产规模和人力使用规划。

2. 国防动员物资准备

国防动员物资准备，是指为保障国防需要而对国家重要的物资进行筹集、储备和分配等一系列活动，是国防动员准备的主要内容和整个国防动员的物质基础。国防动员物资准备主要包括战略物资储备、军队物资储备和动员物资储备三种。

战略物资储备，是指国家在平时有计划建立的关系国计民生的重要物资的储存或积蓄，其目的是应对战争和其他意外情况，保障国民经济正常运行和国防需求，是国家非常时期物资供应的一种重要方式。

军队物资储备，是指为保障军队供应而预先进行的物资储存，是物资保障的基本内容。储备的物资主要有武器、弹药、车辆、油料、给养、被装、药材、维修零部件和军种、兵种专用物资器材等，有无充足、合理的物资储备，将直接关系到军队建设及作战等任务能否顺利进行。

动员物资储备，是指国家直接控制和掌握的主要用于临战和战争初期急需的物资储存，是国家物资储备的重要组成部分。通常是为扩大军品生产和军队扩编，以及为保障交通运输、邮电通信、医疗救护等提供必需的重要原材料、设备、零配件和产品。在国家发生其他紧急或意外情况时，动员物资储备也起应急作用。

现代高技术战争对物资的依赖性越来越大，国防物资准备的程度，将对未来可能发生的战争的胜负具有举足轻重的影响。

3. 国防动员精神准备

国防动员精神准备，指国家在和平时期，根据未来战争的要求，为创造战时有利的政治、精神条件，提高政治动员效能所采取的一系列措施。国防动员精神准备分为国内和国际两部分。国内的动员精神准备，就是对全国军民进行深入持久的国防教育和爱国主义教育，特别是要广泛宣传公民在国防动员中的责任和义务，增强国防观念，提高动员承受能力。国际的动员精神准备，就是加强同各国的友好往来和军事联系，为战时建立和扩大国际统一战线创造良好条件。

4. 国防动员组织准备

国防动员组织准备，包括完善动员体制，健全动员法规，制订动员计划等。完善国防动员体制是指在平时的国防动员准备过程中，本着组织健全、精干高效、上下贯通、责权分明、整体协调等原则，不断增强国防动员机构的领导决策和整体协调功能，确保国防动员工作落实到位。

国防动员法规，是平时进行国防动员准备、战时实施动员的法律依据。完善各级国防动员法规，既是国防动员工作规范有序的重要保障，也是增强动员效率的主要因素。国防动员法规的完善，通常本着"先平时、后战时""先基本法，后具体法"的原则，有组织、有计划、分步骤地进行，并逐步配套齐全。

国防动员计划，是国家及有关部门(行业)、地区及企业事业单位，为了满足未来战争的需求，对国防动员的准备与实施预先作出的部署与安排。国防动员计划主要由综合动员计划、专项动员计划、具体动员方案等组成，其内容一般包括制定动员计划的依据，动员的任务、程序、范围、时限、要求和措施等。国防动员计划通常由上而下、分层次制订。

（二）国防动员的实施

将国防潜力转化为战争实力，使国防动员由准备付诸实施，由计划变成行动，是国防动员的实质性和决定性阶段。

1. 动员决策

动员决策是在正确分析国家安全形势的基础上，按照法定程序对动员作出决定的过程。决定实施动员的权限属于国家最高权力机关。现代战争具有爆发突然、进程短促、强度增大的特点，对动员决策提出了更高更新的要求，不仅决策要准确地符合国家安全的实际，而且必须迅速果断。

2. 发布动员令

动员令是指国家宣布转入战时状态的命令，通常分为局部动员令和总动员令，按发布动员令的方式又可分为公开和秘密两种。动员令的主要内容包括：敌国发动战争的企图和本国面临的战争危险；国家抵抗侵略、保卫疆土的意志和决心；全国或者局部地区转入战时状态的实施要求；国家战争动员领导机构的组成和权限；动员实施的开始时间及完成时限等。

3. 优化国防动员机构

国防动员机构平时与战时无论在体制上还是工作性质上均有所不同。为了保证动员机构能够快速组织各项动员工作，要强化各级政府和军事指挥机关在动员中的领导指挥职能，明确各级地方政府和政府部门主要负责人在动员中的领导责任，并赋予其相应的权力；要赋予动员领导机构较高的指挥权威，司法部门对于干扰和阻碍国防动员机构行使职权者依法严惩；要完善动员执行机构，战时由于任务的转换和加重，依靠原有的编制员额难以完成繁重的工作任务，必须对机构和人员进行充实调整；要按战时需要完善机构内部设置，并协调好相互之间的关系。

4. 修订动员计划

修订动员计划必须以国家的动员令为基本依据，由上而下组织实施。具体工作常由动员业务部门负责，并吸收有关人员参加。

我国战时动员计划的修订，由各级国防动员委员会负责，具体工作分别由人民武装力量动员、政治动员、经济动员、人民防空、交通战备、科技动员、信息动员等机构负责。

5. 组织调动国防资源

把一切可用于战争的人力、物力、财力进行定向聚集，将其平时的使用方向改变为服务于战争。主要包括如下内容。

组织兵员动员，保证武装力量按战时编制扩编补充；国民经济各部门迅速转入战时轨道，扩大军工生产；交通运输部门迅速转入战时体制，利用交通运输线、设施和运输工具，保障军队兵员和武器装备、作战物资的运输；组织科研部门、科研人员，有针对性地加速研制新式武器装备；疏散城市居民，健全警报系统，组织人民防空专业队伍抢修抢险，保护重要目标和交通运输线，配合军队防空作战，消除空袭后果；组织地方武装参战，组织人民群众支前，征用或购买军需物资，筹集战争经费，对公民开展宣传教育和争取国际盟友。

6. 检查与评估

国防动员的检查，通常是派工作组深入实际掌握情况、规定下级汇报制度、利用信息技术手段收集动员信息等。检查的目的在于指导、帮助下级的工作，使本级的动员意图得到落实。

国防动员的评估，通常分为阶段性评估和动员结束后的评估。阶段性评估有利于及时加强对动员工作的领导，动员结束后的评估可为总结经验提供科学依据。

思 考 题

1. 什么是国防？国防的基本要素有哪些？
2. 从中国国防历史中，我们得到了哪些主要启示？
3. 简述我国公民的国防权利与义务。
4. 什么是国防动员？国防动员的原则有哪些？
5. 简述国防动员的分类和主要内容。

第二章　国际战略环境

国际战略环境，是世界各主要国家和政治集团在一定时期内在战略上相互联系、相互作用、相互斗争所形成的世界全局性的大环境。它包括国际战略格局和国际战略形势两个方面：国际战略格局是国际战略环境的框架结构，国际战略形势是国际战略环境的动态表现。正确认识和分析国际战略环境，是制定国防战略的首要依据。

第一节　战略环境概述

一、战略

（一）战略的基本含义及其分类

1. 战略的含义

战略是筹划和指导战争全局的方略。即根据对国际形势和敌对双方政治、军事、经济、科学技术、地理等诸因素的分析判断，科学预测战争的发生与发展，制定战略方针、战略原则和战略计划，筹划战争准备，指导战争实施所遵循的原则和方法。

战略在军事斗争的实践中产生，并随着军事斗争实践的不断发展、深化而丰富和完善。古代早期的战争，进行的方式是两军对阵，在战场上角力斗勇，胜负主要决定于兵员的数量、勇气和体力，作战方法简单，往往一次交战就决定胜负，无战略战术之分。随着战争的发展和长期实战经验的积累，人们逐渐懂得了在战争中使用谋略，并总结出指导战争的方法，于是便产生了战略。应当说，早在“战略”概念出现之前，人们就已具有一定的战略思维与战略意识，只是没有直接使用“战略”这个词语来表述。即使在“战略”这个概念出现后的相当长时间里，人们也没有对它的内涵和外延作出确切的界定。随着社会的演变、环境的变化，以及军事斗争的不断发展，在人们运用和驾驭战略的能力不断得到提高的同时，对战略的认识也不断得到深化和完善。战略产生于战争实践，长期使用于军事领域，本义即军事战略。但由于近年来被其他领域广泛使用，为了便于对不同领域的战略作出明确的区分，在军事领域之外使用时，在“战略”二字之前冠以领域的名称，如政治战略、外交战略等。

战略是从全局上对军事领域的活动进行的谋划和运筹。军事战略应当解决的主要问题是：判明国家（集团）安全面临威胁的性质和程度，确定战略上的主要对手和作战对象，提出军事斗争所要达到的总体目的和主要任务，规定战略上的重点方向、地区，确定准备与实施军事斗争的指导方针和基本原则，明确斗争的主要手段、形式和协同、保障的主要方法等，并依此制订总体的行动计划和实施步骤。不同历史时期的战略，有着不同的内容和特点，其决定的因素主要有以下三个方面：一是战略思想，二是战略环境，三是军事力量。战略指导者基于对一定历史时期内上述情况的综合分析，提出军事斗争的基本对策和保障国家（集团）安全的基本方法，就是这个时期军事战略的基本内容。

战略的指导对象是军事斗争全局。军事斗争是为了一定的政治目的，在军事领域或以军事手段进行的各种形式的对抗活动。军事斗争本身是一个复杂的系统，军事战略则从全局上对其进行谋划和运筹，既指导它从发生、发展到结束的全部过程，又关照其各个方面和各个部分间的关系，以充分发挥它的整体效能。军事斗争的表现形式，既有战争方式，也有非战争方式。军事战略从全局上对不同方式的军事斗争进行统一筹划和指导，根据不同时期军事斗争的目的、任务和主客观条件，提出斗争的方针和方法，规定不同斗争方式的运用时机和原则，明确它们之间的主次地位和关系，充分发挥不同方式的优长，以获得最好的整体效益。可见，战略对军事斗争全局的指导是全方位、全过程的指导。它既指导战时，也指导平时；既指导军事力量的使用，也指导军事力量的建设；既指导准备与实施战争，赢得战争的胜利，也指导遏制战争，维护和平。

军事战略是国家总体战略的重要组成部分。一个国家要生存和发展，必须根据社会发展的要求和现实斗争的特点，从总体上对各个领域的活动和斗争进行运筹和指导。在不同的历史条件下，国家有不同的历史任务和建设发展目标，实现目标的方式也不尽相同，军事战略在国家总体战略中所处的地位和作用也不完全一样。军事战略只有符合国家战略的总体要求，并与其他领域的战略相协调，才能得到实现既定目标的可靠条件，同时，也才能对共同实现国家战略的总体目标发挥应有的作用。

战略把国家的安全利益作为其基本的历史使命。战略既要为国家的主权、民族的解放而斗争，为国家和民族提供最基本的生存条件，又要为政权的巩固、社会的稳定而斗争，为国家和民族的发展与繁荣昌盛提供强有力的安全保证。因此，战略具有对外反侵略、对内反颠覆的双重职能。根据国家利益的要求，它既指导战争时期的作战活动，也指导和平时期的军事斗争；既指导准备和打赢战争，也指导遏制和防止战争；既要保卫国家和平与安全，维护国家统一和稳定，又要捍卫国家主权和领土完整，并要以有效的军事行动，支持国家的外交斗争，维护国家的国际地位、威望和权益。

2. 战略的分类

战略可按不同的方法划分类型。按社会历史时期划分，可分为古代战略、近代战略、现代战略；按作战性质划分，有进攻战略和防御战略；按使用武器的类型划分，有常规战争战略和核战争战略；按军种划分，有陆军战略、海军战略和空军战略；按作战持续时间划分，有速决战略和持久战略等。

（二）战略的构成要素

战略的构成要素，就是构成战略的基本成分。它是战略本质属性的集中反映，也是战略内容和形式的具体展现。就战略自身的本质特性和社会功能来说，战略目的与任务、战略方针、战略手段和战略力量这几个要素是不可缺少的，应当成为构成战略的基本成分。

1. 战略目的

战略目的是战略行动所要达到的预期结果，是国家一定时期内总的路线、方针、政策在军事上的反映，它既是制定战略的出发点，也是实施战略的归宿点。

战略目的是根据战略形势和国家利益确定的。首先，战略目的要体现国家利益的时代特点。国家利益最根本的是生存和发展。但在不同的历史条件下，国家利益的具体内容和表现形式则不尽相同，其对军事斗争的要求也不一样。全面战争条件下，国家面临着生死存亡的考验，夺取战争胜利是国家的最高利益，也是对军事斗争的最基本的要求；在和平条件下，国家的发展是国家利益的最高表现，为国家的发展提供一个安全可靠的内外环境，为国家在国际竞争中处于有利地位提供强有力的支撑，维护国家的各种权益，就成为对军事斗争的基本要求。可见，战时与平时的战略目的有着不同的内容。在现代条件下，国家安全是一个综合性的概念。在当今世界维护国家安全的斗争中，军事斗争仍然有着非常重要的作用。维护国家发展中的经济安全，保卫国家的经济利益，已成为军事战略目的的有机组成部分，军事斗争要与政治、外交、经济、科技、思想文化等领域的斗争密切配合，共同维护国家的权益。

其次，战略目的要与战略形势相适应。一是要反映国际战略形势的总特点和整个国际斗争的主题，并与其相适应。中国军事斗争的战略目的，既是维护本国的独立、主权和统一、稳定，又是全世界人民反对霸权主义、维护和平的一个有机组成部分。战略目的只有反映出这个特点，才能符合时代主题，并在国际斗争的大潮中处变不惊，措置裕如，始终处于有利的主动地位。二是要反映国家安全形势的特点，并与现实斗争的重点吻合。国家安全面临的威胁往往是多层次的，其程度和性质是不断变化的，对象和方向也不是固定不变的。战略目的关系着国家和民族的前途命运，必须建立在可靠的客观基础之上。因此，一定要科学分析安全形势，恰当估计战争威胁，正确认识国家安全面临的主要矛盾，并不断对安全形势的发展趋势作出系统、科学的预测。

最后，战略目的要与国家实力和利益需要相适应。不同性质的国家和军队，其战略目的也不同。对于奉行防御战略的国家来说，其战略的基本目的是维护国家和民族的根本利益、长远利益和整体利益，特别是维护国家的领土主权完整和统一。在确定战略目的时，要强调需要与可能相结合，具有科学性和可行性，符合国家的路线、方针和政策，与国家的总体目标和国力相适应，满足国家在一定时期内对维护自身利益的基本要求。战略目的必须以军事力量水平和能力为物质基础。军事力量是完成战略任务、达成战略目的的主体，如果离开了军事力量的实际水平和能力，战略目的就成了空中楼阁，是不可能实现的。因此，战略目的所确定的指标要适当，既不能定得过高，也不能定得过低；既要满足需要，又要有现实可能。指标定得过高，超过了国家利益要求的限度，超越了客观条件的许可，就会使整个战略脱离正确运行的轨道；指标定得过低，战略的功能和社会作用就不能得到有效的发挥，国家利益的基本要求就得不到满足，国家安全也得不到可靠的保障。

2. 战略方针

战略方针，是指导军事斗争全局的总纲领、总原则。它主要规定完成战略任务、实现战略目的的基本途径，明确斗争的重点、主要战略方向和相应的战略部署，是一定时期内或一次战争中指导军事力量建设和军事斗争实施的行动准则，是战略的主体和核心。战略方针是国家(集团)总方针、总政策的重要组成部分，是总方针、总政策在军事上的反映。它是联结战略理论与战略实践的纽带和桥梁，对于平时进行战争准备，开展维护国家主权、利益的军事斗争，以及战时进行战争，都有直接的指导作用。在军事领域中，战略方针具有宏观定向作用，是统揽和牵引各项工作的“龙头”。同时，战略方针对国家的政治、外交斗争和国民经济的规划、布局也有重大的影响。

3. 战略手段

战略手段，是为了达成战略目的而运用军事力量的方式和方法，主要解决用什么进行军事斗争和怎样进行军事斗争的问题。它是战略指导者根据既定的战略目的、任务和战略方针的要求，使用军事力量，开展军事斗争的具体行动。战略手段是关于军事斗争的战争方式与非战争方式的选择和运用。战争方式就是运用军事力量通过在战场上的直接较量而决定胜负的斗争方式，包括各种规模和样式的战争；非战争方式是不直接使用军事力量进行战场较量而实施的军事对抗和斗争方式，包括军事力量的部署、调动、演习、威慑，高新技术装备性能的展示，边海空防斗争，以及军事外交、军事经济、军事科技、军事文化和军备控制等领域的斗争。

4. 战略力量

战略力量是战略的物质基础和支柱。它以国家综合国力为后盾，以军事力量为核心。战略筹划指导的对象是军事斗争，而军事斗争是由军事力量来承担和实施的。因此，对军事斗争的筹划和指导活动，集中体现在对军事力量的建设和运用上。战略指导者一方面要根据敌我军事力量的实际状况制定战略；另一方面又要根据战略目的的需求，指导军事力量的建设与运用，以夺取军事斗争的胜利。军事力量与战略有着密不可分的联系，是战略的基本要素。军事力量既是确立战略的重要物质基础，又是实行战略的主要工具；战略既决定着军事力量建设与运用的性质和方向，又主要依靠军事力量得到具体地贯彻和落实。因此，必须在发展经济和科学技术的基础上，根据战略目的和战略方针的要求，确定其建设的规模、发展方向和重点，并与国家的总体力量协调发展。

（三）战略的特点

世界上任何事物都有区别于其他事物的本质属性。军事战略因其特定的研究对象、内容和表现形式，而具有自身的鲜明特点。

1. 全局性

全局性是战略的首要特点。凡属需高层次谋划和决策，需要照顾各个方面和各个阶段性质的重大的、相对独立的领域，都是战略的全局。

战略统筹军事斗争的各个方面和各个部分。全局性表现在空间上，整个世界、一个国家、一个战区、一个独立的战略方向，都可以是战略的全局。由于战略是国家关于军事问题的最高决策，处于军事领域的最高层次，因此作为国家的军事战略，客观上要求把整个国家的整个军事斗争作为全局。在战争条件下，各项战争准备工作的落实，各种战争力量的运用，各种作战活动的指挥与协调，以及各项作战保障工作的组织与实施等，都要在战略的指导下进行。在和平条件下，各种军事力量的建设，各种军事斗争方式的开展，未来作战的准备与运筹，军队各项改革工作的进行以及对未来发展的预测等，也都要以战略为基本依据。因此，军事领域的工作必须把战略作为统揽全局的总纲。

战略指导军事斗争的全部过程。全局性表现在时间上，贯穿于指导战争准备与实施的各个阶段和全过程。一定历史条件下的战略，应对该时期军事斗争的全过程进行整体筹划，确定其总的战略目的和任务，战略指导的基本思想、原则，以及战略方针等。在总揽全局的基础上，立足现实，着眼未来，对军事斗争的发展趋势进行预测，区分战略阶段，明确各阶段的具体战略方针和战略任务，并根据客观情况的发展变化，适时进行调整，使战略指导始终符合发展的客观实际。

战略对军事斗争全局的指导，往往是通过对全局具有决定性影响的关键问题的筹划和解决来实现的。因此，对于战略的领导者和指挥者来说最要紧的，就是要把注意力摆在关照全局上面，胸怀全局，通观全局，把握全局，处理好全局中的各种关系；同时注意了解局部，关心局部，特别是注意解决好对全局有决定意义的局部问题，抓住主要矛盾，解决关键问题，以推动军事斗争全局朝着有利于实现战略目的的方向发展。

2. 对抗性

军事斗争，尤其是战争，是一种有组织、有计划的暴力行为，是敌对双方以军队或其他武装组织为骨干而展开的激烈较量。战略对军事斗争的筹划和指导，是伴随这种较量进行的，对抗性是它的一个显著特点。战略本身所具有的政治性质，是其对抗性产生和依存的基础。从本质上说，军事斗争是具有政治目的的行动，特别是战争，更是一种“流血的政治”，是解决阶级之间、民族之间、国家之间，以及政治集团之间在一定发展阶段上的矛盾的一种最高的斗争形式，任何战略都是为一定的阶级、民族、国家、政治集团的利益服务的，而这种服务往往又是在充满矛盾和冲突的斗争中实现的。从这个意义上讲，任何战略都具有鲜明的政治性和对抗性。政治性既是战略根本性质的最高表现，又是其对抗内容的最集中反映。

3. 谋略性

战略是基于客观情况而提出的克敌制胜的斗争策略。战略从实践的意义上讲，是手段的选择，有高度的灵活性。战略重点和枢纽的把握、战略方针的确定、军事力量和斗争方式的运用、战略调整和转变等，这些活动都是计谋、策略、艺术的结合，是智与谋的生动表现。它是在一定的客观条件下，变被动为主动，化劣势为优势，以少胜多，以弱制强，乃至“不战而屈人之兵”的重要方法。

运用谋略，重在对战争全局的谋划。谋略的着眼点不是单纯的“伐兵”“攻城”，而是将军事斗争与政治、经济、外交、思想文化等斗争紧密相连，多种手段并用，注重斗争全过程中谋略的一致性和连贯性，以及战略行动与战役、战斗行动在谋略上的整体协调。制定战略强调深谋远虑。要把谋略的重心放在对全局有决定意义的斗争重点和枢纽上，不计较暂时的局部得失，从长计议，着眼发展，把夺取全面胜利、长远胜利作为谋略的目标，做到“运筹帷幄之中，决胜千里之外”。多谋善断，料敌定谋。要尊重战争的特点和规律，全面系统地分析敌我双方的各种情况，审时度势，权衡利弊，善择时机，及时果断地作出正确决策。灵活多变，高敌一筹，以智谋取胜。要因情措法，灵活应变，应付不同的情况有不同的谋略，应付复杂局面有多种计谋和多套应变方案，善于巧妙利用社会、自然及心理上的各种制约因素和矛盾，把握事物发展的必然性与偶然性的内在联系，出奇制胜。

4. 相对稳定性

军事斗争情况的发展变化，决定着军事斗争指导规律的发展变化。战略必须随着军事斗争的发展而发展，依照情况的变化而改变，一成不变的战略是不存在的。然而，由于战略处于军事领域的最高层次，指导范围广，影响重大而深远，是一切军事活动的依据和准则。因此，战略又具有相对的稳定性。这是它与战役和战术相区别的又一重要特点。

二、战略环境

战略环境是制定战略的客观基础。正确认识和分析战略环境，是正确制定战略的先决条件。

（一）战略环境的基本概念

战略环境是指影响国家安全或战争全局的客观情况和条件。主要包括国际和国内的政治、经济、军事、外交、科技、地理等方面综合形成的客观情况和条件，以及由此而形成的战略态势，特别是战争与和平的总态势。战略环境是动态的，随着国内外形势的发展而不断变化。

1. 国际战略环境

国际战略环境是一个时期内世界各主要国家(集团)在矛盾、斗争或合作、共处中的全局状况和总体趋势。它是国际政治、经济、军事形势的综合体现，主要包括有关各方力量消长、利益得失、矛盾升降、斗争起伏，特别是在双边或多边关系中敌与友、战与和、对抗与妥协、分化与组合、多助与寡助，在战争中进与退、攻与守、胜与负、强与弱、优势与劣势等方面的总状况和总趋势。国际战略环境关系到国家的生存与发展、安危与兴衰，影响一个国家(集团)军事斗争的对象、性质、目标与敌友关系，以及军事力量建设与运用的基本方向，因而是各个国家(集团)制定战略必须首先考察和关注的外部环境和条件。

国际战略环境的范围虽然极其广泛，但对于某一国家(集团)的战略指导者来说，最值得注意的是以下几个方面。

(1) 时代特征。所谓"时代"，是指世界整体在发展进程中所处的大阶段。不同阶段之间相互区分的标志，就是时代特征。时代特征反映了世界发展总进程中的矛盾领域和斗争状况。时代特征是世界性的、阶段性的，它所反映的是世界的总貌，是整个世界在一定历史阶段的总的标志，而不是个别国家的个别现象，也不是国际社会一时一事的情节或短时期的形势变化。正确认识时代特征，有助于战略指导者从宏观上把握当代世界的主要矛盾和总的发展趋势，从而对国际战略环境作出正确的判断，避免战略指导的重大失误。

(2) 世界战略格局。世界战略格局，是世界各国政治、经济、军事力量在其消长、分化和组合过程中所形成的，对世界战略全局具有重大影响而又相对稳定的力量结构。世界战略格局反映了一定时期内国际间的力量对比、利益矛盾和需求，以及基本的战略关系。对世界战略格局进行分析与研究，有助于从总体上了解世界各主要国家在世界全局中的地位以及战略利益方面的矛盾和需求，有助于对世界形势及其可能的发展趋向作出基本的估计。

(3) 主要国家的战略动向。世界各国之间由于战略利益和政策的异同，既可能是对手，也可能是朋友。各国的战略动向，既互为条件、相互依存，又相互影响和制约。其中，一些实力较强的世界性和地区性大国，特别是超级大国所推行的战略，对地区乃至世界的安全与稳定具有重大的影响，对其他国家的战略也有程度不同的影响。因此，一定时期内各主要国家的战略及其发展趋势，是国际战略环境的重要部分。了解主要国家的战略动向，有助于从世界各国特别是大国之间的关系上具体地研究国际战略环境，进而对世界形势作出正确判断。

(4) 当代战争与和平的趋势。战争是解决阶级和阶级、民族和民族、国家和国家、政治集团和政治集团之间利益矛盾和冲突的最激烈的手段。只要战争根源还存在，战争与和平始终是国际安全面临的重大问题。对于一个国家的主权和安全来说，来自外部的战争威胁是最严重的威胁。因此，当代世界战争与和平的趋势在国际战略环境中最引人注目，也是世界各国研究和制定军事战略时关注的中心。

(5) 周边安全形势。周边安全形势，是指周边国家(集团)直接、间接影响本国安全的条件和因素。周边安全形势中最值得注意的是周边国家与本国的利益矛盾、对本国的政策企图，与本国密切相关的军事力量及其部署等直接影响本国安全的情况和因素。

从上述几个方面入手研究国际战略环境，对于洞察国际斗争特别是战争与和平的基本趋势，进而判明对本国战略利益的影响，具有十分重要的意义。本章将重点展开对国际战略格局、中国周边安全环境的论述。

2. 国内战略环境

从军事斗争的角度讲，国内战略环境是指对筹划、指导军事斗争全局具有重大影响的国内社会环境与自然环境。它反映了国家军事力量建设与运用的可能条件和制约因素，决定着战略的基本性质和方向，是制定战略的依据。国内战略环境主要包括国家的政治、经济、军事、地理等方面的基本状况，其中，对战略具有直接影响的是国家的地理环境、政治环境和综合国力状况，因此，研究国内战略环境应重点把握以下情况。

(1) 地理环境。地理环境主要包括国家(战区)的地理位置、幅员、人口、资源、地形、气候以及行政区划、交通、要地等状况。这些地理要素与军事斗争的关系十分密切，是军事力量生存、活动的空间条件。军队的集结、机动、作战、训练、后勤补给等一切军事活动都离不开一定的地理空间，都要受到地理环境的影响和制约。地理环境不仅是制定战略的重要客观依据，而且是影响战争胜负的重要因素。加强对地理环境的研究与认识，是使战略指导符合客观实际的一个重要环节。

(2) 政治环境。国内政治环境涉及的范围较广，但对战略影响最大的有两个方面：一是国家的政治、法律制度和基本国策，二是政治安全形势。国家的政治、法律制度和基本国策是国内政治环境的核心，对军事斗争全局的筹划指导具有决定性的影响。国内政治安全形势，主要包括一定时期内国内的阶级、民族、宗教(教派)、政治集团之间相互关系的基本状况及其对政局和国家安全的影响。其中，敌对势力分裂、颠覆国家政权和发生武装冲突或国内战争的情况，是直接影响国家统一和稳定的国内因素，是筹划、指导军事斗争必须关注的重要问题。

(3) 综合国力状况。综合国力是一个国家全部物质力量和精神力量、实力和潜力的总和，它包括国家的人力、物力、财力、军力、科技与生产能力、社会保障与服务能力以及组织动员能力等。综合国力是军事斗争特别是战争的物质基础，也是军事理论和作战方法发展进步的重要条件。一切军事斗争和军事活动，归根结底都要依靠综合国力，特别是经济、科技和军事实力的支撑，并受其制约。战略指导者必须立足于国家综合国力的实际状况，本着勤俭节约、讲究效益的原则，筹划、指导军事力量的建设与运用，使之与国家建设和社会发展的总体水平相适应。

(二) 战略环境的基本要素

环境是人类赖以生存与发展的各种外部因素的综合体。所谓战略环境是指与各国生存和发展密切相联的各种因素的总和，主要包括军事、政治、经济、人文等各个方面的因素，它是构成国家战略环境的基础，对国家的战略环境起决定作用。

1. 战略环境中的军事因素

军事因素包括世界军事形势的基本情况、世界军事格局的基本态势、周边国家的军事状况、本国军事状况等，它是国家制定基本国策、确立国家发展目标的最基本依据，是国家军政首脑必须关注的重大问题。

当今国际社会，和平与发展是人类的两大主题。但是，由于国际社会政治、经济、军事发展的不平衡性，再加上霸权主义、强权政治的存在，世界的安全与稳定在很大程度上取决于各国的军事状况。在当前世界军事力量分布失衡的情况下，某些军事大国，挥舞军事大棒，推行霸权主义和强权政治，因此，军事因素成为构成战略环境状况的核心因素。

2. 战略环境中的经济因素

经济因素主要由经济实力、经济结构、经济布局、科学技术实力、发展状况和发展前景等方面构成。唯物主义认为，物质基础决定意识形态，经济基础决定上层建筑。这是一条普遍真理。国家的战略环境如何，在很大程度上取决于经济这个物质基础。没有强大经济基础的军事是不可靠的，没有强大的经济基础的政治也是苍白无力的。战后的日本，全力发展经济，其经济实力位于世界前列，由一个自然资源极度贫乏的岛国成为世界上名副其实的经济大国。现代战争在一定程度上打的就是经济实力，海湾战争短短几十天，仅美国的消耗就高达 611 亿美元。由此可见，经济因素在战略环境中的地位是十分重要的。

在经济因素中，经济结构的合理性、经济布局的合理性、经济的科技含量对创造良好的战略经济环境也有重大影响，它对一个国家的战争支持能力、战争耐力有重大影响，对一个国家能否跟上现代化战争的步伐、适应现代战争的特征也有重大影响。

经济因素是衡量国家综合实力的重要指标，只有具备了强大的经济基础，才能立足于世界军事强国之林，才能使政治变得坚强有力，才能在国际社会中取得良好的战略环境。

3. 战略环境中的政治因素

政治是上层建筑，它对一国的军事、经济、外交、科技均能产生重大的作用，一国的军事、经济等各方面的活动，总是根据政治需要而进行。一国的政治状况决定了国家性质、国家的军事战略方针和对战争的态度，决定了国家一个时期的发展方向和目标，决定着国家面临不同战略环境时采取不同的方针政策。经济是政治的基础，军事是政治的工具，经济、军事均要为政治服务，接受政治指导。因而，政治在国际战略环境中有着重要的作用。

4. 战略环境中的人文因素

人文因素主要是指国家的人口状况、民族状况、文化状况及外交等方面的情况。人口数量的多少、人口质量的高低与国家的经济发展状况及发展前景有直接的联系，与国家的战争力量的储备及动员关系密切。现代战争中，随着高技术兵器的广泛应用，对兵员的质量要求也越来越高。兵员的质量对战争的影响也越来越大。一个国家的民族状况如何，对该国的战略环境影响很大。在当代国际社会中，多数国家均由不同的民族组成。一个国家各民族越能和睦相处，国家稳定性就越好；反之，国家安全和稳定都会受到重大影响。当今世界这样的事例屡见不鲜。因此，一个国家的民族问题与该国的战略环境有直接的联系。一个国家的战略环境怎样，与该国的科技、文化、宣传、教育、外交等方面有直接联系。坚持正确的舆论导向，大力提高民族的科技文化水平，提高全民的国防意识，在对外交往中广交朋友，做到有理、有利、有节，这些对国家战略环境的改变，营造一个有利的战略环境都是十分必要的。

三、战略环境与战略

（一）战略环境与战略的关系

战略环境与战略，是客观实际与主观指导的关系。前者是独立于战略指导者意识之外的客观存在，后者则是军事斗争客观规律在人们头脑中的反映。因此，战略环境是制定战略的客观基础。任何国家（集团）的战略，无不受一定的战略环境的制约和影响。各个国家（集团）的战略都是随着战略环境的变化而变化，都是基于特定的战略环境而谋求各自的战略利益。中国共产党及其领导下的人民军队，在革命战争时期曾经实行过数次以改变作战形式为主要标志的军事战略转变,中华人民共和国成立后,也曾多次进行战略调整。其中,每一次转变与调整,都与战略环境的变化紧密相关,都是为了适应战略环境的变化和军事斗争的需要,使主观指导更加符合客观实际。由此可见,任何战略都是一定的战略环境的产物,从来就没有脱离一定的战略环境而凭空产生的战略。

(二)认识和分析战略环境是正确制定战略的先决条件

对于战略指导者来说,正确认识和分析战略环境,是正确制定战略的先决条件。这里所说的战略环境,实际上是战略指导者所面临的敌方、友方、我方以及自然界的情况,涉及政治、经济、科技、军事、地理等方方面面。这些情况,都是实际存在并影响战略的客观因素。战略指导者只有了解它、熟悉它,并且正确认识各种因素的相互联系、相互作用及其对敌我行动的影响,才有可能找出其中的特点和规律,并根据这些规律制定出正确的战略。如果情况不明,或认识不符合实际,就不可能制定正确的战略并实施正确的战略指导。对战略环境的认识和分析越客观、越准确,所制定的战略也就越符合实际,越有成功的把握。而能否正确认识和分析战略环境,则取决于战略指导者所采取的立场、观点、方法及其思维能力。因此,只有坚持辩证唯物主义和历史唯物主义的世界观和方法论,对战略环境进行客观的、全面的、系统的分析,才能把战略建立在对战略环境正确认识的基础之上,进而实现正确的战略指导。

(三)战略对战略环境的能动作用

战略对战略环境的发展变化也具有重大的能动作用。这是因为环境在一定条件下是可以改变的。人们可以通过主观能动性的发挥,创造必要的条件,推动和影响战略环境变化,战略作为对军事斗争全局的筹划与指导,不论其正确与否,都对维持或改变战略环境有重大影响。因此,战略指导者的责任,就在于制定符合客观实际和斗争发展规律的战略,实施正确的战略指导,创造克服、改变不利战略环境或维护、争取有利战略环境所必需的条件,审时度势,趋利避害,把军事斗争引向胜利。

从军事斗争的历史和现状看,任何国家(集团),不论其政治目的和决策者的素质如何,都力图通过制定和推行自己的战略,促使战略环境朝着利己的方向发展。然而,从属于不同政治目的的战略,对战略环境所起的作用是截然不同的。以推行霸权主义和侵略扩张为目的的战略,对国际战略环境起着破坏和恶化的作用,会给国际社会带来灾难。而以反抗侵略和维护和平为目的的战略,则起着改善战略环境的作用,为维护世界和平和促进人类进步创造有利条件。

中国的军事战略,是马克思列宁主义军事理论、毛泽东军事思想与一定历史条件下的战略环境和斗争实践相结合的产物。以毛泽东为杰出代表的中国老一辈无产阶级革命家,历来坚持主观指导与客观实际相符合的原则,正确处理战略与战略环境之间的关系。在历次革命战争和中华人民共和国成立后的军事斗争中,他们总是把战略环境作为制定、调整战略的客观依据,并通过实现正确的战略,改变或推动战略环境向着有利于人民的方向发展。当今世界,各种斗争错综复杂,风云变幻莫测,情况日新月异。这就要求战略指导者必须密切注视战略环境的发展变化,并根据这种变化的特点和规律,以及主客观条件的实际可能,适时调整自己的战略,以争取和维护有利于和平与发展的战略环境。

第二节　国际战略格局

一、国际战略格局概述

（一）国际战略格局的基本含义

国际战略格局是指国际社会中国际战略力量之间在一定历史时期内相互联系、相互作用而形成的具有全球性的、相对稳定的力量对比结构及基本态势。

国际战略格局的形成，是国际斗争和国际战略运作的结果。同时，新的国际战略格局一经产生，又会对国际战略形势产生直接的影响。因此，要想从整体上把握国际斗争的基本情况和基本形势，揭示国际斗争的一般规律，就必须注重研究国际战略格局问题。

（二）国际战略格局的构成要素

国际战略格局作为国际斗争的直接产物和国际战略运用的必然结果，其构成要素是国际战略力量，而不是一般意义上的国际行为主体。

国际战略力量是指在国际关系中能够独立地发挥作用，并对国际形势及国际战略的运用和发展具有巨大影响的国家或国家集团。国际行为主体，亦称国际关系行为主体，是指能够独立参与国际事务，并能独立行使国际权利、承担国际责任与义务的实体。在国际舞台上，存在着众多国际行为主体，主要分为两大类，即国家行为主体与非国家行为主体。前者即主权国家，后者有国际组织、跨国公司、国际性政党、国际性运动和国际性宗教等。国际战略力量与一般国际行为主体的主要区别，在于其行为能力或对国际战略影响力的不同。任何国家或政治、经济实体，只要它在国际事务中具有独立的行为能力，就可以成为国际行为主体，就可以成为一般国际政治要素。但一个国际行为主体，只有当它的行为能力达到一定的程度，能对国际战略的形成和发展，对其他行为主体产生重大影响时，才能成为一种国际战略力量，并成为国际战略格局的构成要素。国际战略力量的行为能力与其所拥有的政治、经济、军事实力或综合国力紧密相关。一个国家的力量或一个国家集团的力量，是由多种力量要素构成的。

在当今国际战略舞台上，能够成为国际战略力量，并进而成为国际战略格局的基本要素的是大国和国家集团。所谓大国，一般指那些幅员辽阔，人口众多，拥有较强的经济、科技和军事实力，对国际事务和地区事务能够施加巨大影响的国家，也就是通常所指的那些能够构成国际战略力量的世界主要国家。国家集团则是若干国家力量的“集合”，因而它比单个国家的力量要强大得多。国家集团通常以建立某种国际同盟关系的方式确定，如第二次世界大战后所建立的“北约”和“华约”两个政治军事集团组织，就是当时世界上的两大国家集团。大国和国家集团在国际战略格局形成与发展的过程中发挥着重要作用。在国家集团尚未出现之前，一些大国所建立起来的国际体系，决定着一定时期的国际战略格局。在新旧格局交替的过渡时期，大国和国家集团，仍是推动新的国际战略格局加速形成的重要力量，也是未来新格局得以建立的基本构成要素。正确认识这一要素的发展变化，对于恰当地把握今后国际战略格局的演进趋向，无疑是十分重要的。

（三）国际战略格局的本质

在当今国际舞台上，国家与国家之间的关系，最本质的是它们之间的力量对比关系。因此，国际战略格局本质上就是一种国际战略力量的对比关系。

国际战略力量对比，是国际战略力量之间的一种实力对比，以及由此而派生的影响力对比。因此，在考察各种战略力量时，不仅要考察它们本身所具有的实力地位，而且要考察它们在国际事务中实际发挥的作用和影响力。只有把这些因素联系起来加以分析，才能确定哪些是主导性力量，哪些是从属性力量，哪些仅仅是潜在性力量，从而形成正确的战略判断。例如，第二次世界大战后，经过一段时间的经济复苏和建设，西欧的英、法、德、意等国在经济、军事实力等方面均居于欧洲国家前列，在世界上仍有一定的影响力，英、法两国还是联合国安理会常任理事国。但是作为单独的国家，它们谁也不能成为独立的国际战略力量，因而只有在"北约"集团内发挥相应的作用，并在很大程度上受到美国的控制和制约。这种状况也决定了它们在两极格局中只能处于从属地位。冷战后，随着欧盟的建立，联合起来的欧洲国家成为当今世界的战略力量中心之一。中国尽管在经济、军事实力上不如某些发达资本主义国家，但是由于其特殊的战略地位和独立自主的外交政策，已成为国际舞台上的一支重要战略力量。

（四）国际战略格局的结构类型

国际战略格局的结构是指它所表现出的基本形态。它是包括国际政治、经济、军事关系在内的国际战略关系的表现形式，是国际战略力量对比的结构形态。区分国际战略格局的不同类型，主要应当依据格局的内部结构和外在形态。所谓内部结构，是指构成一定格局的战略力量的特征，以及各种力量之间相互组合的状况。所谓外在形态，是指战略力量之间相互作用的形式与存在状态。据此，可把国际战略格局区分为四种基本类型。

1. 单极格局

单极格局即某一个大国在国际战略格局中占据主导地位，形成一国独霸的局面。这种情形在历史上曾经出现过，如资本主义初期的西班牙、荷兰和英国，都曾有过独霸世界的历史。英国的世界霸权地位甚至维系了近 200 年。当然，这种格局状态是资本主义刚刚形成时期的特定产物。这个时期，由于资本主义刚刚在局部地区出现，近现代意义上的国际社会正在逐步形成，因而资本主义发展最早的国家，往往能够确立独霸地位，但这种霸权在很大程度上局限于欧洲地区，真正的世界霸权并未建立起来。

2. 两极格局

两极格局即两大战略力量之间的相互对立和相互斗争，对整个国际事务起着决定性影响的局面。这种类型的格局在历史上曾多次出现过。第一次世界大战期间的同盟国和协约国，第二次世界大战期间的法西斯轴心国和反法西斯同盟国，战后初期的社会主义和资本主义两大阵营以及随后的美苏两极对抗，都是历史上的两极格局。从中可以看出，"两极"主要是两大对立的国家集团，而不完全是两个国家之间或某个国家单独与另一个国家集团之间的对立。同时，在两极之外总有不从属于两大集团的其他国家存在。第一次世界大战前的两大集团之外有美国和日本等国；第二次世界大战期间也存在一些没有卷入战争的国家；战后初期则存在着广大的"中间地带"国家。当然，以上所分析的两极格局，除了冷战时期两个超级大国和两大政治军事集团的对抗具有较典型的两极特征并延续了较长时间外，其他都是在新旧格局过渡时期形成的具有一定特殊性的两极体制。

3. 多极格局

多极格局即多种战略力量既相对独立又相互联系、既相互合作又相互制约而形成的一种相对平衡的战略关系。在多极格局中，作为格局构成要素的战略力量，可以是单个的国家，也可以是国家集团。这种格局类型在20世纪70年代以后已见端倪，即中、美、苏、日、西欧和第三世界这六大力量的竞相发展。冷战结束后，多极化趋势呈现出更加强劲的发展势头，目前已经形成了初步的轮廓。

4. 多元交叉格局

多元交叉格局是一种由两极向多极发展，或由多极向两极发展的过渡性格局。在这种格局状态下，一方面存在着两大战略力量或多种战略力量之间的对立，这是格局的主导方面；同时也存在着独立于上述力量之外的其他战略力量。这些战略力量既在一定程度上受到现有格局中的支配力量的影响，又能够在国际事务中发挥自身的独特作用，从而构成国际战略格局中潜在的一极。冷战结束后，在向多极格局过渡的时期，多元交叉格局表现得更为明显。欧美虽是盟友关系，但欧洲正在成为新的一极。美日同盟也有新的发展，日本的政治独立性也有很大增强，很可能在多极格局中占有一席之地。中国、俄罗斯既与其他战略力量保持着联系，同时又坚持自身的独立地位。这种多元交叉格局无疑构成了未来多极格局的基础。

（五）国际战略格局的基本特征

1. 国际战略格局与时代的发展密切相关

国际战略格局总是反映着一定时代条件下的战略力量对比关系。在同一时代条件下，格局的外在形态可能不同，但其内在的本质则是一样的。例如，20世纪初期几个资本主义大国相互争霸的战略格局，则又与资本主义发展到垄断阶段，加剧了资本主义国家尤其是大国间的竞争密切相关。因此，要正确分析各个时期国际战略格局的特点，就必须把握时代发展的脉络以及不同时代国际战略格局的基本特征。

2. 国际战略格局同世界经济格局相适应

世界经济格局是指世界范围内各种经济力量之间相互关系的结构状态。世界经济的出现和发展，推动了国际社会的形成和发展，建立在世界经济体系基础上的国际战略格局，可以说是经济因素在国际政治领域的集中反映。国际战略力量的形成，与其所拥有的经济实力以及在经济格局中的地位紧密相关。一个国家或国家集团在国际社会中的行为能力和影响力，固然要取决于多种因素，但经济实力是其中最基本并长期起作用的决定性因素。经济实力与行为能力是成正比的。英国之所以在17—18世纪能够称雄世界，就在于其资本主义经济发展最迅速，经济实力最强大。美国在第二次世界大战后成为资本主义世界的霸主，重要的原因就是它拥有世界上最强大的经济、军事实力。19世纪欧洲资本主义多元经济中心的形成，则成为欧洲均势格局的先导。特别是20世纪70年代以来逐步发展的多元经济力量中心，又预示着国际战略格局向多极化转换的趋势，并为此奠定了基础。

3. 国际战略格局同国际秩序相互作用

国际秩序主要是指由国际社会共同制定，并要求各国共同遵循的国际准则。国际秩序与国际战略格局，同属于国际关系范畴，两者有着直接的关联并互相影响。一定的国际秩序，总是由在国际战略格局中居于主导地位的国家或国家集团制定的，或在很大程度上受到这些国家意志的制约和影响，因此，国际秩序是国际战略格局的现状在国际准则上的反映。

但国际秩序一经建立，它对国际战略格局又会起到强制性的维护作用，甚至在旧格局解体的情况下，原有的国际秩序仍会在一定范围和一定程度上继续产生影响，第二次世界大战以前，国际秩序的本质特征是强权政治和殖民政治。第二次世界大战之后，社会主义力量的发展壮大和第三世界国家的兴起，有力地冲击了旧的国际秩序。然而，由于美苏争霸愈演愈烈，以两极格局为背景的国际秩序仍未摆脱强权政治和霸权主义的束缚。冷战后，围绕建立新的国际政治、经济秩序的斗争仍很激烈。这种斗争不仅是国际战略格局加速向多极化发展的必然反映，而且对未来新格局的最终形成也会产生直接影响。

4. 国际战略格局各层次相对独立、相互影响

国际问题，有的是全球性的，有的则是地区性的。国际战略格局按其范围大小，也可区分为世界格局和地区格局。这两个层次既有其独立性，又有其关联性。所谓独立性，就是这两个层次的战略格局都可以在一定条件下独立存在。国际战略格局包含着地区战略格局，并在总体上决定着地区战略格局的发展走向；地区战略格局则是全球性矛盾斗争在地区的必然反映，同时又对国际战略格局的形成或转换产生影响。如果分析一下第二次世界大战之后中东地区和欧洲地区战略格局的演化情况，就不难看出这一点。这两个地区都是美国和苏联争夺的重点或热点地区，因而都受到了两极格局的巨大影响。尤其是欧洲地区，既是两极格局形成的发源地，又是这一格局终结的归宿点。所以，欧洲地区的战略格局与两极体制下的国际战略格局，其形成和瓦解几乎是同时发生的。

二、国际战略格局的演变、动因及其规律性特点

（一）国际战略格局的四次转换

近代国际关系格局的第一次演变发生在17世纪初期，其标志是该时期席卷欧洲的30年战争。1648年《威斯特伐利亚和约》的签订，成为现代国际关系史的开端。和约确立的国家无论大小、无论是战胜国还是战败国，均能以主权国家身份参与国际协议的原则，作为国际关系发展的重要里程碑而载入史册。建立在主权国家基础上的国际政治格局开始形成。

1. 维也纳体系：多极均势格局（1815—1871年）

资本主义生产关系的发展和生产技术的更新，增强了主权国家的综合国力。《威斯特伐利亚和约》签订以后，国际关系中的重要特点就是西欧向世界各地的扩张。西班牙、荷兰、英国、法国、葡萄牙等国均以各种形式在世界各地建立殖民地并进行宗教文化渗透。欧洲扩张的结果之一是导致了以欧洲为中心的国际"秩序"；结果之二是导致了欧洲强国因殖民地等问题而进行的无休止的激烈较量。经过一段时间的竞争，国际关系中形成了以法国、英国、奥地利、俄国和普鲁士等占主导地位的多极格局。

18世纪末，法国大革命的胜利冲击了欧洲封建主义制度，对英国霸权地位形成严重挑战。然而，拿破仑1804年称帝后，法兰西帝国的扩张导致了欧洲反法联盟的建立。英普联盟和西班牙、两个西西里王国和奥地利两个反法集团，经过一系列生死较量后，迫使拿破仑帝国解体。战后，于1814年10月至1815年6月召开的维也纳会议，确立了列强并立的维也纳体系。英国、法国、俄国、普鲁士和奥地利相互制约与平衡，形成多极均势国际体系中的主导力量。这一格局维持了40～50年的时间。

2. 法兰克福格局：两大军事集团对峙的两极格局（1871—1918年）

在维也纳格局的发展过程中，欧洲工业的进步促使各国资本主义反对封建制度及其残

余的革命斗争迅猛发展。1830 年，法国爆发了“七月革命”，推翻了波旁王朝。以 1848 年 1 月西西里岛人民反对西班牙波旁王朝统治的起义为开端，革命运动席卷欧洲大陆，法国、奥地利、德国等国先后爆发了起义。1862 年，俾斯麦出任普鲁士王国首相兼外交大臣之后，先后发动了对丹麦、奥地利的战争。1867 年，以普鲁士为首的美茵河以北 22 个德意志国家和 3 个自由市组成了北德意志联邦，并成为法国在欧洲的劲敌。拿破仑三世力图通过战争阻止德国的统一，俾斯麦亦决心通过战争的方式实现德国统一。1870 年 7 月，拿破仑三世对普宣战。战争开始后，法国接连失利。在 9 月 1 日的“色当会战”中惨败，拿破仑三世率军队投降。11 月，南德意志联邦与普鲁士签订联合条约，条约规定法国割让阿尔萨斯和洛林给德国，赔款 50 亿法郎，三年付清后德国占领军开始撤退。1871 年 5 月，两国正式签署《法兰克福和约》，确立上述内容；为确保对法胜利成果，战后，俾斯麦组织了新的反法联盟，并于 1873 年建立了德、奥、俄“三皇同盟”，共同遏制法国。于是在欧洲大陆形成了新的以《法兰克福和约》和“三皇同盟”为基础的新的战略格局，史称“法兰克福格局”。

在普法战争中，德意志实现了统一，在欧洲中心，一个强大而富有侵略性的德意志帝国出现在开始衰落的俄国、法国和奥地利的身边，使得欧洲的均势格局开始动摇。但英、法、德、奥、俄仍是左右欧洲乃至世界形势的主要强国，当时的世界格局仍处于一种群雄角逐的多极状态。因此，“法兰克福格局”也称“法兰克福多极格局”。这一格局大致维持了 40 年。

3. 凡尔赛-华盛顿体系：多极格局（1918—1945 年）

1914 年 6 月至 1918 年 11 月历时 4 年多的第一次世界大战以同盟国失败而告终，从而使维持了 40 年的“法兰克福格局”宣告结束。随着对战败国的处理，一个新的战略格局便开始形成。

1919 年的巴黎和会于 6 月 28 日签署了《凡尔赛和约》，以重新确定德国边界、限制德国军备、瓜分德国殖民地和从德国榨取巨额赔款为基础，在欧洲形成了新的均势格局，确立了一战后欧洲国际关系的新秩序，即“凡尔赛体系”。在第一次世界大战中欧洲列强筋疲力尽的同时，在战争期间才加入协约国的美国和日本则在战争中发了横财，美国的海军力量迅速发展起来，动摇了英国的海上霸主地位。为了确立美国在远东和太平洋地区的支配地位，1921 年底，在美国的操纵下召开了华盛顿会议，先后炮制了《四国条约》《五国海军条约》和关于中国问题的《九国公约》。通过这次会议，美国不仅拆散了英日同盟，挫败了日本独霸中国的野心，而且使英国接受了美国与其在海上平起平坐的地位，这样便在承认美国实力优势的基础上，划分了一战后帝国主义在远东和太平洋地区的势力范围，“凡尔赛体系”与华盛顿会议确定的“华盛顿体系”合称为“凡尔赛-华盛顿体系”。

这一格局的形成，突破了以欧洲为中心的多极格局局面，显示出北美和亚太地区在国际战略格局中地位的上升。“十月革命”打破了帝国主义的一统天下，开始改变几个欧洲列强左右世界形势的局面。在这种形势下，帝国主义国家为维持和保护其瓜分世界的现状，采用暂时搁置它们之间的矛盾的战略，以便共同对付“十月革命”后出现的革命浪潮，国际战略格局便逐步由协约国和同盟国两大集团的抗争，转向社会主义阵营和资本主义阵营之间的抗争。

4. 雅尔塔体系：两极格局（1945—1991 年）

第二次世界大战使国际政治、经济力量对比发生了深刻变化。从国际层面上看，欧洲中心地位不复存在。从国家层面上看，欧洲主要大国综合国力受到极大削弱，以致丧失了昔日主宰国际事务的能力和地位。曾经嚣张一时、横行欧洲的德国和意大利彻底失败，在战后相当长时期的国际事务中被排除出去;法国在战争中损失惨重,元气大伤,国际地位急剧下降;称雄世界百年的大英帝国江河日下,被战争搞得疲惫不堪,沦为二等强国。而美国却在战争中得到巨大的发展,成了资本主义世界的政治、军事和经济超级强国。苏联虽在战争中损失巨大,但是经受住了考验,成为欧亚大陆强国。在第二次世界大战末期,国际政治舞台上美、苏两大国已经成为两支主要力量。以欧洲为中心的国际政治格局宣告终结,以美、苏两大强国为首的两极格局即雅尔塔体系开始形成。雅尔塔体系的形成以第二次世界大战末期美、英、苏三国首脑举行的德黑兰会议、雅尔塔会议和波茨坦会议等一系列会议为标志,其中以雅尔塔会议最为重要。

这些会议达成的协议和谅解,除协调了同盟国对德、日法西斯的作战计划和行动,加速了反法西斯战争的结束外,更主要的是确定了美、苏两国的势力范围,标志着两极格局初步形成。此后,美苏冷战加速了两极格局的形成。1949 年,美国拉拢加拿大等国成立了针对苏联的北大西洋公约组织。苏联与其针锋相对,于 1955 年和东欧七国成立华沙条约组织。北约组织和华约组织的成立标志美苏两极格局的最终形成。经过 20 世纪 60 年代世界力量大动荡、大分化、大改组的急剧变动之后,社会主义阵营和资本主义阵营分崩离析。社会主义阵营解体的主要原因是苏联和苏共的大国主义、大党主义行径。中苏关系的破裂是社会主义阵营解体的重要表现。资本主义阵营的解体主要是由于资本主义经济发展的不平衡导致它们之间经济实力对比发生重大变化。两大阵营解体后,美、苏两个超级大国以全球争霸取代了两个阵营的对立,以美国为首的北约和以苏联为首的华约成了两个超级大国谋求世界霸权的战争工具。战后开始的东西方冷战逐渐演变成以美苏争霸为主要特征的两极格局。

雅尔塔体系下的两极格局持续了 40 多年,随着东欧剧变、德国实现统一、华约解散和苏联解体而宣告终结。在此期间的 20 世纪 60 年代末至 70 年代初,国际关系中出现了多极化倾向,主要表现在:美苏争霸,力量互相削弱;西欧成为与美国抗衡的力量;日本成为经济大国,开始谋求政治大国的地位;中国国际地位的不断提高和第三世界的崛起,有力地冲击了两极格局。但上述挑战远未构成对两极体制的挑战。主要因为:这种倾向是在两极体制下发生的,受到了两极体制的严密控制;在当时,也还没有别的国家或集团向美苏的领导地位提出挑战,形成一极。

20 世纪 80 年代末至 90 年代初,世界发生了对人类历史发展具有深远影响的巨大变化,随着东欧剧变和苏联的解体,国际关系格局进入了一个转型期。两极世界剑拔弩张的对峙状况的结束,给国际关系带来不可估量的影响。世界各种力量经过发展和重新组合后,新的“多极化”世界格局已经初见端倪。由于视角的不同,学术界对新格局的看法不尽相同。然而,尽管国际格局的发展仍有若干变量,但用“一超多强”来形容目前的世界格局,是相对全面的一种概括方法。

(二)国际战略格局演变的动因

任何事物的发展,都是内部矛盾运动直接影响的结果,国际战略格局的演变同样如此。揭示格局演变的动因和过程,将有助于我们更深刻地认识其规律性特点。

1. 国际战略力量及其相互关系的重大改变

战略格局只是反映战略力量存在方式的客观状态,是这种力量相互作用、相互影响的必然结果。当国际战略力量的存在方式以及各种力量的相互关系发生急剧变化时,国际战略格局的演变便难以避免了。旧的战略力量的衰落和消失，造成了旧格局的崩塌，新生战略力量的崛起和发展，则奠定了新格局确立的基础，新、旧格局的不断交替，正是国际战略格局演变的基本特征。

2. 内外部因素共同作用的结果

从外部情况看，国际政治、经济、科技、军事等因素，都会对国际战略格局的演变产生直接影响。而时代因素更是牵动国际战略格局变化的重要因素。这里所说的时代是指“政治时代”，即世界主要矛盾及其斗争在一定历史时期和阶段上的集中反映。时代的发展尤其是时代主题的变化，不仅决定着国际关系和国际战略的基本特征，而且制约着国际战略格局的演进趋势。

从内部情况看，促使国际战略格局演变的内在动因，归结起来主要有以下几个方面：由国家内部的经济、政治和文化传统因素决定的各主要国家间的政治体制和经济实力的差别；各主要国家之间意识形态和对外政策的差别；由上述两点所决定的各主要战略力量之间的政治斗争和综合实力对比的不平衡；由这种斗争和不平衡所导致的国家和集团利益的冲突，以及因这种冲突的扩大而导致各战略力量之间力量对比关系的原有状态被打破。值得指出的是，作为国际战略力量主体的某些国家和国家集团，其自身政治、经济、军事等方面情况的变化，不仅会影响到它们在格局中所处的地位，而且关系着格局的存亡。英国的衰落和苏联的解体，都是导致旧格局瓦解的重要动因。

3. 国际战略格局演变的过程反映了国际战略力量之间的矛盾和斗争的发展过程

旧格局的解体，是旧的矛盾和斗争完结的标志，而新格局的形成，则又会成为新的矛盾和斗争的开端。如此循环往复，推动着国际战略格局的不断演进。其间，具有世界性影响的大国或国家集团，对于格局的演变起着举足轻重的作用。应该看到，当代，随着占世界国家总数 90%的中小国家以联合的力量参与国际事务的势头日益增强，它们对国际战略格局的演变必将会产生越来越大的作用和影响。

（三）国际战略格局演变的规律性特点

同世界上的任何事物一样，国际战略格局的演变也有其自身的规律性特点。综观国际战略格局的发展史，在其演变过程中，既有必然性，也有一定的偶然性；既有量变的积累，也有质变的飞跃；既有渐变方式，也有突变方式。循着这些规律性特点，我们可以更深入地了解格局演变内在的矛盾运动，从而更好地把握其本质特征。

1. 国际战略格局演变的必然性和偶然性关系

国际战略格局演变的必然性反映了格局发展的一般规律。也就是说，在一定的历史时期和一定的客观条件下，相关的国际战略力量，特别是主要战略力量一旦建立起某种程度的平衡，在国际关系上出现了相对稳定的局面，就必然会形成一定的国际战略格局；当各种战略力量之间的矛盾和斗争发展到一定程度，原有的平衡关系被打破，旧的战略格局也必然会相应地解体；新、旧格局的转换通常要经历一段较长的过渡时期，随着各战略力量之间新的平衡关系的逐步建立，也就相应形成了新的格局。国际战略格局演变的这种必然性，是不以人们的意志为转移的。任何一种格局形态都不可能永久地保持下去。新格局或迟或早总是要代替旧格局，以此循环往复。这就是格局演变的基本规律。

偶然性因素在国际战略格局演变中也发挥着重要作用。决定国际战略格局演变的是具有世界性影响的战略力量。但在不同的历史时期，这些战略力量具体表现为哪些国家或国家集团。有的事件是难以料定的,因而具有一定的偶然性。旧格局或迟或早都要被打破,这是格局内部矛盾运动和外部因素影响的必然结果。但历史上有的格局解体,具有明显的突变性特征。20 世纪 90 年代初的两极格局被打破,苏联解体这个相当偶然的突发事件,就起到了决定性作用。当然,偶然性寓于必然性之中,只要认真考察便可发现苏联解体本身有其历史必然性,但将这个事件放在国际战略格局演变的过程中来考察,它又具有一定的偶然性特征。

2. 国际战略格局演变的量变到质变过程

国际战略格局的演变是一个由量变到质变的过程。任何一种格局形成之后,各种战略力量之间都会产生新的矛盾和斗争。通过建立均势而在一定的格局中占据主导地位的国家或国家集团,在新的利益需求的驱使下,总是试图打破已有的平衡,使自己谋求更有利的地位。而那些新崛起的国家或国家集团,则极力寻求改变现有的国际秩序,通过打破旧格局来实现自身的最大战略利益。由此产生的矛盾和斗争,既是尖锐的,同时又是长期而复杂的。每一次斗争都是一种量的积累,都会对旧格局带来相应的冲击,并促使其发生部分的质变。当上述矛盾和斗争发展到一定程度,各种战略力量消长变化具备了一定条件,也就是说事物的量变达到了相应的临界点,量变就会引起质的飞跃,新、旧格局的转换便随之发生和发展。历史上的国际战略格局变迁,无不经历这样一个过程。

3. 国际战略格局演变的渐变和突变方式

国际战略格局的演变存在着渐变和突变两种方式。渐变是格局的局部性变化,是量变中的部分质变,是旧格局逐步向新格局转化的具体表现。突变是格局的全面性变化,是在量变的基础上实现的质的飞跃,它标志着旧格局的终结和新、旧格局交替的开始。渐变是格局转换的必要准备,突变则是一定阶段上格局演变的最终完成。就突变的方式而言,一般情况下是通过战争方式表现出来的,新格局往往是战争的直接产物。例如,法国大革命和拿破仑战争创造了维也纳格局;第一次世界大战形成了凡尔赛-华盛顿格局;第二次世界大战造就了雅尔塔格局。当然,突变也还包含着和平演变这一特殊方式。冷战时期两极格局的解体,就打破了前几次格局变动的固有模式,旧格局的瓦解并没有伴随着大规模的战争,而是造成某些国家在冷战中的社会经济发展停滞,并由此引起社会内部政治等矛盾激化和动荡,从而引发旧格局的终结。这种突变方式今后是否还会重现,目前尚难料定,但作为格局演变的特殊方式,它毕竟已经发生并成为历史的一部分。

三、当前国际战略形势的特点

进入 21 世纪以来,世界发生深刻复杂的变化,和平与发展仍然是时代主题。经济全球化、世界多极化深入发展,文化多样化、社会信息化持续推进,国际力量对比朝着有利于维护世界和平方向发展,国际形势保持总体和平稳定的基本态势。与此同时,世界仍然很不安宁,霸权主义、强权政治和新干涉主义有所增多,局部动荡频繁发生,热点问题此起彼伏,传统与非传统安全挑战交织互动! 国际军事领域竞争更趋激烈,国际安全问题的突发性、关联性、综合性明显上升。

当前,国际战略格局正处在由单极向多极发展的过程中,呈现出“一超多强”的局面。“一超”指的是美国,美国成为全球唯一的超级大国,无论经济、科技和军事实力,还是国际影响力、文化扩散力,都是其他国家望尘莫及的。虽然它的经济在连续十多年的增长后出现了一定程度的衰退,但它在国际舞台上的竞争力和影响力仍然是最强的,处于“超级”或“超强”

的地位。“多强”指的是一些综合国力较强的国家或国家集团，如欧盟、俄罗斯、中国、日本等。这些战略力量迅速发展，与美国的差距逐步缩小。欧盟作为一个高度一体化的政治经济集团，其经济实力、外交影响以及独立防务建设在冷战后有了较大进展。它与前殖民地国家还保持着密切联系，在南北关系中起着特殊的作用。特别是欧盟的一些大国，具有较强的独立意识。伊拉克战争中，法、德两国反对美国的战争政策，大西洋两岸的关系一度紧张。俄罗斯的实力和国际影响力虽较苏联大大削弱，但仍拥有唯一能与美国抗衡的军事实力，近年来，正利用其巨大的能源储量和产量来影响世界，试图重振大国雄风，恢复世界强国的影响力。日本是世界经济大国，科技水平居世界前列，军事力量不断增强并走出国门，加速成为“正常国家”。日本争取安理会常任理事国的努力虽遭挫折，但迈向政治、军事大国的步伐不会停止。中国近年来经济发展迅速，综合国力不断提高，对周边和世界的影响越来越大。一些其他发展中国家的力量也在不断壮大。

综观当前国际战略格局状况，呈现出四大特点。

一是国际局势总体趋向缓和，发生世界大战的可能性越来越小。但国际力量对比严重失衡，国家间历史积怨深远，民族和宗教矛盾突出，资源纠纷不断增多，恐怖活动猖獗，大规模杀伤性武器扩散问题更加突出，局部战争和武装冲突时有发生。

二是霸权主义依然存在，政治上的新干涉主义、军事上的先发制人和经济上的新殖民主义成为霸权主义的主要表现形式。

三是大国间在加强对话与合作的同时，仍在进行着较量，但重点已从冷战时期以军事力量为主，转向以经济、科技为基础，以军事为后盾的综合国力竞争。随着经济全球化发展进程加快，世界经济联系越来越紧密，各国在经济上的交往大幅度增加，经济上的相互依存程度大大加深。经济因素在国际事务中的作用在上升，但军事手段作为解决国际争端的重要手段仍然为各国所重视。

四是随着世界大战危险的进一步下降，地区武装冲突和局部战争对国际安全与稳定的影响相应突出。许多民族、领土和宗教矛盾，随着冷战的结束而暴露出来；旧的世界战略格局的瓦解带来的动荡所造成的局部力量真空和失衡使局势失控；部分地区过去长期处于经济贫困之中，又受到因世界战略格局变化而带来的西方政治思潮的冲击和外援减少等影响，从而引发了严重的社会动乱；特别值得关注的是，国际恐怖主义、民族分裂主义和宗教极端主义“三股恶势力”对国际安全与稳定的影响将更加突出。总体上说，当前频繁发生的地区冲突主要是新旧战略格局转换时期国际政治秩序失调的表现，有一定的必然性。

四、未来国际战略格局的发展趋势

（一）“多极化”将是未来国际战略格局发展的必然趋势

目前，美国不顾世界多样性的实际情况，凭借自己的强大实力，把它的意识形态、价值观念、发展模式和社会制度强加于国情不同的世界各国，企图建立美国一家独霸的单极世界。“9·11”事件后，美国更是借“反恐”之名，趁机对战略地位极其重要的中亚和外高加索地区实现了“历史性”的军事介入，并开始施加经济和政治影响。与此同时，美国主导的北约战车继续东扩，美国依仗自己庞大的军事机器和雄厚的经济实力，正在加紧全方位推行称霸世界的全球战略。

但是，从长远看，世界上从来就没有永远的“霸权”，大英帝国的衰落就是历史见证。可以预见，美国的单极世界之路也是行不通的，多极化是必然的趋势。美国“一超独霸”的局面既是两极体制被打破后的必然现象，又是一个终将被多极化体制所取代的暂时的历史过程。世界政治经济发展的不平衡所导致的均衡化趋势，是世界战略格局中两极体制解体并最终走上多极化的根本动因。

当前世界战略力量多极化的发展趋势突出地表现在经济上。一方面，战后几十年激烈的军事对抗和军备竞赛使美、苏这两个超级大国的经济均不同程度地受到影响，并最终导致苏联解体。美国在国际市场的竞争能力也正受到愈来愈严重的挑战。另一方面，日本和欧共体国家这几十年经济迅速发展，已成为对国际事务有重要影响的经济大国或经济集团。日本的国民生产总值接近美国的60%，欧共体的国民生产总值已超过美国。统一后的德国具有强大的经济、科技实力与军事潜力，其国民生产总值超过了英、法两国的总和，居世界前列。经济力量均衡化的发展必将引起政治军事力量对比的变化。目前，日本和德国都在凭借其强大的经济实力，谋求政治大国的地位，积极争取成为联合国安理会常任理事国。日本在亚太地区与美国争夺主导权的矛盾日趋明显，并且正在隐蔽而有节制但却是扎扎实实地加强其军事力量，逐步建立与其经济政治地位相称的军事实力。

俄罗斯作为苏联的主要继承者，拥有丰富的自然资源和相当先进的科技力量，特别是拥有强大的军事力量。从长远看，俄罗斯不可能无限制地削减其军事力量而放弃其世界大国的地位，它的军事力量仍然是一个可以并可能对世界形势产生重大影响的因素。1994年初以来，俄罗斯对其前一段倒向西方的对外政策进行了调整。调整的核心内容是：增强独立自主权，把维护民族利益放在首位，努力恢复俄罗斯在世界上的大国地位。作为当今世界最大的发展中国家的中国，政治稳定，经济发展充满活力，综合国力不断增强，与各国积极发展睦邻友好关系，对世界和平发挥着积极而重要的影响，在21世纪初期成为“多极格局”中的一极，是毫无疑问的。邓小平早在1990年初就指出：“所谓多极，中国算一极。中国不要贬低自己，怎样也算一极。”所有这些汇成了世界战略力量均衡化发展的主流。尽管世界战略力量均衡化的趋势在短时期内还不会引起世界军事力量对比发生重大变化，但从长远来看，它对世界军事形势的影响不可忽视。这一趋势的发展正在并将越来越明显地成为制约超级大国的霸权主义和强权政治的重要因素。可见，世界向“多极化”方向发展，已经成为一种客观趋势，这既是历史的必然，也是时代的要求。

（二）未来国际战略格局中各方关系将日趋复杂化

两极格局解体后，当今世界的各大力量都在通过调整对外政策来寻求自己的有利地位。美国虽然认为它是“唯一有能力进行全球干预的超级大国”，但也开始承认世界多极化的现实。近年来，美国的对外政策也在进行调整。特别是“9・11”事件后，美国出于“反恐”的需要，也在局部调整其外交政策和安全战略。在欧洲，美国一方面积极推进北约东扩，另一方面也顾及俄罗斯的特殊利益。在亚洲，着手建立美日之间的新型同盟关系，支持日本在参与亚太事务中承担更多的权利和义务。对中国主张采取“全面接触”战略，使中美关系得到一定程度的改善。另外，俄罗斯也在积极调整对外政策，努力恢复其大国地位和作用。坚持俄罗斯的“特殊责任和特殊利益”，反对北约东扩，并将外交政策的重点逐步转移到亚太地区。欧盟在积极推进欧洲政治经济一体化的同时，也在加强欧洲自身的防务力量，逐步削弱美国对欧洲的控制和影响。日本为了谋求政治大国和军事大国地位，一方面加强了日美同盟关系，另一方面也积极寻求改善与亚洲各国之间的关系，企求在国际和地区事务中发挥更大的作用。中国在加大改革力度,加速经济发展的同时,通过开展灵活的、全方位的外交,明显改善了与周边国家的关系,进一步提高了国际地位,增强了对国际事务的发言权。

以上情况说明,随着冷战后国际形势的发展,当今世界各大力量的地位和关系已经发生了重要变化,随着中、俄、日、欧盟等的地位提高,大国间相互制约的关系显著增强。今后,维护世界和平和推动经济发展,主要靠各大力量的协调与合作。其中,美、中、俄的协调与合作尤为重要。从近中期来看,世界上只有美、俄等国有能力把经济实力转化为政治实力。因为它们具备将经济实力转化为政治实力的四个条件,即辽阔的国土、众多的人口、强大的军力及其对外政策。不具备这四个条件,国家再发达,经济再发展,也难以成为具有世界性影响的战略力量,如西欧一些国家和亚洲的"四小龙"乃至日本都是如此。当然,随着欧洲各国的进一步发展和日本从经济大国发展成政治大国甚至军事大国,其对世界事务的影响力将会大大提高,多极化格局也将得以形成。

世界各大力量对外政策和战略关系的调整,将使未来国际战略格局呈现新的特征。一是关系复杂化。在多极格局中,各大力量之间将形成交叉关系,各国政策变化取向不确定。二是集团松散化。政治与军事集团内部关系相对松散,各国对外政策独立性增强,因各自利益关系,同盟国之间和非同盟国之间的距离有所拉近。三是外交多边化。多边机构和组织的作用突出,双边关系受多边事务和多边关系的制约日益增大,各国政策将由双边政策为主转向多边与双边政策并重。四是合作区域化。区域化成为新地缘政治的动力,地域和文化同一性有可能取代意识形态的同一性,地区或次地区经济合作和安全合作将成为对外合作的重点。

(三) 中国在"多极格局"中的地位与作用将愈显突出

中国是一个发展中的社会主义大国,也是当今世界维护和平的重要力量。作为未来多极格局中的一极,中国对世界的影响是多方面的,其主要作用体现在三个方面。

1. 在反对霸权主义和强权政治上起制约作用

冷战结束后,霸权主义和强权政治依然存在,世界并不安宁。原来被两极格局所掩盖的各种矛盾都暴露出来。在各种政治力量的矛盾与冲突中,在中、美、俄,中、美、日等三角关系中,中国将起到平衡与制约作用,并成为抑制霸权主义和强权政治的重要因素。中国之所以能起这样的作用,除了它一以贯之的反霸政策、和平共处五项原则和不断增强的综合国力外,更重要的是中国始终站在第三世界国家一边,永远不称霸,永远不做超级大国,这种正义的立场必将得到世界绝大多数国家的信任和支持,从而使中国有可能发挥应有的作用。

2. 在经济发展上起示范作用

在短短的几十年时间里,中国的社会主义现代化建设取得了世界瞩目的成就,经济和社会面貌发生了深刻的变化。仅就经济发展而言,过去几十年,世界的经济增长率(GDP)为2%～3%,而中国的经济增长率保持在7%～10%,相当于世界经济增长率的3倍。因此,中国的经济改革经验受到了国际社会的普遍关注。许多国家领导人和专家、学者认为,中国的经济改革是"历史上最大的实验",具有"示范"作用,不可避免地要引起连锁反应,对世界上其他国家特别是发展中国家正在或将会"产生重大影响"。

3. 在维护第三世界权益的斗争中发挥重要作用

中国始终坚持大小国家一律平等的原则,坚决反对恃强凌弱的行为,并为维护第三世界国家的权益进行了不懈的努力和斗争。与此同时,中国对第三世界国家之间的分歧和争端,从不介入,真诚地希望它们通过和平协商求得公平合理的解决方式,防止和避免外来势力的插手、干涉和利用。

第三节 我国周边安全环境

一、中国面临的安全环境概况

(一)中国周边的安全环境

中国的周边狭义的理解指与我国陆地领土接壤的邻国所构成的亚太地区。广义的理解指整个亚洲太平洋地区,包含六大区域,分别是中亚、南亚、东北亚、东南亚、西亚与南太平洋的部分地区,这六块区域统称为中国的大周边,在中国外交的总体布局中处于首要地位。中国周边国家有 21 个,其中海上邻国 9 个:韩国、日本、菲律宾、马来西亚、文莱、印度尼西亚、新加坡、越南、朝鲜(其中越南、朝鲜既是陆上邻国又是海上邻国)。陆地邻国 14 个:俄罗斯、蒙古、哈萨克斯坦、吉尔吉斯斯坦、塔吉克斯坦、阿富汗、巴基斯坦、印度、尼泊尔、不丹、缅甸、老挝、朝鲜和越南。

"周边"已经不仅仅包括传统意义上"邻国"或者"邻海"的范围,也远远超越以传统国家为单位的地理概念。"周边"是在一定国家政治经济实力的前提之下,相对于一个国家的战略纵深地带而言,与国家战略利益高度相关、国家力量可以控制和辐射的边境地区,与其他国家或力量直接相邻或关联的环陆海空间以及此空间中多种政治、经济、文化、军事、地理环境等要素的相互联系与组合。作为一个中国化的概念,"周边"的含义已经超越了地理边界,成为一个由地理意义、政治意义、经济意义和文化意义交织而成的综合性研究范畴。

(二)中国面临的安全环境的特点

1. 邻国众多,强邻环伺

我国是世界上拥有邻国最多的国家,陆地边界 22000 多千米,海岸线 18000 多千米,500 平方米以上的岛屿 6500 多个,岛屿岸线 14000 多千米。中国周边地区也是世界上大国最集中的地区,且多为军事强国。世界上 5 个军队员额在 100 万以上的国家,除中国外还有美国、俄罗斯、印度、朝鲜,它们几乎都在我国周边或把军队部署到了我国周边。拥有核武器的国家中有 5 个在中国周边或把军事力量部署到了中国周边,即印度、巴基斯坦、朝鲜、俄罗斯、美国。世界主要战略力量除了欧盟外,美国、日本、俄罗斯、印度、东盟,都在中国周边。俄罗斯、日本和印度是中国的海陆强邻,它们在军事和经济方面均拥有较强的实力或潜力,且在过去一个多世纪里先后与中国发生过战争或武装冲突。此外,从地缘政治的角度看,美国也是中国的邻国,因为它在中国周边有强大的力量存在和战略影响。一个国家邻国的多少和强弱对其安全的影响是截然不同的,邻国多则潜在隐患就多,国家面临的现实与潜在的安全挑战就大。

2. 战略区位重要,大国利益交汇

中国位于欧亚大陆东部和太平洋西岸,地处东亚的中心位置,四周分别邻接东北亚、东南亚、南亚、中亚四大次区域,为广阔的周边地区所环绕。东北亚、东南亚、南亚均位于欧亚大陆边缘地带,扼控海上交通要道,是陆权与海权势力竞逐的前沿;中亚是欧亚大陆心脏地带，且油气资源丰富，四周分别与俄罗斯、中国、南亚、西亚相连。周边地带汇聚着诸多重要海域与战略通道，处于东南亚中心的南中国海常年海运量仅次于地中海，居世界第二，每年往返船舶超过 4 万艘，全球一半以上的大型油轮及商船和 2/3 的液化天然气运输须途经该水域。而马六甲海峡更是连接太平洋和印度洋的海上交通咽喉，扼控两洋航线的枢纽，是亚太各国经贸发展的"生命阀"。由于拥有重要的战略位置和战略资源，中国周边地区自近代以来一直是大国利益的交汇区和大国力量的角逐场。

3. 多样性突出，热点矛盾集中

我国周边的多样性突出，各国社会制度不同，发展水平各异，各种文化、民族和宗教聚集在我国周围。从政治上看，国体和政体的多样性在周边各国体现无余。周边既有资本主义性质的国家，也有社会主义性质的国家，既有共和制、总统制、议会制的国家，也有君主制的国家。从经济上看，在中国的周边，有世界经济大国日本，有新兴工业化国家韩国、马来西亚、新加坡等，也有经济相对落后的缅甸、老挝、柬埔寨、孟加拉、蒙古等。中国周边地区如此巨大的经济发展差距，给地区经济合作和安全合作带来相当大的困难。

此外，当今世界几大热点地区：中东波斯湾、中亚、南亚次大陆、台湾海峡、朝鲜半岛，几乎都在中国周边。中国正处于一个周边安全环境极为复杂的时期。

二、中国面临的安全环境的演变及现状

（一）中国面临的安全环境的演变

近代以来，帝国主义列强从陆上和海上、从东南西北各个方向屡屡入侵中国。清朝政府前后与帝国主义列强签订了 1100 多个不平等条约，割地赔款，丧权辱国。仅 1842 年、1860 年、1895 年和 1901 年，清政府就割让国土 160 余万平方千米，赔款 7.1 亿两白银。我国的邻国众多，在这些国家中，有的在历史上侵略过中国，有的与我国存在着领土和海洋权益争议，有的内部不稳定因素多、狭隘民族主义泛起、宗教派别斗争加剧，它们对我国安全都有着不同的影响。

从中华人民共和国成立到 20 世纪 60 年代，我国独立和安全的威胁主要来自美国。美国不甘心在中国的失败，长期推行政治上孤立、经济上封锁、军事上威胁的反华、仇华政策。50 年代，美国通过一系列军事条约拼凑军事集团，从东北、正东、东南三个方向对中国实行战略包围。60 年代以后，苏联逐步走上与美国争夺世界霸权的道路，视中国为实现其霸权野心的重大障碍，不仅在中苏、中蒙边界驻扎重兵，支持印度制造边界事端，而且直接出兵侵略阿富汗，从北、南、西南三个方向对我国构成战略威胁。

为打破美苏两个超级大国对我国实施的战略包围，我国先后采取了一系列重大战略性举措：从抗美援朝、中印边境自卫反击战、援越抗美斗争到中越边境自卫还击作战等，有力地打击了美苏的霸权主义行径。70 年代初，根据美苏两个超级大国争夺态势的变化，我国及时调整对外战略，打开了中美关系正常化的大门，与日本恢复邦交，同东南亚国家建立和发展了友好合作关系，使我国的周边环境得到了一定程度的改善。80 年代中期以后，苏联调整内外政策，我们抓住时机积极开展有针对性的工作，迫使其采取实际措施改善对华关系，使我国周边安全环境得到进一步改善。进入 20 世纪 90 年代以来，随着苏联解体，冷战的结束，我国与周边国家谋求稳定、增加合作、促进发展的趋势有了进一步的发展，我国睦邻友好的周边外交政策取得了显著成效。我国周边安全的总体态势处于中华人民共和国成立以来

的较好时期。

（二）中国面临的安全环境的现状

当前，中国周边安全环境在总体改善的情况下，仍存在着各种现实挑战和潜在危机。

1. 美国视中国为主要潜在竞争对手

虽然出于应对全球经济金融和气候危机以及联合反恐等方面的需要，中美关系在政治、经济、军事等领域均得到了很大改善，但这并不能掩盖双方存在的诸多矛盾。美国是当今世界唯一的超级大国，它的战略目标就是努力维持和强化自己的“一超”地位，防止出现一个或多个挑战美国超级大国和“领导地位”的世界强国或地区强国。中国作为一个正在迅速崛起、有着巨大发展潜力的大国，不可避免地要成为美国遏制、敌视的对象。一方面，美国尽可能地维持与加强同中国在经济、政治、文化、军事领域的交流，并千方百计地把中国纳入自己主导的各种国际机制之中。另一方面，美国又采取各种手段抑制中国的崛起，使中国不能成为美国的“战略竞争对手”。美国在不放松对中国经济、政治、文化等方面遏制的同时，还在军事方面调整了其在亚太地区的军事战略部署，强化了与日本、韩国、澳大利亚等盟国的军事同盟关系；提升关岛美军的军备水平和战略威慑能力，形成日本和关岛两大地区兵力投送中心；增强了其在东亚、东南亚、中亚、南亚地区的军事存在，特别是实现了在中亚的军事存在。

2. 中印边界争端

中印边界共分为东段、中段、西段，边界长1700余千米，历史上从未划定过正式边界，只有一条按双方管辖所形成的传统习惯线。应该说中印边界曾经是一条长期和平友好的边界，不存在边界争端。由于印度成为英国殖民地后，英国以印度为基地向北扩展，特别是在1913年10月至1914年7月在印度北部西姆拉举行的“西姆拉会议”上，人为地捏造出一条所谓的“麦克马洪线”，为中印边境争端埋下了祸根。印度独立后，以此为由对中印传统习惯线中国一侧的领土采取“蚕食”政策，至1962年，占领了东段9万平方千米，中段2000平方千米，西段3.3万平方千米的中国领土。中国政府曾指出，中印边界未正式确定，均存在争议，最大争议在东段。边界问题解决只能互谅互让，本着和平与发展的外交政策，目前双方正积极寻求有效途径，努力解决相关领土争议问题。

3. 中日之间存在一系列的矛盾和斗争

长期以来，中日之间在历史问题、东海领土主权归属以及台湾问题上存在一系列矛盾和争端。一是日本当局歪曲历史，美化侵略战争，拒绝承担战争责任。在对待侵华历史、参拜靖国神社等问题上，日本当局不顾中国政府和人民的反对，多次作出伤害中国人民感情的事，致使中日关系出现严重困难。二是中日之间在钓鱼岛、东海大陆架以及东海油气资源等方面存在严重争端。三是日本在台湾问题上挑战中国的国家核心利益。近年来，日本右翼势力支持“台独”分裂势力更加明目张胆，其动向值得我们高度关注。

目前来看，日本通过一系列条约将自己的安全与美国利益捆绑到了一起，美日同盟在冷战结束后其基本战略价值并未消除，并通过新的《美日安全保障条约》与《日美防卫合作指针》得以强化和充实。新《美日安全保障条约》的功能是保障美国在东北亚的政治、经济与安全利益及日本的政治安全，同时借以遏制“来自东北亚的潜在竞争对手的战略性挑战”。

4. 朝鲜半岛形势

冷战结束以来，随着国际形势和朝鲜半岛形势总体上趋缓，美韩同盟面临来自外部和内部的压力。美国出于自身利益的需要，仍在东北亚地区继续维护带有明显冷战特征的同盟体系，这将成为朝鲜半岛问题和平解决的最大障碍。

美韩同盟是冷战期间美国对以苏联为首的社会主义阵营实施遏制战略的产物。1950年朝鲜战争的爆发使朝鲜半岛成为美苏进行冷战争夺的前沿阵地。为了阻止共产主义在这地区的“扩张”，美国决心在这里打造一条坚固的防线。《美韩共同防御条约》是美韩同盟的基础和核心，它也为朝鲜战争后美韩两国的合作奠定了基本的框架。该条约是在《朝鲜停战协定》签订后不久，美国为保持其在朝鲜半岛的军事存在而与韩国缔结的。根据条约精神，双方于1954年11月和1955年5月又先后签署《美韩关于军事和经济援助的协议记录》和《美韩关于建立兵工厂及重行生产军火最低限度设备的换文》。美国将大批武器运进韩国，在仁川等地建立军事基地；在汉城（今首尔）设立“韩美联合司令部”，并多次举行联合军事演习，从而加剧了朝鲜半岛的紧张局势。根据这一条约，美国在韩国保留了大批军队，并建设了很多军事基地。到1990年冷战临近结束时，美国在韩国的军事基地大约有80多个，驻军有44400人，其中陆军32000人，空军12000人。

5. 台海局势

在对中国安全构成影响的诸因素中，台湾问题无疑是主要因素之一。台湾问题属中国内政问题，他国无权干涉。但是美国从其东北亚区域战略考虑，自中华人民共和国成立以来就把持了台湾的防卫事务，并将台湾视为“不沉的航母”，阻挠中国的统一。这样不仅可以使美国从政治、经济、安全等方面牵制中国，有效地遏制中国的国际发展空间，阻挠中国统一，还可以加强其与日本的盟友关系。此外，美国还可以将干预台湾问题作为使中国与之合作或支持其外交政策的筹码。

台湾问题事关祖国完全统一，事关国家核心利益。2008年以来，两岸之间的经贸往来和人员交流十分频繁，两岸两会之间举行了多轮制度化谈判和事务性协商。在实现全面“三通”等议题上取得了一系列重大成果。但“台独”势力并未因此而有所收敛，以暴力化、隐性化、合流化和国际化为特征的“台独”活动继续以各种形式破坏两岸的和平与发展，阻挠祖国的和平统一进程。如2014年发生的由“台独”势力支持并推波助澜的台湾部分学生的反《海峡两岸服务贸易协定》运动。2016年1月16日，民进党候选人蔡英文当选为台湾地区新领导人。在她5月20号的6000多字的就职讲话中，涉及两岸关系的只有区区不到400字，只字不提“九二共识”，只强调保持台湾所谓的“主体性”，严重破坏了台海两岸的关系。对此，应保持足够的警惕，中国人民再也不能让民族分裂、国家分裂的历史悲剧重演。

与此同时，外国干涉势力插手两岸事务，特别是以美国为代表的国际反华势力不愿意看到中国的崛起和强大，经常利用台湾问题大做文章，干涉中国内政，阻挠中国发展，促使台湾问题国际化，使台海局势更加错综复杂。2010年1月29日，美国政府宣布向台湾地区出售“黑鹰”直升机、“爱国者-3”反导系统、扫雷艇等总额近64亿美元的武器装备，2014年4月8日美国众议院通过“2014年确认台湾关系法与军舰移转法案”。长期以来，美国在台湾问题上一直采取所谓的“模糊”战略，使台海局势更加复杂。在美国许多看似相互矛盾冲突的政策、表态背后，都隐藏着美国利用台湾问题制造麻烦和障碍，阻挠中国崛起的战略实质。

6. 我国海洋权益遭遇严峻复杂的挑战

我国有着辽阔的海洋国土和丰富的海洋资源。我国的大陆海岸线长18000多千米，领海自北向南有渤海、黄海、东海和南海等，我国的领海面积约22.8万平方千米，管辖的专属经济区和大陆架海域约有300万平方千米。我国与8个海上邻国均有海洋争端，争议海域面积达到150万平方千米，约占我国海域辖区的1/2。辽阔的疆域既为我们提供了广阔的生存空间,又使我们维护国家主权的任务异常艰巨和繁重,与周边邻国在领海主权和海洋权益上的矛盾十分突出。

南沙群岛位于南中国海南部,是南海诸岛中分布最广、岛礁最多的一个群岛,其周围海域的自然资源特别是油气蕴藏十分丰富,南海油气资源总储量估计可达1000亿吨,其中在我国海疆线内约有420亿吨,是我国巨大的资源宝库之一,人称第二个波斯湾。南沙群岛及其海域的战略地位也十分重要。它地处太平洋和印度洋的咽喉,是扼守两洋海运的要冲。东北越台湾海峡与东海相通;隔巴士海峡与太平洋相连;西南接马六甲海峡,西出安达曼海,沟通印度洋。南海是我国同东南亚各国交往的重要纽带,南沙群岛是拱卫我国南大门的第一道海上战略屏障,也是保卫海上通道安全的前沿阵地。

南海诸岛,特别是西沙群岛和南沙群岛自古以来就是中国的领土。从历史角度和国际法角度来看,中国对西沙群岛和南沙群岛都拥有无可置疑的领土主权。但自20世纪70年代以后,南海周边国家却开始陆续侵占瓜分南沙群岛各主要岛礁,分割海域,掠夺油气资源,严重侵犯了我国的领土主权和海洋权益。

7. 恐怖主义活动猖獗,对我国的威胁增大

中国与恐怖事件频发、恐怖势力聚集的阿富汗、印度、巴基斯坦、泰国等为邻,处于国际恐怖势力猖獗的高危弧形地带。从北高加索、中东、中亚、南亚至东南亚,是国际恐怖势力的主要盘踞地和高威胁区。国际恐怖势力在中国周边频繁滋事,恶化了中国周边环境,直接危害着中国国家安全。

近年来,境内的恐怖势力与境外三股恶势力遥相呼应,在西方反华势力的支持下正走出"蛰伏期",不断对我国进行干扰破坏活动,暴力化趋势日益增强。2008年拉萨"3·14"打砸抢烧事件、2009年乌鲁木齐"7·5"严重暴力犯罪事件和2014年3月发生在我国昆明火车站的暴力恐怖案件,给各族群众的生命财产造成了重大损失,给当地的正常秩序和社会稳定造成了严重破坏。

三、我国面临的安全环境的发展趋势

随着全球化进程的加快以及地区力量的急剧变化,中国周边地区形势将继续处于快速变化之中,各种不确定和不稳定因素将时有显现,并对中国安全提出复杂的新挑战。但是,和平与繁荣仍将是亚太各国的共同愿望。亚太安全形势的急剧变化,不会从根本上扭转中国周边安全环境近一二十年保持相对稳定的发展势头。

(一)大国关系的相对平稳发展是中国周边继续保持缓和的基础

中国周边地区是大国利益交汇之地,中、美、俄、日、印对地区总体形势发展的影响举足轻重。尽管上述国家间的关系有密有疏,但在全球化背景下彼此利益相互交织,在竞争中力求保持合作,避免迎头相撞。美国虽视中国为主要潜在对手,并采取措施对中国防范遏制,但双方在反恐、朝核及经贸合作领域也存在共同利益。美日同盟针对中国的一面虽有加强,但它们彼此亦心存防范:美借日制华,却不希望中日交恶而不可收拾;日傍美制华,并不甘心为美火中取栗。遭受美国战略挤压的俄罗斯,在国力未得到全面恢复前,仍将是中国的主要战略伙伴,中俄关系有望继续稳固发展。印美关系虽发展迅速,但印度不会全面倒向美国,沦为美遏制中国的棋子。在可预见的未来,只要自身策略得当,中国不会成为大国矛盾的焦点,在大国外交中仍有充分的回旋空间。

（二）地区热点发生热战的可能性较低

中国周边地区存在印巴矛盾、朝鲜半岛、台湾海峡以及东海、南海岛屿争端等问题。由于印巴关系持续缓和，美国更多介入南亚事务以及印巴相互核威慑，南亚发生大规模军事冲突的可能性降低。朝鲜半岛形势从长远看，各方均会努力控制争端升级的势头，避免出现战争。在东海、南海岛屿权益问题上，中国与日本及南海国家一直保持着密切磋商，各方都希望通过谈判解决问题，因此由岛屿问题引发个别意外冲突，虽不能完全排除，但演变为大规模武装冲突的可能性不大。

（三）非传统安全问题将成为地区安全合作的"催化剂"

中国周边地区存在的非传统安全挑战将长期存在，某些挑战在一定时期内可能成为特定国家的主要安全威胁。随着国际社会对非传统安全问题的重视，特别是主要大国将应对非传统安全挑战视为增进合作、扩大影响的渠道和机会，积极探索并推动在多种框架多种领域开展合作。"9・11"事件后，防扩散、打击恐怖主义成为中美关系不断改善和加强的重要推动因素。印度洋海啸和南亚大地震发生后，各主要国家充分利用救援外交，拉近与受灾国的距离，为进一步发展和巩固双边关系奠定基础。在"10＋3"机制的带动下，东亚各国在非传统安全领域的合作正不断加强。上海合作组织把打击三股恶势力、维护地区安全与稳定作为首要任务，近年来还逐步加强合作打击中亚地区日益严重的毒品走私活动，把遏制和铲除毒品走私纳入反恐合作的框架之中。种种事实表明，非传统安全问题已成为区域安全对话与合作的主要议题，并将成为改善地区国家关系的"催化剂"和加强安全互信的纽带。

四、我国的国家安全政策

周边国家与地区是我国实行对外开放、开展互利合作的重要伙伴，也是发挥国际作用的主要区域。周边关系的好坏直接关系到我国的国家安全、国内发展与稳定。因此，构建周边安全机制，营造睦邻友好环境，是我国安全政策的基本着眼点。针对当前周边安全环境中的消极因素，一方面，我们顺应和平与发展的时代潮流，通过加强与周边国家和地区的交流、合作与发展，消除其对中国发展的疑虑；另一方面，我们也采取有效措施，化解周边安全环境中的不稳定因素，为和平发展提供稳定的周边安全环境。

（一）构筑软实力，强化新战略安全观

国家安全往往体现国家大战略的总体思想。随着全球化的发展，围绕国家安全问题产生了新的现代战略文化。着眼需要，我国树立并遵循的是"综合安全观"这一新战略安全观。综合安全观认为国际安全问题除了以主权概念为核心的政治安全和军事安全之外，还有经济安全、环境安全、文化安全、社会安全等一系列新的安全问题。我国的新战略安全观主要包括：以国家安全为主体，突出主权安全；以和平共处五项原则为政治基础；以相互安全为理论前提；以综合安全为安全维护的内容；以合作安全为现实安全的途径；以共同安全和普通安全为目标；以互信、互利、平等、协作为新安全观的核心。

（二）致力于发展新型大国关系

我国要实现自己的安全战略目标，很大程度上依赖于国际战略平衡。我国历来重视与大国关系的发展，面对冷战后国际体系复杂化的挑战，在发展大国关系政策上也有新的定

位。一是不对抗、不结盟、不针对第三国的原则定位。建立大国间健康、稳定的关系，对地区乃至世界的和平与安全至关重要。中国出于共同利益的考虑，重视与大国加强合作与协调，改善和发展与各大国的关系。而提出的这一原则不仅符合今后大国关系发展的主流，也为中国塑造良好的国际形象发挥了积极作用。二是包容整体利益的双赢策略定位。我国在发展与大国关系中努力构筑伙伴关系框架，为我国营造良好的国际环境发挥积极作用，这不失为一种实现双赢的理念基础。三是多重角色并举、灵活多变、万变不离其宗的角色定位。随着冷战的结束，大国关系也出现了一些新特点：摩擦不放弃合作，倾向于以合作而不是冲突来解决争端，大国关系中敌、我、友界限模糊，国家利益成为形成和解决国家间矛盾的主要因素。以国家利益为对外行为的根本出发点，国与国之间可以在政治领域是对手，而在经济领域是伙伴，或昨天是对手而今天是伙伴。

（三）继续贯彻与邻为善、以邻为伴，倡导互信、互利、平等、协作的周边外交方针

我国的睦邻政策是以和平共处五项原则为核心的。营造稳定的周边环境是我国发展经济的必要前提，也是进一步发展全球性大国合作关系的基础。

（四）重塑国家安全体制和区域合作机制

在新时代的国际背景下，为了更好地实现与周边国家交流合作的目的，我们应该充分发挥区域合作组织的优势。以区域合作组织为依托，构建与周边国家的利益共同体，增强与周边国家的战略互信，消除周边国家对中国发展的疑虑，共同营造和平稳定、平等互信、合作共赢的地区环境。中国与东南亚各国在中国-东盟框架下，俄罗斯和中国等国家在上海合作组织框架下的多边合作不断取得新的成果。

（五）独立自主、和平推进多极格局形成

在新的历史时期，中国坚持独立自主、和平外交和不结盟政策，坚持所有国家不论大小、贫富、强弱，一律平等，反对以大欺小、以强凌弱，尊重别国的独立自主，尊重别国的民族利益和民族尊严。和平与发展已成为当今世界的主流，国际总趋势趋于缓和。当今我国安全环境既有机遇，又有挑战，且机遇大于挑战。我们应当抓住有利机遇，利用和争取较长时期的和平环境，发展经济，增强综合国力，增强国防现代化建设，为维护祖国统一和保卫国家安全作出新的贡献。

思　考　题

1. 如何理解战略环境与战略的关系？
2. 国际战略格局的基本特征是什么？
3. 如何理解国际战略格局演变的动因？请举例说明。
4. 如何评估当前的国际战略环境？
5. 未来国际战略格局会是怎样的？
6. 为什么说我国周边安全环境异常复杂？
7. 中国面临的安全问题来自哪几个方面？

第三章 军事高技术

20世纪下半叶以来，高新技术的发展，以锐不可当之势冲击着人类社会的各个方面。这场新技术革命来势之凶猛、作用之大、影响之深远，都是以往历次技术革命所不能比拟的。军事高技术是当代科学技术的重要组成部分。它一登上军事舞台，就引发了一场前所未有的新军事变革，使武器装备、军事理论、军队编制体制等方面被高技术所左右，战争正在进入崭新的高技术时代。现代战争在很大程度上已经表现为军事高技术的较量，谁拥有军事高技术，谁就更容易取得战争的主动权。高度重视发展军事高技术已成为当今世界许多国家在21世纪的重要国策。因此，要研究新时期的国防建设，实现国防和军队现代化，打赢未来的高技术战争，就必须了解当代高技术的发展状况，熟悉其在军事领域的应用，理解其对现代战争产生的巨大影响。

第一节 军事高技术概述

一、军事高技术的概念和分类

（一）军事高技术的概念

所谓高技术，即高新技术，是指科学技术领域中处于前沿或尖端地位，对促进经济和社会发展、增强国防力量有着巨大推动作用的技术群。当代高技术主要包括信息技术、新材料技术、新能源技术、生物技术、航空航天技术和海洋开发技术等。

军事高技术，简单地说，是指应用于军事领域或从军事领域直接产生的高技术。具体地说，是建立在现代科学技术成就基础上，处于当代科学技术前沿，将对武器装备、军事理论和作战样式的发展起着巨大推动作用的所有高技术的总称。

军事高技术是高技术的一个重要组成部分，是诸多高技术中为了满足国防现代化的需要而发展起来的部分新技术群。尽管军事高技术和民用高技术之间并不存在截然的分界线，但人们还是习惯把高技术分成军事高技术和民用高技术两大方面。在高技术的发展过程中，军事高技术往往起着带头作用。

（二）军事高技术的基本分类

当代高技术的发展可谓日新月异。就其分类方法而言，众说纷纭，不尽相同。从宏观层次上来分，目前军事高技术主要可分为六大新技术群，即信息技术、新材料技术、航空航天技术、生物技术、新能源技术和海洋开发技术。其中信息技术又包括微电子技术、计算机技术等。

从军事高技术与武器装备的关系出发，军事高技术还可分为两个层次或两种类型的技术:一是支撑高技术武器装备发展的共性基础技术,主要包括微电子技术、光电子技术、电子计算机技术、新材料技术、高性能推进与动力技术、先进制造技术和仿真技术;二是直接应用于武器装备并使之具有某种特定功能的应用技术,主要包括侦察监视技术、伪装与隐身技术、精确制导技术、电子对抗技术、指挥自动化系统技术、军事航天技术、核生化武器技术、新概念武器技术等。

二、现代军事高技术的形成与发展

战争和国防的需要,始终是推动军事科技发展的动力。第二次世界大战以后特别是最近几十年来的历史证明,主要是军事上的需要直接导致一系列高技术成果的问世,并导致大多数高技术成果首先应用于军事以后再逐渐向民用领域扩展。

第二次世界大战中,为满足战争需要而研制的雷达、核武器、导弹以及稍后于1946年研制成功的电子计算机等,实际上揭开了20世纪60年代开始的高技术发展的序幕。在冷战时期,由于两个超级大国激烈的军备竞赛,使得以核武器技术、导弹技术、计算机技术、微电子技术、航天技术为代表的军事高技术群在20世纪60年代以后异军突起,并以此带来了战后世界科技发展的黄金时代。

到了20世纪70年代,在美国、苏联、西欧诸国和日本,受计算机技术、航天技术发展的影响,以信息产业为代表的高技术产业如雨后春笋般涌现并迅速成长壮大。以军事高技术为导向,这些国家的国防科技和军事工业开始全面走向高技术化,精确制导武器、军用卫星、电子对抗装备系统等崭新的高技术武器装备因此而大量研制成功并登上战争舞台。同时,许多传统的常规武器也因采用高新技术手段加以改造而使战术技术性能得到了极大提高。高技术就这样广泛进入了军事技术发展的各个领域。

在20世纪80年代曾爆发几次重要的局部战争。如1981年以色列空军对伊拉克核反应堆的成功袭击;1982年英国和阿根廷的马岛战争,以及以色列与叙利亚在贝卡谷地的交战;1986年美军对利比亚的“外科手术式”打击,等等。在这些战争中都充分显示了高技术武器装备给战争所带来的崭新变化。军事高技术的发展因此更引起了世界各国的广泛注意和高度重视。在军事高技术的发展中给人印象特别深刻的,当数20世纪80年代初美国提出并开始实施的旨在使核武器“过时”的“战略防御倡议”计划,这一研制和建立拦截洲际弹道导弹的计划,将军事高技术的发展推向了更高的阶段。后因关键技术一时难以取得重大突破,经济上也面临严重困难,加之冷战结束后世界政治、军事形势发生了重大变化,该计划被迫改弦易辙。尽管如此,它对世界许多国家军事高技术发展的冲击和推进产生了深远的影响,因为它极大地刺激了各国对军事高技术的研究。当时西欧、苏联和日本都相继制定并开始实施了相应的以发展军事高技术为主要任务的高技术发展计划,我国的“863”计划也是在那种背景下制定并实施的。据伦敦国际战略问题研究所估计,20世纪80年代中期,世界各国每年用于高技术武器装备研制的军事科研经费累计超过800亿美元。

20世纪90年代初的海湾战争,大量高技术武器装备在战场上的广泛应用及其所取得的惊人作战效果,更使各国普遍深刻地认识到,未来战争将是高技术战争,如果不掌握高技术手段,将难以在高技术战争中立于不败之地。因此,在冷战结束后,尽管国际形势总体上趋于缓和,各主要国家都调整了军事战略,缩小了军队的规模,减少了军费开支,但军事高技术反倒成为人们更加关心的热门话题。一些大国和强国制定并实施了满足新需要的军事高技术发展计划,而一些小国也纷纷从维护本国的安全出发购买大批高技术武器装备,军事高技术因此而进入了一个新的发展时期。

目前世界发达国家在军事高技术研究和发展方面竞争非常激烈，其发展重点主要是以计算机为核心的微电子技术、软件技术与信息技术；以战场监视、目标探测为中心的遥感与传感技术；以传输信号、图像、信息为目的的通信技术；以提高机动性能、增大作战距离为目的的推进技术、动力技术、制导技术与能源技术；以提高杀伤破坏能力为目的的弹药技术；以保障机动、提高生存力与防护力为主要目的的军事工程技术、防化技术；以军事系统工程为核心的军队指挥和管理技术等。

三、军事高技术的构成

当代军事高技术主要涉及信息技术、新材料技术、航空航天技术、生物技术、新能源技术和海洋开发技术六大领域，每个军事高技术领域都包括成千上万的高技术。这六大技术群之间相互渗透、交叉，不断涌现出新的高技术学科并应用到军事上。以下简单介绍最有影响的几项军用高技术。

1. 军用微电子技术

微电子技术是指制造和使用微电子器件、元件和电路，实现电子系统功能的技术领域。它是以大规模集成电路为基础发展起来的新技术。微电子技术是军用高技术的核心和基础，对整个军事高技术的发展起着巨大的推动作用，其发展速度和规模已成为衡量一个国家军事高技术进步和武器装备水平的重要标志。

2. 军用电子计算机和人工智能技术

电子计算机是20世纪最辉煌的科技成果之一。它标志着现代科学技术发展的又一个重大突破。在军事上，计算机是战略、战役、战术武器及航天系统的信息处理中心，是军队自动化指挥系统的核心，是实施战场指挥管理和武器控制的主要装备。电子计算机的技术水平已成为衡量军事技术发展和武器装备现代化程度的主要标志。当前，计算机技术竞争的一个重要方面是研制第五代“智能”计算机，它具有部分代替人的思维或决策过程的功能。这一技术的进一步发展，将导致智能机器人和智能武器的出现。

3. 军用信息技术

信息技术是为实现获取、交换、处理、运用信息等功能的所有技术的总称。军用信息技术主要包括信息理论、信息收集、信息处理、信息传递、信息储存、信息检索和信息管理等。它的核心技术是计算机、通信和控制三大要素。随着现代军事的信息量急剧增加，发展军用信息技术已成为夺取现代战争胜利的基本保证。

4. 军用光电子技术

军用光电子技术是以激光器和先进探测器为基础，由光学技术、电子技术、精密机械技术和计算机技术等密切结合而形成的一项军事高技术。它具有探测精度高、传递信息快、信息容量大、抗干扰和保密性强等优点。目前已广泛应用于侦察、通信、预警、跟踪、制导、火控、导航、识别、显示、信息、隐身和光电子对抗等领域。

5. 军用核技术

军用核技术的重点在于发展核武器。核武器是利用核装料的原子核反应瞬间释放的巨大能量对目标造成杀伤破坏作用的一类武器的总称。核武器通常是指一种武器系统，一般由核战斗部、投射工具和指挥控制系统等部分组成。核战斗部又称核弹头，核爆炸威力的大小取决于核弹头。核武器的射程和命中精度则取决于投射工具和指挥控制系统。现代核武器正朝着小型化、实用化、多弹头、多用途的方向发展。预计不久的将来会出现新机理核武器。

6. 军用航天技术

军用航天技术是指为军事目的服务的航天技术。它主要是利用卫星和其他航天器所携带的各种遥感器、无线电接收机、通信设备和其他观测设备，执行侦察、预警、通信、导航、测绘和气象测报等军事航天任务。军用航天技术的发展必将加剧太空的军事争夺，对未来的军事活动将产生深远的影响。

7. 军用海洋技术

军用海洋技术主要包括海水淡化、海水提铀、海底采矿以及海底工程建设技术。随着海洋技术的发展，海底将成为建造巨大军事基地的理想场所，水下基地将部署大量遥感设备和各种高效自动杀伤武器，并利用甚低频、超低频通信技术和卫星上的系统联网指挥作战。

8. 军用生物技术

随着军用生物技术的迅速发展，一大批危害极大的生物武器已经或即将步入现代战争。生物技术在军事上的应用主要包括以下几方面。

(1) 开发生物传感器，提高对毒剂、炸药和麻醉剂的实时探测和识别能力。

(2) 利用微生物在各种条件下逐渐形成并完成生物化学转变的能力，生产具有特殊用途的产品，或者解决危险废物和战略金属回收问题。

(3) 研制特种生物材料，如具有密封效用且有良好化学和机械性能的生物弹性体、新型的生物黏合剂、新型生物润滑剂等。

(4) 开展生物电子学研究，研究生物芯片，进而开发生物计算机，像人脑那样具有学习、记忆、逻辑思维能力。

(5) 利用基因工程，通过基因转移和重组，培育毒性大、耐力强、有抗药性的新的致病微生物，制造基因武器。

9. 军用新材料技术

新型材料是国防高技术发展的物质基础和突破口。当前军用新型材料研究开发的重点是复合材料、高温材料、功能材料、隐身材料和超导材料。

10. 军用定向能技术

定向能技术又称束能技术，是利用强激光、高能粒子束、强微波的能量，产生高温、高压、电离、辐射等综合效应，以“能束”的形式定向发射，借以摧毁或损伤目标的技术，并以此制成定向能武器。

四、高技术武器装备对现代战争的影响

（一）对现代战场与作战的影响

1. 信息能力成为现代战争的核心

信息的获取与利用是古今中外作战的精髓。在现代作战中，信息的地位和作用发生了重大变化。信息能力作为一种新的、更重要的作战能力，已被列在传统的“火力、机动性、防护力”战争三要素之上。包括探测技术、通信技术、智能技术和控制技术在内的信息技术广泛渗透到战场的各个领域，对作战有举足轻重的作用。特别是信息技术装备构建的C4ISR系统成为现代战争的神经中枢，它创造了软杀伤与硬杀伤相结合的电子战手段。这已成为

现代高技术战争的重要特征。

在人类战争史上，信息化战争已成为继徒手战争、冷兵器战争、热兵器战争、机械化战争之后的新一代战争形态。其基本特征是：信息技术大量使用，信息武器装备成为主导武器，构成信息化网络战场，争夺全时控制信息权。

2. 空域向远距离、大纵深和立体化方向发展

战场地域范围大大扩展，兵力兵器远距离作战能力空前提高。大纵深攻击与反攻击，成为现代作战双方斗争的一大焦点。武器装备的分布高度增大，从高达3.6万千米的太空，到低于水面500米的水下，高低结合的立体化作战成为现代作战的基本样式。远距离、大纵深和立体化作战，使传统战场的前方与后方的区别明显缩小，甚至趋于消失。

3. 作战行动向高速度、全天候、全时域发展

自动化作战指挥系统反应灵敏，明显增强了部队的快速反应能力。新型陆、海、空运载装备机动运输能力强，能及时快速地部署兵力兵器。高技术兵器机动性能提高，作战反应时间空前缩短，能快速实施作战。先进光学电子装备具有全天候性能，提高了不良气象条件下的作战能力。各类夜视器材突破夜障，能昼夜远距离观瞄，大大提高了夜间战场的透明度。

4. 战略空袭与反空袭已成为独立的战争阶段

空袭兵器性能发生了质的飞跃：空中突防能力有了长足进步，远程奔袭能力极大提高，命中精度大大提高，载弹量大，弹药威力大幅度提高。

战略空袭已可摧毁敌方军事实力和战争潜力：空袭的突然性空前增强，空袭的手段多、范围广，空袭的时间长、强度高，空袭的效果十分突出。

5. 陆、海、空、天、电磁“五维一体”合同作战

高技术的应用，大大扩展了合同作战的范围，形成多军兵种、多种武器装备的多元一体化合同作战战场：大纵深、高立体的陆战场，多维一体的海战场，多机配合的空战场，攻防兼备的天战场，密布陆、海、空、天的电磁战场。

（二）对作战方式的影响

1. 原有的作战方法发生变革

高技术兵器大量运用使远战多于近战，夜战多于昼战，立体战多于平面战，速决战多于持久战，多军兵种合同作战多于单一军兵种作战。

2. 新的作战方法或作战样式

高技术兵器大量运用使导弹战、电子战贯穿于战争全过程，天战（反卫星战）将会出现，如“外科手术式”打击等。军事高技术引起作战方式的变革，不仅在具体的战法、战争形态、作战样式上出现了一些新的特征，如全纵深作战、非线性作战、陆海空天一体战等，特别是信息战将成为未来战争的焦点。信息战是信息化战争的核心。信息战攻防兼备，即运用信息技术影响敌方信息和信息系统，保护己方信息和信息系统。其核心是夺取制信息权。

（三）对军队指挥的影响

1. 必须注重充分发挥高技术武器装备的综合效能

军队指挥体制将向“扁平网络化”发展，其主要特征是外形扁平，横向联通，纵横一体，以减少纵向层次，优化信息流程；其主要优点是信息传输速度快，保密性好，失真率低，抗干扰能力强，生存率高。总之，指挥更加灵便、高效。

2. 必须掌握并有效地利用新的指挥技术器材

C31 系统是人机结合的指挥自动化系统，利用其对各种武器装备进行“黏合”，对战争各层次、各阶段、各领域进行“联结”，对军队各种行动进行“协调”，成为现代战争指挥控制的“神经中枢”、现代战争综合作战能力的“倍增器”。

3. 对指挥员的素质提出了更高的要求

对指挥员的基本要求是既懂战术，又懂技术。军队指挥关注的焦点是掌握信息支配权，军队指挥使用的手段是“系统”，军队指挥面临的关键问题是生存与稳定。

第二节　高技术在军事上的应用

军事高技术的发展对现代军事的各个方面都产生了深刻的影响，直接引发了一场人类历史上前所未有的新军事革命。军事高技术给武器装备、作战理论、作战方式等军事领域带来的根本性变化尤为突出。

一、精确制导技术

自有战争以来，人们就渴望有一种“百发百中”的武器，能够在视距之外、千里之遥对敌人发起进攻，而自己却安然无恙。精确制导武器的问世满足了人们的愿望，“短兵相接”被“千里之遥”的精确打击所取代。以导弹为首的精确制导武器作为现代高技术战争的“撒手锏”，成为世界战争舞台上的主角，不仅改变了战场的形态，而且导致了战争的革命。

（一）精确制导技术概述

制导技术是指按照一定规律控制武器（含导弹）的飞行方向、姿态、高度和速度，引导武器系统战斗部准确攻击目标的军用技术，又称精确制导技术。它是以微电子、电子计算机和光电转换技术为核心，以自动控制技术为基础而发展起来的高新技术。

在第二次世界大战末期出现了由纳粹德国制造的 V-1、V-2 导弹，创造了武器系统采用制导技术的先例。当时采用了惯性制导和辅助程序控制技术，成功地解决了常规弹头不能远程作战和不能在飞行中自动修正弹道的缺陷。精确制导技术则是在这种制导技术基础上的延伸和发展，特别注重提高武器末段制导的可靠性和精度。尤其是被动寻的制导技术的应用，使精确制导武器具有远程作战、“发射后不用管”、自动选择目标和攻击目标要害部位的能力。

（二）精确制导的制导方式

精确制导武器之所以精确，其关键是有一个制导系统，即导引和控制系统。制导系统工作的基本原理是这样的：第一步，通过导引系统测量出武器与目标的相对位置和速度，计算出实际飞行弹道与理论弹道的偏差；第二步，通过控制系统发出纠正这种偏差的指令，调整武器的飞行姿态和弹道，直到命中目标。不同的制导系统，采用不同的制导技术，大致可分为以下六种。

1. 寻的制导

寻的制导，就是通过弹头上的寻的设备，接收目标辐射或反射的能量，比如红外辐射、无线电波、声波等，然后通过这些信息确定目标的位置和速度，自动跟踪目标，直到最后命中。

采用这种制导方式的武器种类非常多，比如毫米波制导、激光制导、红外成像制导等。寻的制导分为主动寻的制导、被动寻的制导和半主动寻的制导。寻的制导的优点是精度非常高，多用于末端制导，适合打击运动目标。但其缺点是作用距离短。

2. 遥控制导

遥控制导，就是在导弹飞行过程中，另外设有指令站，通过不断测量目标和导弹的相对位置，不断地对导弹发出指令，来修正飞行路线。比如说有线制导的反坦克导弹就采用这种制导方式。导弹发射后，尾部拖着一条长长的导线，操纵员通过观测导弹与目标的相对位置，发出控制指令，指令通过导线传到导弹上，纠正飞行路线，通过这样不间断地遥控，使导弹最后命中目标。

3. 惯性制导

惯性制导是采用陀螺仪、加速度计等惯性仪表测量和确定导弹运动参数，控制导弹飞向目标的一种制导。弹上计算机根据导弹瞬间性仪表输出和给定的目标位置，实时形成姿态控制、发动机工作状态等指令，传给控制机构，控制导弹飞向目标。根据惯性仪表在弹上的安装方式，可分为平台式惯性制导和捷联式惯性制导两种。前者将陀螺仪和加速度计组合安装在平台上，后者将加速度计与陀螺仪组合直接安装在弹体上，利用计算机代替平台的作用，为加速度测量提供一个在空间稳定的测量基准，通过坐标变换给出制导指令，控制导弹飞行。采用惯性制导这种方式，导弹的飞行弹道、目标位置等均须预先确定好，其飞行弹道不能做大的变动。它的精度会随射程的增大而降低，但由于惯性制导是一种自主制导，它不需要弹外设备的配合，也不需要外界提供目标的直接信息，仅靠弹上设备独立工作，不与外界发生关系。只要它的精度能保证将制导武器引导至末端制导系统的作用范围，仍不失为一种简便可靠的中段制导方式。目前，战略空地导弹和射程较远的空地导弹都采用这种方式作为中段制导。

4. 地形匹配和景物匹配制导

地形匹配制导又称地图匹配制导，其工作原理是：在导弹发射区与目标区之间选择几个特征明显的标志区，通过遥测、遥感手段，按其地面坐标点标高数据绘制成数字地图，预先存入弹载计算机内。当导弹飞临这些地区时，弹载的雷达高度表和气压表测出地面相对高度和海拔高度数据，计算机将其同预存数字地图比较，发出修正弹道偏差的指令，弹上控制系统执行指令，控制导弹飞向目标。存在弹上的地面图像由侦察卫星或侦察飞机预先测定，经过处理转换成数字信息后储存在弹上的计算机中。由于同一地域对于可见光、微波、红外、激光所表现的地面特征并不相同，从而可构成各种地图匹配制导，比如微波雷达图像匹配制导、可见光电视摄像匹配制导、激光雷达图像匹配制导、红外成像匹配制导等。地形匹配制导精度与射程无关，也不受气候条件影响。景物匹配制导又称数字景象匹配区域相关制导，或区域相关制导。其工作原理与地形匹配制导相似，是利用弹载“景象匹配区域相关器”获取目标区域景物图像数字地图，将其与预存的参考图像进行相关处理，从而确定导弹相对于目标的位置。地形匹配和景物匹配制导实际上就是将导弹飞行时测出的数字序列，与预存的数字序列进行比较，如果一致，导弹就按预定弹道飞行；如果不一致，弹载计算机便自动地计算出实际航迹与预定航迹的偏差，并发出指令调整导弹状态。这样，导弹就会准确地飞向预定目标。

5. 全球定位系统制导

全球定位系统(GPS)是美国为满足各军种导航需要发展的一种“利用时间和测距进行

导航的系统”。该系统由空间设备、地面控制设备及用户设备三部分组成。空间设备由24颗卫星组成，共有21颗工作卫星、3颗备用卫星。全部系统已于1994年完成并投入使用。最初研制的目的是为海上舰艇、空中飞机、地面车辆等提供全天候、连续、实时、高精度的三维位置、速度和精确的时间信息，现已扩展为精确制导武器复合制导的一种手段。在精确制导武器上安装全球定位系统接收机，可以在飞行过程中精确地测出自己的空间位置和飞行速度，修正惯性制导的误差。虽然它的作用同地形匹配制导相似，但是攻击前的准备工作却要简便得多，所以用全球定位系统制导来代替地形匹配制导，可改善远程精确制导武器的性能。

6. 复合制导

复合制导也称组合制导。它是将两种以上制导技术结合起来使用，以提高制导的精度。任何一种制导方式都有优点和缺点，如能取长补短则能趋利避害，所以远程精确制导武器一般都用两种以上制导方式构成复合制导系统。这样不仅提高了制导精度而且增强了抗干扰能力。比如惯性制导的优点是弹上设备简单，不易受外界干扰，但制导精度随射程的增大而降低，特别是攻击活动目标时误差更大；而寻的制导一般作用距离较短，但制导精度较高。两者结合起来运用，就可以更有效地提高精确制导武器的命中精度。目前正在发展的复合制导方式主要有红外成像＋毫米波双模式寻的制导、惯性＋GPS制导等。复合制导系统一般比较复杂，体积大，成本高，而且因元器件多而降低了系统的可靠性。但是，随着科学技术的发展，复合制导系统的小型化、低成本、高可靠性目标会逐步实现。

（三）精确制导技术在现代战争中的作用

精确制导武器是精确制导技术的实际应用，精确制导技术只有物化为精确制导武器，才能发挥其应有的军事价值。人们一般把直接命中概率超过50％的制导武器称为精确制导武器。精确制导武器的特点是直接命中率高、射程远、具有自助制导能力、作战效能好、效费比高等。目前精确制导武器主要分为精确制导导弹和精确制导弹药两大类。

1. 精确制导导弹

精确制导导弹是依靠自身的动力装置推进，由制导系统牵引、控制其飞行路线并导向目标的精确制导武器。由于世界各国研制和装备的精确制导导弹种类很多，所以，国内外对其分类方法至今没有完全统一的标准及认识。通常可以从不同专业角度对导弹进行分类。

（1）按发射点和目标位置分类。

精确制导导弹按发射点和目标位置可分为面对面导弹、面对空导弹、空对面导弹、空对空导弹。其中，面对面导弹包括地地导弹、岸舰导弹、舰舰导弹、舰潜导弹、舰地导弹、潜地导弹、潜舰导弹、潜潜导弹；面对空导弹包括地空导弹、舰空导弹、潜空导弹；空对面导弹包括空地导弹、空舰导弹、空潜导弹。但是，这种分类方法越来越不全面，发射点和目标的范围将继续扩大，如空中遥控飞行器或系留平台、直升机、滑翔机、滑翔降落软翼机，甚至飞船。随着高技术的发展，有可能出现以天基作战平台为发射点和攻击目标的精确制导武器，如反卫星武器、卫星反导弹武器、天基拦截武器等。

（2）按攻击目标种类分类。

精确制导导弹按攻击目标种类可分为反坦克导弹、反直升机导弹、反遥控飞行器导弹、反舰导弹、反雷达导弹、反飞机导弹、反卫星导弹、反导弹导弹等。但是，精确制导武器发展趋势之一是通用化，或称多功能化，所以这种分法也越来越不精准了。比如，美国的“战斧”

巡航导弹使用不同战斗部时既可反舰，又可攻击陆上装甲目标和非装甲目标；美国和瑞士共同研制的“阿达茨”导弹，既可对付低空飞机、直升机、遥控飞行器，又可攻击坦克及地面装甲目标。因此，这种分类法有明显的局限性。

(3) 按作战使命分类。

精确制导导弹按作战使命可分为战略导弹和战役战术导弹两类。这两类都有进攻和防御使命，又可分为战略进攻型导弹、战略防御型导弹、战术进攻型导弹和战术防御型导弹。

(4) 按射程分类。

精确制导导弹按射程可分为洲际导弹、远程导弹、中程导弹、近程导弹、短程导弹。但对于面对面导弹、面对空导弹、空对空导弹来说具体射程是不相同的。另外，有的资料中还使用中远程之类的名称，划分射程的数据也不尽相同。

(5) 按飞行弹道特性或飞行轨迹分类。

精确制导导弹按飞行弹道特性或飞行轨迹，可分为弹道式、飞航式、瞄准线式、直线式等。弹道式制导武器，是制导武器在运动过程中，除重力以外没有任何其他外力作用于其上；飞航式制导武器，其发动机的推力约等于空气阻力，气动升力约等于飞行器的重量，飞行器近似于以匀速、等高的状态飞行；瞄准线式制导武器，其轨道始终位于观测点和目标之间的瞄准线上，而瞄准线轨道则一般是曲线；直线式制导武器，是沿着发射点与目标之间的直线飞行，这种飞行轨道只适用于短距离、超音速飞行的制导武器，其打击对象是固定目标或缓慢运动的目标。对于远程导弹，可以用导弹在海平面以上不同阶段的飞行高度来表述导弹飞行轨迹，这种方法是借用了空军的传统做法，如“高—低—低”和“低—高—低”等。

(6) 按飞行方式分类。

精确制导导弹按飞行方式可分为：“助推-滑翔导弹”，是指导弹被迅速加速到预定的飞行速度，而后靠无动力滑翔；“助推-续航导弹”，它有两级动力装置，在最初的加速段结束后，可以继续保持其飞行速度。

(7) 按携带方式分类。

精确制导导弹按携带方式可分为单兵便携式、履带式、牵引式等。由于陆军非常关心部队的机动性，武器系统运载车辆的选定就是一个相当重要的问题，所以许多制导武器系统便定了这样的名称。在某些情况下，把制导武器系统装进一个组合装置内，然后把它安装在履带车、轮式车或铁路运输车上，这种武器系统通常称作箱装武器系统。

(8) 按系统制导方式分类。

精确制导导弹按系统制导方式可分为半主动雷达寻的导弹、被动红外寻的制导导弹等。

2. 精确制导弹药

精确制导弹药又称灵巧弹药，可分为末制导弹药和末敏弹药两类。末制导弹药是装有寻的制导装置的精确制导弹药，如制导炮弹、制导炸弹、制导鱼雷等。它们自身无动力装置，弹道的初始段、中段需借助火炮、飞机投掷，但在接近目标的弹道末段，弹药上的寻的器和控制系统，能根据目标和弹药本身的位置，自己修正或改变弹道，直至命中目标。如各种激光或电视制导炸弹和激光半主动制导“铜斑蛇”炮弹、美国的BAT末制导弹药。末敏弹药是装有敏感器的精确制导弹药，通常是子弹药，如敏感反装甲子弹药。它们不能自动追踪目标，也不能改变飞行弹道，它们在目标区上空被撒布或释放出来后，用本身的探测器在一个只有约末制导弹药十分之一的探测范围内探测目标，并进行攻击。例如美国研制的“萨达姆”末敏弹药、“钻石”末敏弹药、“斯基特”末敏弹药，法国研制的“阿泽德”末敏弹药、瑞典的“博尼斯”末敏弹药、德国的“斯玛特”末敏弹药，都是由155毫米炮弹携带的末敏弹药。由于敏感器不能控制弹药的飞行弹道，所以末敏弹药本不属于制导武器，但它的敏感器能在飞行末段通过与战斗部巧妙配合，使之达到很高的命中精度，所以习惯上把末敏弹药放在精确制导武器中研究。

（四）精确制导武器的发展现状及趋势

1. 精确制导武器的发展现状

精确制导武器的发展现状可以用种类齐全、技术先进、形成系列来概括。

(1) 种类齐全。

精确制导武器的发展，除了导弹之外，还出现了制导炮弹、制导炸弹、制导鱼雷、制导水雷、制导地雷等。仅就精确制导武器装备种类最多、数量最大的导弹来讲，其种类已十分齐全。目前，精确制导武器基本覆盖了打击兵器的各个方面，在陆、海、空、天、电磁各个战场都有精确制导武器一显身手的时候。世界上多数国家都不同程度地装备有精确制导武器，现役型号超过300种，在研型号100种左右，如果加上退役的型号，累计超过600种，我国陆军、海军、空军及火箭军等也装备了多种精确制导武器，另外，还引进了一些先进的地空导弹、舰舰导弹和反辐射导弹等。

(2) 技术先进。

精确制导武器集各种高新技术于一身，其技术先进性主要反映在精确制导技术的水平上。目前先进的精确制导技术主要有寻的制导技术、遥控制导技术、惯性制导技术、地形匹配和景物匹配制导技术、全球定位系统制导技术、复合制导技术等。这些先进制导技术的显著特点就是制导精度高。如激光制导，激光的特点是方向性好、强度大、波束窄、可以人为控制。它是最早使用的精确制导技术之一，到目前为止，还是精度很高的制导技术，精度可以达到1米以下。图像匹配制导是将导弹预先存储的航线目标基准图与导弹飞行实时拍摄图进行比较，确定与基准图的偏差，形成制导指令。图像匹配制导一般都采用分段式（断续式）多次匹配的方式，精度在10米以下。GPS制导系统是一种具有全球、全天候、高精度、实时定位的先进卫星制导系统。在地球上的任何一点，如果有4颗以上GPS卫星提供所需的数据，就可以准确计算所处位置及位置的变化情况。目前，GPS精码的制导精度已达10米以下。

(3) 形成系列。

系列化是当前精确制导武器发展的另一重要特点。各种精确制导武器已经形成系列，目前，精确制导武器已经覆盖了打击兵器的各个方面，能对各种远中近程、高中低空目标进行覆盖。例如，反坦克导弹，在射程上分近程（1000米以内）、中程（1000～3000米）、远程（3000米以上），发射平台分地面发射型（单兵携带式、车载式、炮射式）和机载型。还有一些精确制导武器，在自身不断发展的过程中，形成不同型号的家族系列。例如，“宝石路”制导炸弹导引头发展了三代，精度提高；美国“响尾蛇”空空导弹共改进了11个型号；“麻雀”空空导弹改进发展了10个型号；“幼畜”空对地导弹已先后发展了7个型号，采用了电视、激光、红外三种制导技术。在信息化战争中，陆、海、空、天、电磁五维战场每个角落都将会出现精确制导武器的身影。

2. 精确制导武器的发展趋势

近期几场局部战争已经证明，精确制导武器已成为高技术战争的基本火力。随着微电子、光电子、计算机、材料等技术的发展，精确制导武器的水平将得到进一步提高。

(1) 增强打击效果。

从精确制导武器的实战使用和技术水平来看，现有的精确制导武器尚未全部达到“指哪打哪”“百发百中”的程度，其打击效果仍有进一步增强的余地。

第一，提高命中精度。从理论计算可以得出，爆炸力(当量)提高1倍，杀伤力只能提高40%，精度每提高1倍，杀伤力则可增加4倍(400%)，提高精度就可以大大增强威力。命中精度主要取决于制导系统。随着对抗的激烈，为达到首发命中，甚至直接命中目标的薄弱部位，占敌先机，各种精确制导武器都在继续提高和完善末制导技术，新一代精确制导武器将广泛采用先进的制导技术，如合成孔径雷达、毫米波雷达、红外成像、GPS制导、电视成像、激光制导等末制导技术，可以选择目标最脆弱的部位达到命中即杀伤的效果；未来的武器打击精度，将不再以是否命中目标来衡量，而是以瞄准点来衡量，即直接摧毁目标的某一要害部位，精度将从现在的10米量级提高到1米量级。

第二，实现智能化。精确制导武器在技术上虽然已经达到相当高的水平，但还远不能满足将来战争的需要，其原因是未来战场环境更加复杂，精确制导武器要在短时间内分清敌我目标，并做到首发命中以击毁目标，仅靠人工引导是不现实的，必须使制导武器具有某种人工智能，不仅要能在陆上区分出坦克、卡车、火炮等不同目标，在空中能区分不同类型的飞机，在海上能区分不同类型的舰船，而且要具备自主搜索、发现、识别、攻击高价值目标的能力，能够区分不同目标及其型号，筛选、判断和首先攻击对己方威胁最大的目标，并有选择地攻击敌方目标的薄弱部位和易损部位，以保证获得最好的摧毁效果。为此，人们在积极寻找实现精确制导武器智能化的途径。目前，国外已经研制出一种“图像理解”的人工智能技术：由弹载计算机将探测器获得的图像与存储于数据库中的已知武器系统的图像加以比较，就能知道探测到的是何种目标，这不仅能够分清敌我，而且可以有选择地攻击目标。随着电子计算机和人工智能技术的不断发展、完善，导弹武器将朝着智能化的方向大步迈进。

(2) 扩大打击范围。

精确制导武器的广泛应用，促使高技术作战的攻防对抗变得越来越复杂。各国都在重点研究如何扩大精确制导武器的打击范围，以提高己方发射平台的作战能力和生存能力。

第一，增大攻击距离。高技术局部战争特别是海湾战争的经验表明，实施“防御圈外”的远程攻击，可以用较小的代价换取较大胜利，是克敌制胜的一种重要手段。以美、俄为代表的军事大国都努力发展远射程精确制导武器，以此来增大武器装备性能的优势。同时，提高发射平台的生存能力。目前，第三代反坦克导弹有效射程已从4000米增大到5000米以上，有的甚至达到7000～10000米；反舰导弹的射程已从几十千米增大到150～200千米；空地导弹的射程也从几十千米增大到100千米左右；美军的“战斧”巡航导弹经多次改进，射程已达到2500千米。一些发达国家还在改进发动机技术和复合制导技术，以继续提高精确制导武器的射程。

第二，填补火力空白。精确制导武器的射程有最大和最小之分。为满足高科技作战的需要，其最小射程要尽可能小，填补过去对超低空、超近程目标的火力空白。在距离和高度上，必须消除与枪炮的火力间隙，实现一定区域的火力重叠。如反坦克导弹的最小射程过去一般为300～400米，现已缩小至50～100米；新一代防空导弹可以有效对付近至十几米、高度十余米的超低空来袭目标。

第三，实现全时域使用。从近期几场局部战争可以看出，有些精确制导武器由于夜暗、多雾等不良气候的影响而使用效果大打折扣,有些甚至根本无法使用。未来战争仍然会在各种不良气候、气象条件下进行,各国目前为止竞相提高精确制导武器的全时域使用能力。提高精确制导武器全时域使用能力的方法主要根据各种制导技术特点,研制系列化的导弹,在白天、黑夜、不良气象等各种条件下使用与之相应的制导装置,从而实现全时域使用的目的。

(3) 提高突防能力。

精确制导武器的突防能力就是指导弹、飞机等突破敌方反导系统、防空系统的拦截,进入预定攻击目标区域进行攻击的能力。精确制导武器的威胁日益严重,迫使各国日益关注发展防御各种精确制导武器的战术、技术手段。侦察预警、精确打击、电子战能力的提高,激光武器和微波武器等新概念武器的迅速发展,大大推动了反精确制导武器技术的发展。尤其是在反导武器出现以后,精确制导武器突防能力已经成为衡量精确制导武器性能的重要指标。新一代的精确制导武器,首先必须考虑如何突破敌方的防御,提高突防能力。

第一,采用隐身技术。隐身技术是一种降低目标的可探测特征,使其不易被敌方各种探测设备发现的综合性技术,包括雷达、红外、可见光和声学等隐身技术。其中应用最广泛的是雷达隐身。隐身的意义在于在能够发现常规目标的距离上,发现不了采用隐身技术的同类目标。未来,导弹将通过综合利用雷达、红外和声学等隐身技术,使导弹的雷达反射截面、红外信号特征和噪声进一步减小,防御系统进行探测和跟踪更加困难。如美国 AGM-129 隐身巡航导弹、法国“阿帕奇”隐身巡航导弹。通过小型化和隐身外形设计、弹体采用吸波材料、外表面涂覆吸波层等措施可以实现雷达隐身;而采用热辐射较小的发动机或末弹道有动力推进的设计,则可减小红外辐射特征,实现红外隐身。

第二,提高攻击速度。提高导弹的攻击速度,可以迫使敌方防御系统来不及进行反击。假定侦察预警系统的探测距离不变,导弹的飞行速度每提高 1 倍,敌方的预警时间就会缩短一半,跟踪和拦截的成功概率就更小,从而使导弹的突防能力相应提高。如美国正在研制的“快鹰”巡航导弹,速度达 4 倍音速,并还在研制 6～8 马赫的高超音速巡航导弹。

第三,调整飞行弹道。精确制导武器最突出的一点,就是可以对飞行弹道进行修正。随着自动控制技术的进一步完善,新一代精确制导武器的突防能力也有明显提高。如国外在研的先进反舰导弹就普遍采用了弹道可调技术。主要有三种:一是跃升,即以超低水平弹道接敌,末段再次降高后水平掠海飞行直到命中目标;二是俯冲,即首先水平飞行接近目标,然后在垂直平面内迅速爬升,到一定高度后以接近 90°的大角度俯冲攻击;三是迂回,即发射后迅速下降至超低空飞行,达到导引头搜索范围内并爬升到一定高度,然后在水平面内作“之”字形机动飞行并搜索目标,若正面有较强拦阻火力则可自动迂回规避。

第四,采取抗干扰措施。高技术战争是信息化的战争,在实战中精确制导武器所处的电磁环境很复杂,敌方总会千方百计地破坏精确制导武器的正常工作条件,这就要求制导系统在高技术电子对抗条件下有很强的抗干扰能力,抗干扰能力也是精确制导武器的一个重要的战术指标。其主要方法:一是采用被动寻的制导系统,由于被动寻的制导系统本身不辐射电磁波,而是利用目标的辐射波,敌方较难发现,具有一定的攻击隐蔽性,因此各类被动寻的制导系统如电视、红外、微波被动寻的将广泛应用;二是对主动寻的系统采取措施来提高攻击的隐蔽性,由于主动寻的系统必须向目标辐射电磁波,因而比较容易被敌方侦察到并采取相应的干扰措施,所以主动寻的系统抗干扰的能力格外重要;三是采用新的制导方式,如毫米波雷达制导、GPS 制导等,毫米波雷达具有频带宽、天线口径小、增益高、波束窄、分辨率高的特点，目前在毫米波段还难以产生大功率、宽频带的干扰信号，不能进行远距离干扰，因此其抗干扰能力较强。

(4) 提高装备效益。

为了提高精确制导武器的性能，制导系统已经变得越来越复杂，成本也越来越高。而制导武器又多是一次性的，成本过高就会难以承受。所以，必须采取各种措施提高装备效益。

第一，采用模块化设计。所谓“模块化”就是将精确制导武器分成多个组件，每个组件都采用标准配件，通过不同的方式组合成为不同用途的精确制导武器。采用模块化设计，不仅可以通过更换具有不同功能的模块，使它们具有不同的功能，而且可以把不同模块组合起来，集成为新型的精确制导武器，还可以随着技术的不断发展，通过换上新技术模块来提高精确制导武器的性能，不会因为牵一发而动全身。这既便于日后的改进，也有利于维修保障，降低技术保障的难度。

第二，实现军种通用。所谓“军种通用”就是对某种导弹进行一些改进，以执行不同的作战任务，或称“一弹多用”。精确制导武器是高技术密集型武器，技术保障难度大，如果各军种的精确制导武器自成体系，势必造成技术保障队伍过于庞大，这与联合作战的要求存在差距。因此，各国在研制新一代的精确制导武器时都十分注重通用性。如美军所发展的联合制导攻击弹药(JDAM)、联合防区外武器(JSOW)、联合空面防区外发射导弹(JASSM)、综合效应弹药(CEM)等都是通用的精确制导弹药。

第三，增大装备数量。精确制导武器在历次局部战争中战绩突出，各国都加大了精确制导武器的采购数量。采购数量的增加，对生产厂家就会形成规模经济，从而造成生产成本的大幅下降，使精确制导武器的效费比大大降低。美国防务分析研究所曾进行对比研究：机载精确制导武器和B-2隐身轰炸机的装备数量分别增加1倍，作战飞机战损率则各自下降60%和8%，但在费用上，只需多花60亿美元。因此，美国精确制导武器的装备数量会继续增大。

二、隐身技术

(一) 隐身技术概述

隐身技术，又称隐形技术，是通过隐蔽武器装备等目标的信号特征，使其难以被发现、识别、跟踪和攻击的综合性技术。隐身技术是传统伪装技术向高技术化的发展和延伸。隐身技术作为一门交叉性学科，综合了流体动力学、材料学、电子学、光学、声学等众多领域的知识。

目前，隐身技术通常分为雷达隐身技术、红外隐身技术、电子隐身技术、可见光隐身技术、声波隐身技术等。随着隐身技术的发展和应用，其在未来战场上的作用越来越大。一方面，大大提高武器装备的生存能力、空防能力和作战效能，打破已形成的攻防平衡态势；另一方面，推动防御系统中的各种探测系统发生重大变革，刺激反隐身技术的发展。

(二) 隐身技术的种类

隐身技术最早可追溯到第二次世界大战时期，德国潜艇在通气管和潜望镜上运用吸波材料对付雷达探测，20世纪50年代，美国在U-2侦察机上探索减小雷达散射截面的途径。70年代后，美、苏、英、法、德、意、日、加拿大、以色列等国都投入巨资研究隐身技术，取得了不同程度的进展，并应用于各种隐身武器装备上。目前，隐身主要涉及以下五种技术。

1. 雷达隐身技术

雷达是最重要的侦察探测装置之一，雷达隐身技术自然成为一种最重要的隐身技术。其原理是根据雷达在无干扰时自由空间的测距方程，即具有一定性能参数的雷达，其探测距离与目标(如飞行器)的雷达散射面积4次方根成正比。要想缩短雷达的探测距离，就要减小目标的雷达散射截面积，目前，雷达隐身的主要技术措施如下。

(1) 隐身外形技术。合理设计目标外形，是减小其雷达散射截面积的重要措施。例如，美国下一代CVN-21级航空母舰就采用了最新的隐身技术，即上层建筑采取集成化设计，使传统上拥挤的舰桥体积明显缩小，质量减轻，并靠后推移；干舷显著降低，舰面设施非常简化，使飞行甲板与航空作业区连成一片，从而最大限度地减小其雷达反射截面积。

(2) 隐身材料技术。目前研制的隐身材料主要有雷达吸波材料和雷达透波材料，按其使用方法可分为涂料型和结构型。吸波涂料敷在目标表面，所使用的是高性能磁性-耗能吸波材料、“铁球”涂料和“超黑色”涂料等。涂料层薄，但容易脱落，而且覆盖的频率范围有限，所以又发展了结构型隐身材料，用来制造机身、机翼、导弹壳体等。

(3) 自适应阻抗加载技术。在金属体目标(如飞行器)表面附加上集中参数或分布参数的阻容元件，使其产生与雷达回波频率、极化、幅值相等但相位相反的附加辐射波，它与雷达回波相抵消，从而达到减小目标雷达散射截面积的目的。

(4) 微波传播指示技术。利用计算机预测雷达波束在不同大气条件下传播发生畸变所产生的“空隙”和“波道”，使空防飞行器在雷达波覆盖区的“空隙”“盲区”内或“波道”外飞行，以避开敌方雷达的探测。

(5) 等离子体隐身技术。用等离子气体层包围飞机、舰船、卫星等目标的表面，利用其对雷达波具有的特殊吸收和折射特性，使雷达回波的能量减小。

2. 红外隐身技术

许多军事目标，如飞机、导弹等都因在飞行途中发出强大的红外辐射而易被对方发现。红外隐身技术除采用红外干扰外主要就是通过抑制目标的红外辐射，使敌方红外探测系统难以发现的一种技术。目前，红外隐身的主要技术措施如下。

(1) 改变红外辐射波段。使飞机等目标的红外辐射波段处于红外探测器的响应波段范围之外，或者使目标的红外辐射避开大气窗门而在大气层中被吸收和散射掉，从而达到隐身目的。

(2) 降低红外辐射强度。这是红外隐身的主要技术手段，主要措施有：改进发动机结构；使用能降低排气的红外辐射新燃料；装备表层采用吸热、隔热材料和涂料；利用气溶胶屏蔽发动机尾焰的红外辐射；采用闭合环路冷却环境控制系统，降低荷载设备的工作温度。

(3) 调节红外辐射的传输过程。直升机动力排气系统的红外抑制器就有这种功能，能有效抑制红外探测器威胁方向的红外辐射特征。

3. 电子隐身技术

电子隐身技术主要是抑制武器装备等目标自身的电磁辐射。目前，采用的主要技术措施如下。

(1) 减少无线电设备。如用红外设备代替多普勒雷达；用激光高度表代替雷达高度表；用全球定位系统或天文惯导系统代替无线电导航系统等。

(2) 采用低截获概率技术改进电子设备。如采用发射功率自动管理技术；在时间、空间和频谱方面控制无线电设备的电磁波发射；采用频率捷变技术；武器装备采用被动雷达等电子探测系统等。

(3) 减小电缆的电磁辐射。如尽量缩短各种电子设备的距离、用光缆取代电缆等。

(4) 避免电子设备天线的被动反射。如将天线做成嵌入目标体内的结构，不使用时收回体内等。

(5) 对电子设备进行屏蔽。如改进装备结构，采用特殊材料和涂料等。

4. 可见光隐身技术

可见光探测系统的探测效果，取决于目标与背景之间的亮度、色度和运动等视觉信号参数的对比特征，采用可见光隐身技术，目的就是要减少这些对比特征。目前，可见光隐身技术的主要技术措施如下。

(1) 改进目标外形的光反射特征。如飞机采用平板或近似平板外形的座舱罩以减小太阳光反射角度范围和延长光学探测器瞄准、跟踪的时间等。

(2) 控制目标的亮度和色度。如涂敷迷彩涂料或挂伪装网；涂敷能随环境亮度变化而变化自身亮度与色度的涂料；用有源光照亮目标低亮度部位等，使目标与背景的亮度和色度匹配。

(3) 控制目标发动机喷口的火焰和烟迹信号。如采用不对称喷口、转向喷口或喷口遮挡；使燃料充分燃烧或在燃油中加入添加剂以减少烟迹等。

(4) 控制目标照明和信标灯光，以及控制目标运动构件的闪光信号等。

5. 声波隐身技术

声波隐身技术，是控制目标的声波辐射特征，以降低敌方声波探测系统对目标的探测概率。

目前，声波隐身技术的措施主要有：发动机和辅助机采用超低噪声设计；采用吸声和阻尼声材料、减振和隔声装置；减小旋桨对介质的扰动噪声；合理进行目标整体设计，以避免发生共振现象等。

（三）隐身武器的种类

隐身技术运用的直接形式是发展隐身武器装备。隐身武器装备，是应用隐身技术研制的，不易被敌方雷达、红外、电子、可见光和声波探测系统发现的武器。隐身技术为有效地解决武器装备的战场生存问题提供了新途径，改变了传统那种靠增加钢甲厚度而牺牲机动性能来提高生存能力的方法，实现了隐身、机动和防护的完美结合。因此，隐身武器装备格外受世界各国军队的青睐。

1. 隐身飞行器

隐身飞机是隐身武器研制和发展最快、取得成果最多的领域。隐身飞机之所以能有效地对付雷达、红外、电子、可见光及声波探测系统，就是由于它综合运用各种隐身技术，降低飞机的雷达截面积、红外辐射特征，控制飞机的可见光目视信息特征及降低飞机噪声等。

美国的 F-117A 是世界上第一种按低可探测性技术设计原则研制并投入实战的隐身战斗轰炸机，B-2 是美国第二代隐身轰炸机，具有更好的隐身效果。F-22“猛禽”战斗机，是实用型第四代先进战斗机，1997 年 9 月首次试飞成功，其设计兼顾了超声速机动和隐身特性两方面的需要，具备超高机动性与隐身性能。在隐身性能上，F-22“猛禽”战斗机较 B-2 隐身轰炸机性能提升了 80 倍。F-22“猛禽”战斗机隐身技术包括进行外形优化，电磁及热信号屏蔽，关键部位覆盖隐身涂料，加装电子欺骗、干扰装置等。“暗星”无人机，是美国研制的具有当今先进水平的高空长航时无人机，也是世界上第一种全隐身无人侦察机。X-45A 无人驾驶战斗机，是美国波音公司研制的无人机，其机体完全采用特殊材料制成并加敷了涂层，具有极好的隐身能力。

俄罗斯在研发新型作战装备时十分注意突出武器装备的隐身性能，如与美军 F-22“猛禽”战斗机同属第四代战斗机的 S-37“金雕”战斗机，其首次试飞时间与 F-22“猛禽”战斗机首次试飞时间仅相距 18 天，尽管其隐身性能比 F-22“猛禽”战斗机稍逊一筹，但采用了类似 F-22“猛禽”战斗机的平滑流线型外形设计，前掠翼几乎全部采用复合材料制成，机体外涂刷雷达吸波材料，其隐身性能处于世界领先水平。

2. 隐身舰船

隐身飞机的迅速发展和出色表现，极大地刺激了隐身战舰的发展。美国“海影”号隐身军舰，于 1983 年开始秘密设计建造，10 年后，“海影”舰脱颖而出，并进行了一系列海上试验，曾掀起了轩然大波。目前美国海军装备的 SSN-688“洛杉矶”级、“海狼”级潜艇都可谓是隐身潜艇，如“海狼”(SSN-21)攻击型核潜艇是世界上最安静的潜艇，其优越性超过俄罗斯“奥斯卡”级核潜艇。“美洲狮”级隐身护卫舰由美国与法国联合研制。

俄罗斯充分利用其在舰艇隐身技术处于世界领先水平的优势，精心打造超级隐身舰。俄罗斯海军新型多功能型“立方体”隐身护卫舰早已在北方造船厂动工。俄罗斯海军订购了 10 艘该型护卫舰，2005 年已全部交货。目前俄罗斯海军已装备了“基洛夫”级隐身驱逐舰，隐身潜艇有 636 及 877“基洛”级潜艇、“阿库拉”(又名“鳖鱼”)级潜艇、SSN-P-IX 级潜艇，其中“鳖鱼”潜艇在隐身性能上处于世界领先水平。

3. 隐身坦克

随着现代高技术反坦克武器的发展，坦克一旦被发现就很容易被摧毁。引入隐身技术使其难以被发现是增强坦克生存能力十分有效的技术途径。目前，美、英隐身坦克、装甲车辆的研制步伐加快，并推出 M-113 隐身装甲车。美国在“未来作战系统”上采用的隐身技术，其绝大部分都在隐身侦察或步兵战车上使用。俄罗斯已经问世的 T-95 主战坦克、BM-2T 步兵战车等都具有很强的隐身性能。

(四) 隐身技术的现状及发展趋势

1. 隐身技术的现状

目前现代战场上的侦察探测系统主要有雷达、红外、电子、可见光、声波等探测系统，所以目前的隐身技术也相应地分为以下 5 种：反雷达探测隐身技术、反红外探测隐身技术、反电子探测隐身技术、反可见光探测隐身技术、反声波探测隐身技术。

20 世纪 50 年代以来，隐身技术的研究有了突破性进展。加之战场对武器的隐身要求，使隐身武器的研制进展加快。目前，一些隐身轰炸机、隐身战斗机、隐身侦察机、隐身巡航导弹等已相继研制成功；其他类型的隐身飞机和隐身导弹、隐身坦克、隐身舰艇、隐身火炮等也在加紧研制，使隐身技术向系列化方向发展。

2. 隐身技术的发展趋势

进入 21 世纪，世界各国特别是美、俄、英、法等军事强国都加大了隐身技术的研究力度，拓展了研究范围，并在传统隐身技术研究的基础上，不断探索仿生学隐身技术、等离子体隐身技术、微波传播技术、有源隐身技术等新的隐身机理，研制高分子隐身材料、纳米隐身材料、结构吸波材料、智能隐身材料等新型隐身材料。可以预见，隐身技术发展前景非常广阔。

第一，扩展雷达隐身的频段。目前隐身技术主要针对厘米波探测雷达，为了达到反隐身目的，探测雷达的工作波段正在向长波和毫米波、亚毫米波乃至红外、激光波段扩展。因此，隐身技术所能适应的波段也必须相应扩展，如研制新型宽频带吸波涂料和结构型材料，研制宽频带干扰机等，否则难以达到隐身的目的。此外，还在寻找更多、更新的技术途径。例如，将仿生学的研究用于隐身技术。研究发现：海鸥与燕八哥的体积相近，但其雷达散射面积却比燕八哥大 200 倍；蜜蜂的体积小于麻雀，但它的雷达散射面积反而比麻雀大 16 倍。

第二，发展隐身材料的功能。隐身技术的发展使隐身材料进入一个新阶段。一是隐身材料向反雷达探测和反红外探测相兼容的方向发展，要求未来的隐身材料必须具有宽频带特性，既能对付雷达系统，又能对付红外探测器。二是雷达吸波材料向超细粉末、纳米材料方向发展。人们发现超细粉末、纳米材料可能是良好的雷达吸波材料。目前，一些国家正在对吸波材料机理进行深入研究，这类材料的优点是质量轻、透气性能好，但制造技术要求高，价格昂贵。

第三，注重各种隐身技术的综合运用。现代侦察探测系统采用了多种探测技术，决定了隐身技术是一项多学科的综合性技术。要想使目标达到理想的隐身效果，必须综合应用各种隐身技术：实验证明，采用隐身外形设计可降低 5～8 分贝，利用吸波材料可降低 7～10 分贝，采用其他措施（如阻抗加载、天线隐身等）可降低 4～6 分贝。综合起来，可获得降低约 20 分贝的隐身的效果。

第四，武器装备将更广泛应用隐身技术。根据现代战争的要求，隐身技术的发展与应用现已由隐身飞行器开始扩展到研制地面坦克和火炮、水面舰艇、水下潜艇等各种武器装备，并取得了一定的进展。一些国家还在研究具有隐身性能的机场、机库、士兵装备、侦察系统、通信系统和雷达等。预计，未来将会出现更多隐身和具有部分隐身性能的武器装备和设施。

第五，降低隐身武器装备的成本。由于目前采用隐身技术的成本很高，如吸波结构材料和吸波涂料的价格非常昂贵，导致隐身武器装备的造价不菲。例如，F-22“猛禽”战斗机的售价比单架 F-16 战斗机贵了许多。如何在技术上突破，降低隐身武器装备的成本，是今后隐身技术发展的重要方面。

三、侦察监视技术

无论何时，信息都是军队指挥员决策的基础。实施侦察与监视的效果，对现代高技术战争的结局将产生直接影响。随着现代技术特别是高技术的发展，军事指挥员凭借现代侦察与监视技术提供的全时域、全天候与大空域的“千里眼”“顺风耳”，能够做到“知彼知己”，为实时地采取相应的对策提供可靠依据，为克敌制胜创造有利的条件。

（一）侦察监视技术概述

现代侦察与监视技术，就是指在全时空内用于发现、区分、识别、定位、监视和跟踪的技术。

所谓发现，就是通过把目标与其背景作比较，或依据周围背景的某些不连续性，将目标从背景中提取出来，即确定在某个地方有目标。

所谓区分，即确定目标的种类，主要是根据目标的外形和运动特征加以区分。辨别目标外形的明显特征对于区分目标非常关键。同时，目标的运动特征也有助于对其进行区分。

所谓识别，是指在目标探测过程中，对目标进行详细的辨认，确定出真假、敌友及确切的型号种类。所发现、区分的目标既可能是真的，也可能是假的，首先要予以确认。对于真目标，还要确认其是敌、是友。如是敌，还要再确认目标的型号。

所谓定位，即按照一定的精度，探测出目标的位置。一般包括目标的方位、高度和距离三个要素。

所谓监视，是指隐蔽地对目标进行严密的注视和观察。一般需要利用一定的技术器材来实现。

所谓跟踪，是指对运动目标进行不间断的监视。在现代战场上，实现对运动目标的跟踪，对技术器材提出了比监视更高的要求。

（二）侦察监视技术的分类

侦察监视技术主要分为以下四类。

1. 电子侦察技术

电子侦察是指利用己方的电子侦察装备去搜索、截获敌方电子设备的电磁信号，经过分析、识别和定位，以掌握敌方电子设备的有关技术参数、威胁程度、部署情况和行动企图等情报的侦察手段。

根据任务和用途的不同，电子侦察通常分为预先侦察和现场侦察两类。电子侦察的主要手段有：设立地面电子侦听站，使用电子侦察飞机，使用电子侦察船，使用电子侦察卫星，使用投放式侦察设备。

2. 光电侦察技术

军用光电侦察装备是利用光源在目标和背景上的反射或目标、背景本身辐射电磁波的差异来探测、识别目标并对它们进行跟踪、瞄准的军用侦察仪器或系统。

军用光电侦察装备经过长期发展，品种越来越齐全、性能越来越先进、应用越来越广泛。现代光电侦察装备包括可见光、微光、红外、激光和光电综合侦察仪器，它们是以激光、红外、微光、光纤、半导体、微电子、计算机、精密机械等现代技术为基础构成的光电器材。

现代光电侦察装备在军事上可用于战场侦察、战役侦察和战略侦察，用来探测洲际导弹发射井和机动洲际导弹的位置以及跟踪洲际导弹的发射，还可监视空中、地面和地下核武器爆炸试验，探测和跟踪水面舰艇与潜艇的活动，探测地面和地下埋设的地雷，探测化学战剂的使用，跟踪战术导弹和飞机的来袭，探测和监视敌部队和单兵的活动，对战场进行监视以及对敌打击效果进行侦察等。

3. 雷达侦察技术

雷达侦察技术是利用物体对无线电波的反射特性来发现目标和探测目标状态（距离、高度、方位角和运动速度）的一种侦察手段，雷达侦察主要用于探测敌方飞机、导弹、卫星、舰船、车辆、兵器，同时可用于探测工厂、桥梁、居民点、云雨等。

（1）雷达的基本组成。

雷达的工作方式通常分为两大类，一类发射的电波是连续的，称为连续波雷达。另一类发射的电波是间歇的，称为脉冲雷达。广泛应用的是脉冲雷达，它由发射机、天线、接收机、收发转换开关、显示器、定时器、天线控制器和电源等部分组成。

（2）侦察雷达的类型及应用。

雷达作为武器系统的重要装备，根据其用途分为远程预警雷达、警戒雷达、导航雷达、炮瞄雷达、导弹制导雷达、机载截击雷达、火控雷达、侦察雷达等。根据其技术特征分为波束扫描雷达、单脉冲雷达、相控阵雷达、连续波雷达、脉冲多普勒雷达、超视距雷达、二坐标雷达、三坐标雷达、测高雷达、测速雷达、多基地雷达、被动式多基地雷达等。

常规侦察雷达主要有以下几种。

①战场侦察雷达:是陆军使用的侦察地面活动目标的雷达,用于侦察和监视敌方地面兵器、车辆、人员和低空飞行器的活动,它能够从地面各种固定回波中发现活动目标。战场侦察雷达按照作用距离可分为远程、中程、近程三种。远程战场侦察雷达安装在车辆上,可以探测 20～30 千米范围内的敌方部队调动、车辆和火炮等的活动情况和 7 千米距离内的单兵活动情况;中程战场侦察雷达可以探测 8～10 千米范围内的坦克、车辆活动情况和 5 千米以内活动的人员;近程战场侦察雷达可以探测 0.5～3 千米范围内的敌方活动情况,质量在 2.5 千克以内,可安装在三脚架上工作,携带方便。

②警戒雷达:是配置在沿海、边界线以及国土纵深地区,用于探测远距离的敌方飞机、导弹、舰艇的雷达。其特点是探测距离远,但探测精度不是很高。警戒雷达按探测距离可分为近程警戒雷达(探测距离 200～300 千米)、中程警戒雷达(探测距离 300～500 千米)、远程警戒雷达(探测距离 500～4000 千米)以及超远程警戒雷达(探测距离 4000 千米以上)。

③超视距雷达:是应用了短波波段电磁波不能穿透电离层而反射回地面产生跳跃式传播的特点,不受地球曲率限制、探测不能直视(视距)目标的雷达。超视距雷达能够发现刚从地面发射的弹道导弹、轨道轰炸武器,可提供更长的预警时间,但情报的准确度有待提高。

④侧视雷达:是从空中侦察地面目标并绘制图像的高分辨率雷达,它的天线安装在飞行器下方,波束很窄,覆盖两侧几十千米地带目标,因此获得“侧视”之名。雷达采用合成孔径技术,对接收的信号进行处理,等效为庞大天线阵(增大几百上千倍)和极窄波束,因而分辨率非常高,图像清晰度与光学照相类似,可全天候工作。侧视雷达用于测绘战场地形图,非常方便和快捷。

⑤相控阵雷达:是应用计算机控制发射和接收信号的相位,增强发射功率、天线增益和接收机灵敏度,可以集远程警戒雷达、引导雷达、多目标跟踪雷达、制导雷达于一身,效率非常高。这是计算机技术与现代雷达技术相结合的成果,天线面阵可以实现 360°全方位探测而不必转动。如果能解决雷达信号远距离相控问题,便有可能把雷达的天线面阵分散布设到全国,形成一个十分巨大的雷达网。

4. 传感器侦察技术

(1) 地面传感器侦察。

地面传感器是一种能够对地面目标引起的战场环境的物理场变化进行探测的小型侦察设备。我们知道,任何一个地面目标在运动时总会引起其周围环境磁场、声音、振动、温度等方面的变化,这些变化都是可以被探测到的。地面传感器正是利用自身的探测器去获取目标引起的这些物理量变化,产生出信号,而后用天线发射出去,从而完成侦察任务。一般来讲,地面传感器可以分为以下五类。

①振动传感器。它利用敌方目标发出的地面振动,形成目标信号。振动传感器的特点是探测灵敏,通常能探测到 30 米以内运动的人员和 300 米以内的车辆,但其探测距离受地面土质影响较大。土质硬,探测距离远;土质软,探测距离近。

②声响传感器。它用来获取目标发出的声音。声响传感器能鉴别目标的性质,探测范围也比较大,一般对人员正常谈话的探测距离可以达到 40 米,对运动车辆可以达到 100 米。

③磁性传感器。它可以探测到目标运动时对周围静磁场的干扰。因为体积重量受限,

传感器的能源不可能太大，这使得它的探测距离较近。对人的探测距离为 3～4 米，对车的探测距离为 25 米左右。但它具有一个很大的优点，即鉴别目标性质的能力较强，能区别徒手人员、武装人员和各种车辆。同时，对目标探测的响应速度快，通常为 25 秒，能探测快速运动的目标。

④红外传感器。红外传感器一般需人工布设，固定在某物体上，在视角的扇面内可探测 20～50 米范围内的目标。红外传感器的主要优点是体积小、无源探测、隐蔽性好、反应速度快，能探测快速运动的目标，并能测定目标方位。不足之处是必须人工布设，探测范围有限，只限于正对探测器的扇形地区，无辨别目标性质的能力。

⑤应变电缆传感器，又称压力传感器。探测器为电阻丝，埋设在浅土层下，当上面有敌方行动带来的压力时，电阻发生变化，电流也随之发生变化，从而实现对目标的探测。这种传感器只能人工埋设，故在野战使用上有一定的局限性，但在边海防、公安、特殊设施的预警上使用方便，可靠性高，能鉴别人员和车辆。

地面传感器有其他侦察器材无法替代的优点。它结构简单、便于携带和布设、能够适应各种环境，可全天候被动地侦察敌人地面目标活动，也可用于己方要地的警戒。为了发挥各类地面传感器的优点，尽可能地克服它们的缺点，通常把可以互补的几种传感器联合在一起使用。

(2) 水下传感器。

水下传感器主要是利用声呐。声呐是接收水中声波的装置，主要用于对水中目标的搜索、测定、识别和跟踪，也可以用于水声对抗、水下通信、导航和对水下武器（鱼雷、水雷等）的制导或控制。声呐的基本原理是捕捉、接收水声信息，将水声信号转换成电信号，经过放大处理后，由显示控制台显示定位。按工作方式可分为被动式声呐和主动式声呐。

①被动式声呐，又称噪声声呐。它本身不发射声波信号，靠捕捉水面和水下目标（水面舰艇、潜艇、鱼雷等）在航行和工作时所产生的噪声，来搜索目标并确定其方位、距离和速度。

②主动式声呐，又称回声声呐。它自身发射声波信号，靠目标反射的回波信号来搜索测定目标。

5. 其他侦察技术

(1) 战场窃听侦察。

战场窃听侦察是以偷听敌方语音来获取情报的一种手段。基本样式可分为声音窃听、电话窃听和激光窃听。

(2) 战场电视侦察。

战场电视侦察是利用电视技术获取图像情报的一种技术。其特点是：音像共存，形象直观，情报传递速度快、传播面广、时效性强，可搭载各种平台，实现立体侦察。

(3) 炮位声测侦察。

火炮发射时，巨大的声响是无法隐蔽的。声测侦察就是利用声音探测装置发现敌人正在发射火炮的炮兵阵地，确定其位置以引导我炮兵或火箭兵以火力进行压制或摧毁。声测的基本原理：人耳之所以能够辨别出声音传来的方向，是因为声波传到两耳的时间不同，这种人为感受声波时间差、辨认声源方向的现象，在物理学中称为“双耳效应”。“双耳效应”构成了炮兵声测侦察的理论基础。

（三）侦察监视技术在军事上的应用

现代侦察监视技术在军事上的应用，按空间地域及其运载工具的不同可分为以下几种。

1. 航天侦察

航天侦察就是利用航天器上的光电遥感器和无线电接收机等侦察设备获取侦察情报的技术，它是现代战略侦察的主要手段。遥感器和无线电接收机所获得的目标信息以不同方式传回地面，经加工处理和判读分析后，作为决策者判明敌情和制定对策的重要依据。

航天侦察主要担负战略侦察任务，也可执行战术侦察任务或为战术侦察情报提供旁证材料。航天侦察按使用的航天器是否载人，可分为卫星侦察和载人航天侦察。卫星侦察是航天侦察的主要方式。航天侦察按其功能分为照相侦察、导弹预警、电子侦察、海洋监视和核爆炸探测等。

2. 航空侦察

航空侦察（亦称空中侦察）是军事侦察系统的重要组成部分，它包括有人驾驶侦察机、无人侦察机、侦察直升机、预警机、侦察气球和飞艇等侦察平台，以及安装在平台上的各种雷达、光电探测器材等侦察设备。

3. 地面侦察

地面侦察可分为便携式侦察、固定侦察和机动侦察，可执行战略、战役、战术侦察任务。常用的技术侦察装备有：可见光照相机、望远镜、潜望镜、观察镜、瞄准镜，各种红外、可见光、微光、激光、电视、声测等侦察观测器材，地面传感器、地面侦察雷达、装甲侦察车、无线电技术侦察设备、电话窃听器等。这些侦察系统可与海基、空基、天基侦察资源相连，构成陆战侦察体系，及时为地面部队提供准确的战场态势和目标信息。

装甲侦察车装备有各种侦察观测设备，如大倍率光学潜望镜、主动红外观察镜、微光观瞄镜等。现代化装甲侦察车上还装备了激光测距仪、地面激光指示器、热成像仪、微光电视、地面导航仪、红外报警仪、战场侦察雷达、防核生化探测器等先进的侦察设备。

4. 海上侦察

海上侦察主要分为水面舰艇侦察、潜艇侦察、海军航空兵侦察和两栖侦察，可用于执行战略、战役、战术侦察任务。目前，各国海上的侦察装备是由水面舰艇、潜艇等平台携带有关传感器（包括雷达、声呐、电子支援设备、光电设备等）组成的侦察系统。这些系统虽有专用于侦察的，但大多是包括武器、指挥和控制等功能的综合系统。

（四）侦察监视技术的现状与发展趋势

随着微电子、光电子、通信、雷达、航天等技术的发展及广泛应用，现代侦察与监视技术已经进入了一个崭新的发展阶段。不仅从侦察方式、侦察手段、侦察设备，而且从战术技术运用上，也都将提高到一个新的水平。侦察与监视技术的发展趋势主要表现在以下几个方面。

第一，侦察与监视技术在空间上的多维化。为了适应未来高技术立体战争的需要，太空中的侦察卫星，天空中的侦察飞机，陆地上的雷达、地面传感器、无线电设备，水下的声呐等侦察监视设备，不能是孤立的，必须有机地形成一个整体，组成一个涵盖陆、海、空、天、电磁的综合侦察监视网络，在侦察与监视的地域、时间、周期以及情报处理和利用方面，使不同的侦察与监视设备之间互相取长补短，相互印证，使侦察与监视设备的优点和特长充分发挥出来。

第二，侦察与监视技术在速度上的实时化。高技术战争火力、兵力机动快，作战节奏快，要求侦察与监视提供的信息也要快，否则就满足不了作战的需要。为此，必须提高信息处理和传输能力。随着遥感技术和计算机技术的迅速发展，借助大容量和运算速度快的计算机对遥感图像进行自动分类和识别，可大大地提高信息处理速度，将使侦察与监视获得的信息实时地传递给指挥员决策使用成为现实。

第三，侦察与监视技术在手段上的综合化。侦察技术的发展，反过来又促进了反侦察技术和伪装干扰技术的发展。为了有效地发现、区分、识别、定位、监视和跟踪目标，特别是有效剥除其伪装，不仅要加强目标特征研究，还要加速研制新的遥感器，使用多种遥感器，同时观测同一地区，既能获得较多的信息，也能使各种信息之间相互对照、比较和印证，从而提高信息的可信度。

第四，侦察监视系统与攻击系统结合更加紧密。在未来高技术战争中，只有将侦察监视系统与武器系统，特别是精确制导武器有机地结合起来，才能充分发挥侦察与监视的效果。武器系统要“够得着”，侦察监视系统要“看得到”。侦察与监视系统不仅能以自身携带的武器攻击，更能引导空中、地(水)面武器攻击所发现的目标，通过信息传输联动是侦察监视系统与武器系统紧密结合的最重要、最主要途径。

第五，提高侦察与监视系统的生存能力。由于精确制导武器的迅速发展，对侦察与监视系统的生存构成了严重威胁。能否确保侦察与监视系统的生存，将直接关系到作战结局。航空侦察与监视系统，要向高空、高速、隐形、超低空方向发展，以便让对方的防空火力“够不着”“追不上”“看不见”。反卫星武器的出现，航天侦察与监视系统也不再“高枕无忧”，必须在躲避攻击、抗电子干扰、耐核辐射等方面采取措施。在水面和水下实施侦察与监视，更要随时做好反侦察与监视的准备，

四、伪装技术

伪装就是进行隐真示假，为欺骗或迷惑对方所采取的各种隐蔽措施，是军队战斗保障的一项重要内容。其基本原理是减小目标与背景在可见光、红外、微波波段等方面特性的差别，以隐蔽真实目标或降低目标的可探测性特征，模拟或扩大目标与背景的这些差别，以构成假目标欺骗敌方。

1. 伪装技术措施

伪装的技术措施包括天然伪装、迷彩伪装、植物伪装、人工遮障伪装、烟幕伪装、假目标伪装、灯火与音响伪装等。

(1) 天然伪装。

天然伪装技术就是充分利用地形、地物、夜暗和能见度不良天候(风、雪、雨、雾)等天然条件，隐蔽或降低目标暴露征候的一种手段。天然伪装技术主要用于对付光学(紫外、可见光和近红外)侦察，在一定条件下也能对付红外侦察、雷达侦察、声测侦察和遥感侦察。

(2) 迷彩伪装。

迷彩伪装就是利用迷彩技术生产的涂料、染料和其他材料，来改变目标表面特征，达到消除或减小目标与背景之间反射或发射可见光、热红外和雷达波的差别，以及改变目标外形，达到伪装目的。按照目标类型、背景特点和涂料技术，主要可分为保护色迷彩、变形迷彩、仿造色迷彩、光变色迷彩和多功能迷彩等。

(3) 植物伪装。

植物伪装技术是利用种植植物、采集植物和改变植物颜色等方法对目标实施伪装的技术。由于其简易有效，在现代战争中仍经常使用。如，在目标上种植植物进行覆盖；利用垂

直植物遮蔽道路上的运动目标；利用树木在目标地区构成植物林；利用种植植物改变目标外形和阴影（植物伪装技术）；利用新鲜树枝和杂草对人员、火炮、汽车和工事实施临时伪装等。

（4）人工遮障伪装。

人工遮障伪装是利用各种制式伪装器材对目标进行遮蔽的一种手段。它由遮障面和支撑构件组成。遮障面采用制式的伪装网或就便材料编扎，制式遮障面有叶簇式薄膜伪装网、雪地伪装网、伪装伞、反雷达伪装网、反红外侦察伪装遮障和多频谱伪装遮障等。支撑构件按其用途和外形，可分为水平、垂直、掩盖、变形和反雷达遮障五种。

（5）烟雾伪装。

烟雾伪装是利用烟雾遮蔽目标，迷茫、迷惑敌人或使来袭制导武器失效所实施的伪装。通过散射、吸收的方式衰减光波能量，来干扰敌方光学侦察。由于发烟材料的发展，现代烟幕对雷达和红外波段同样具有干扰和遮蔽作用。同时，还可以对付激光制导炸弹等。随着纳米材料技术的发展，纳米晶体材料可用于形成新型气溶胶，具有微波、红外、光学波段的吸收能力，能全波段干扰敌方的侦察。

（6）假目标伪装。

假目标伪装，是指为欺骗、迷惑敌人而模拟目标暴露征候所实施的伪装。假目标主要包括形体假目标和功能假目标两类。形体假目标主要是指仿造的兵器、人员、工事、桥梁等，目的是迷惑敌人，吸引敌人的注意力和火力，从而有效地保护真目标。功能假目标是指各种角反射器、龙伯透镜反射器、热目标模拟器、红外诱饵弹、综合红外箔条等具有反射雷达波或产生热辐射等特定功能的假目标。

（7）灯火与音响伪装。

灯火与音响伪装技术是通过消除、降低和模拟目标的灯火与音响暴露征候，以隐蔽目标或迷惑敌人所实施的伪装。灯火伪装分为室内灯火伪装和室外灯火伪装。音响伪装可通过消除音响使目标音响在到达侦听点时比环境噪声小 15 分贝。如不能达到消除音响的要求，也应尽量降低音响，每降低 6 分贝，可使侦听距离缩小 1/2。

2. 现代伪装技术在高技术战争中的应用

现代伪装技术在高技术战争中的应用主要包括防光学侦察的应用、防雷达侦察的应用及防红外侦察的应用。

（1）防光学侦察伪装：是指利用天然遮障、人工遮障、伪装材料、烟雾及布置人工斑点等来减少目标的暴露特征，防止被敌人的光学侦察系统发现。目标与背景颜色的差别直接影响到光学侦察的效果。因此，处理颜色的差别是防光学侦察最有效的方法。这些方法主要有消除颜色差别、降低颜色差别和模仿颜色差别。

（2）防雷达侦察伪装：雷达波近似直线传播，因此，利用地形、地貌是防雷达侦察伪装的最佳途径。但对于雷达波通视区内的目标，则应设法消除和模仿雷达波的反射差别。

一是消除雷达波的反射差别。消除目标与背景对雷达的反射差别，目的是消除它们之间的回波差别，使雷达荧光屏上无法显示目标信号。消除的方法可以从目标、背景和雷达分辨率三个方面考虑：①提高背景反射雷达波的强度，使雷达荧光屏上目标回波淹没在背景回波中；②利用雷达分辨率的限制，将目标配置在地物近旁，使目标的光标信号与地物的光标信号融为一体；③减少目标对雷达波反射的强度，如使用衰减无线电波的干扰器材做成隔绝遮障，或在目标的表面涂覆对雷达波吸收率高的材料。

二是模仿雷达的反射差别。在目标上装配雷达波接收与发射装置，当这种装置接收到雷达所发射的脉冲时，经延迟、放大后再发射出去，使敌方雷达显示屏上看到的距离和位置均与真实目标不同。另外，也可设置防雷达假目标。

(3) 防红外侦察伪装。一是消除目标与背景的红外辐射差别。方法是：①将目标配置在与红外侦察器材不通视的天然遮障中；②利用具有一定厚度、与背景相似的粗糙器材将目标遮盖；③在发热目标表面涂刷隔热涂层或覆盖隔热材料，以降低红外辐射。二是模仿红外辐射差别。对付红外夜视和照相侦察，可在对付光学侦察的假目标内增设热源，对付红外探测仪则可直接设置热源。

五、电子对抗技术

21 世纪，军队指挥控制系统高度电子化，大约超过 70%的情报信息依赖于电子设备获得，电磁波已成为连接信息作战空间的主要媒介，信息的获取、传递、利用和控制都离不开电磁频谱，从而决定了电子对抗在信息战中具有极为重要的地位。

(一) 电子对抗技术概述

电子对抗是指敌对双方利用电子设备或器材进行的电磁斗争，又称“电子战”。它既不是常规武器间的彼此相击，也不是火箭与导弹等现代尖端武器之间的相互交锋，更不是用电子流、电磁能量直接进行杀伤或破坏，而是现代信息技术与军事斗争相结合，在信息空间敌对双方利用专门电子设备和采用电子技术措施所进行的电磁信息斗争。

电子对抗就是使敌方雷达迷茫、通信中断、协同失调，直至敌方指挥瘫痪、火炮与制导武器失控，目的是破坏、削弱直至摧毁敌方电子设备效能，保证己方电子设备正常工作，为保卫自己和大量杀伤敌有生力量创造条件。电子对抗在现代战争中的地位越来越重要，成为军事电子技术中发展最快的领域之一。

电子对抗的技术手段主要有电子侦察与反电子侦察；电子干扰与反电子干扰；摧毁与反摧毁。按电子对抗作战对象来分，有射频对抗、光电对抗、水声对抗、计算机对抗、通信对抗、雷达对抗、导航对抗、制导对抗、敌我识别系统对抗等。

(二) 电子对抗技术的分类

电子对抗技术包括电子对抗侦察技术、电子干扰技术、电子防御技术和反辐射摧毁技术等。

1. 电子对抗侦察技术

电子对抗侦察技术又称电子支援措施，是用高灵敏的探测系统搜索和截获敌方电磁辐射信号或声呐信号，经过分析、定位和识别，获取敌方电子设备的技术参数和位置等情报，为实施电子干扰、电子防御和摧毁辐射源提供支援。其中，警戒接收系统是一种功能有限的电子对抗侦察系统。它在不太宽的频谱范围内搜索信号，并在运载器受到特定的雷达波照射且信号强度超过预定的电平阈值时告警。

2. 电子干扰技术

电子干扰技术是指为了削弱或破坏敌方电子设备效能而采取的电子技术措施。这种技术人为地辐射和转发电磁波或声波，制造假回波或吸收电磁波，以扰乱或欺骗对方电子设备，使其失效或降低性能。电子干扰按是否辐射能量可分为有源干扰和无源干扰；按干扰效果可分为杂波干扰或欺骗干扰。

3. 电子防御技术

电子防御技术是指为了保护己方电子设备免受敌方侦察、干扰、定位和摧毁所采取的各种电子技术措施。主要包括扩展频谱技术、自适应天线技术和其他新的体制，如双基地雷达体制等。随着反辐射摧毁技术的产生，发展了对抗反辐射武器的告警技术和诱惑技术，并研制出有源告警设备和有源假目标(诱饵)。

4. 反辐射摧毁技术

反辐射摧毁技术的核心是对辐射源精确定位与导引技术。在导引头中加装记忆部件或捷联式惯性导航设备，即使被攻击的电子设备关机，仍能继续导向目标。采用微波集成技术、信号处理技术和可重复编程技术，提高了导引头的处理、存储、识别、记忆功能，增强了通用性和在复杂电磁环境中攻击目标的能力。此外，巡航式反辐射导弹可在敌区上空盘旋，截获到敌方危险信号后，迅速转入攻击状态。如敌关机，则利用其记忆功能完成攻击，或者恢复到巡航状态，等待目标暴露再行攻击。

(三) 电子对抗技术在现代战争中的应用

海湾战争是一场以电子对抗为发端，且电磁斗争贯穿始终的大规模的现代战争。在“沙漠风暴”开始之前 5 个小时，多国部队就派出 EA-6B、EF-111、F-4G、EC-130 等专用电子对抗飞机，对伊拉克境内的雷达、通信、指挥设施和防空系统进行了强烈的电磁干扰，使伊军雷达荧光屏一片“白雪”。大规模空袭发起后的头 1 个小时内，在前面开路的 F-4G 等飞机就向伊军雷达和防空阵地发射了 200 余枚高速反辐射导弹，从而保障了攻击编队的安全突防。多国部队实施的“白雪”电子战，造成了伊军通信中断、雷达迷茫、指挥瘫痪、防空导弹失灵，大大提高了己方作战飞机的生存率和行动自由度。战后，美国海军反映，当战斗机编队由 EA-6B 电子对抗飞机护航时，几乎没有受到伊军地空导弹的攻击。实战结果再次证明，只有夺得整个战场的制电磁权，才能获得制空权，并进而以较少的损失赢得战争的胜利。海湾战争中，多国部队飞机的战损率只有万分之三，其原因固然很多，但电子对抗飞机的支援和保障作用不可低估。

现代战争是多维的、综合立体的战争，从局部到全部，电子对抗贯穿始终、影响深远。在空间战争中，电子对抗可有效破坏敌侦察卫星、通信卫星、导航定位卫星的工作效能，是夺取太空“制高点”的重要“撒手锏”，尤其是进入 21 世纪以来，太空电子对抗更是成为世人关注的焦点，美、俄等世界军事强国已先后制定了空间电子对抗政策和条令，不断进行空间电子对抗实验，在一些空间范围和领域重点部署卫星对抗系统，已具备对空间卫星系统实施干扰和摧毁的能力。

目前，电子对抗武器装备“一对一”的简单对抗方式已难以取得明显的作战效果，必须采用诸兵种、多种电子战手段联合实施协同对抗的综合电子战行动，才能达到最佳效果。通过近几场局部战争不难看出，每一次空袭或较大规模的军事行动，取得优势的一方大多是将多兵种、多手段协同的火力打击与电子攻击相辅相成、交替使用，使对抗一方的指挥控制系统、防空系统、供电系统、广播设施等遭到严重破坏，部队遭受重大损失并失去控制，而自己以微小代价获得重大战果。美军近年来在开发分布式电子对抗系统的同时，已开始规划未来电子对抗系统的协调管理，以提高协同作战能力。

(四) 电子对抗技术对现代战争的影响

现代战争中制电磁权已经成为敌我双方争夺的一个新的“制高点”，电子对抗技术具有其他技术所不具备的独特之处，对现代战争产生了重大影响。

1. 反侦察难度进一步加大

在电子侦察技术大量应用的高技术战场上，传统的反侦察伪装手段，如实体伪装和无源假目标欺骗伪装，将变得形同虚设。如何避开敌方侦察系统实施隐蔽行动，难度是前所未有的。

2. 作战手段得到全面创新

电子对抗技术已突破无线电通信、雷达的范畴，扩展到指挥、控制、制导以及光电、水声等方面，由单一手段发展到多手段的综合应用，从纯粹的作战保障措施上升成为更直接的作战手段。随着反辐射武器在现代战场上的成功应用，电子对抗技术具备了破坏敌方电子设备与系统的硬杀伤能力，电子对抗技术"软""硬"手段的密切配合，使得电子对抗技术具备了独立完成某些重要作战任务的能力。

3. 整体作战能力得到质的提高

现代化武器装备离不开电子设备，近年来发生的一系列局部战争表明，军队的电子对抗技术对作战的胜负异常关键，电子对抗技术能力已成为衡量现代化军队作战能力的重要标志。

4. 作战样式出现质的飞跃

电子战装备的出现，使战场从陆地、海上、天空扩展到了电磁领域。在电磁战场上，敌对双方的电子对抗活动构成了一种新的作战样式。

六、航天技术

（一）航天技术概述

1. 航天技术和军事航天技术的基本概念

（1）航天技术。

航天技术，又称空间技术，是一项探索、开发和利用太空以及地球以外天体的综合性工程技术，是一个国家现代技术综合发展水平的重要标志。

（2）军事航天技术。

军事航天技术是把航天技术应用于军事领域，为军事目的进入太空和开发、利用太空的一门综合性工程技术，是军事技术的一个组成部分。

2. 航天技术的组成

航天技术涉及运载器技术、航天器技术和航天测控技术三大方面。

（1）运载器技术。

运载器技术是航天技术的基础。要想把地球上的物体运送到外层空间去，就必须克服地球引力和空气阻力，而运载器技术的发展为各种航天器提供了强大的动力装置。

①运载火箭：是将各种人造地球卫星、飞船、空间站等航天器送入太空的运输工具，一般由多级火箭组成。运载火箭主要由动力系统、控制系统、箭体结构和无线电测量系统组成。动力系统由火箭发动机和推进剂组成，是使火箭实现飞行运动的原动力。控制系统是由制导、姿态控制以及程控等分系统组成，它是火箭飞行中的指挥系统。其任务是保证火箭的稳定飞行，并确保火箭精确地进入预定轨道。箭体结构包括整流罩、仪器舱段、贮箱、尾部舱段、级间舱段和各舱段的连接、分离等机构。各舱段用来安装宇宙飞行器、制导系统、无线电

测量系统和动力系统。箭体结构设计要使火箭具有良好的气动力外形，保护箭体内部的各种仪器设备在良好的环境下工作。同时，火箭在运输、起吊和飞行过程中，箭体结构还用来承受各种载荷。无线电测量系统是指在运载火箭装配的一些小型的遥测、遥控收发仪器，这是为了了解火箭的飞行情况而附加在火箭上的测量和跟踪系统，它为设计者和使用者提供火箭飞行实况资料，供性能分析及必要时故障原因分析之用。

②航天飞机，又称往返飞船，是一种载人的航天运输工具。它既能像火箭一样垂直起飞，像航天器一样在轨道上运行，又能像普通飞机一样滑翔着陆。航天飞机的基本结构由轨道器、固体助推器和外挂推进剂贮箱三部分组成。

航天飞机的特点是可以重复使用和将有效载荷送入轨道，其发射和载人时的加速度比火箭要小，可以在空间从事各种研究和实践活动，特别在军事应用上可执行侦察、反导和袭击任务。因此，它不单是一种空间运输工具，更重要的是一种载人航天兵器。

(2) 航天器技术。

航天器是在地球大气层以外的宇宙空间执行探索、开发或利用太空等航天任务的飞行器。

①航天器有无人航天器和载人航天器两类。无人航天器按是否环绕地球运行又可分为人造地球卫星和空间探测器两类。人造地球卫星（简称人造卫星）是指环绕地球运行而不载人的空间飞行器，它是数量最多的航天器（占总量的90%以上）。人造卫星按用途可分为用于科学探测和研究的科学卫星、直接为国民经济和军事服务的应用卫星（如通信、气象、导航、侦察、测地、地球资源卫星等）、进行新技术实验的技术实验卫星。空间探测器是指脱离地球引力飞往其他星球或在星际间运行的空间飞行器，按探测目标可分为月球、行星（金星、火星、水星、土星等）和星际探测器。载人航天器是指环绕地球运行的载人空间飞行器，主要包括载人飞船、航天飞机、空间站三类。

②航天器一般由通用系统和专用系统两部分组成。通用系统是指各类航天器的必备系统，如结构系统、温度控制系统、姿态控制系统、无线电测控系统、轨道控制系统、能源系统、程序控制系统以及回收系统等。专用系统是根据航天器担负任务的需要而设置的，它是区别航天器用途的主要指标，如通信卫星的转发器和无线电系统、侦察卫星的照相系统、导弹预警卫星的红外辐射器和电视系统等。载人航天器还特别设置了返回和生命保障系统，乘员舱内设有应急脱险装置。

③航天器的运行轨道。

a. 轨道参数。它是指决定轨道形状、大小、空间方位以及特定时刻航天器所处位置的基本量。通常采用的轨道参数有以下三个。

运行周期。航天器绕地球一周的时间叫周期，一般用分钟计算。

航天器高度。航天器到地球表面的垂直距离称为航天器的高度，一般以千米为单位。沿圆形轨道运行的航天器的轨道中心是地球，高度可视为恒值。沿椭圆形轨道运行的航天器，到地球的距离是个变量。时近时远，离地球最近的一点称为近地点。反之，称为远地点。其高度分别称为近地点高度和远地点高度。

轨道倾角。航天器运行的轨道平面与地球赤道平面的夹角称为轨道倾角。根据倾角大小，航天器的运行轨道可分为三种：一是倾角为0°，轨道平面与赤道平面相重合，航天器始终在赤道上空运行，这种轨道称为赤道轨道；二是倾角为90°，轨道平面与赤道平面垂直，航天器飞越南极、北极上空，叫作极地轨道；三是倾角介于上述两者之间，统称为倾斜轨道。其中，倾角大于0°而小于90°时，航天器运行的方向与地球自转方向相同，称顺行轨道；倾角大于90°而小于180°时，运行的方向与地球自转方向相反，称为逆行轨道。轨道倾角的大小，决定着航天器星下点覆盖区的大小，倾角越大，覆盖区越大。反之，覆盖区越小。

b. 常用轨道。航天器的用途不同，对轨道的选择也不一样，在军事上通常采用以下三种特殊轨道。

地球同步轨道。航天器沿赤道轨道自西向东顺着地球自转方向运行，高度约为35800千米，且运行周期正好等于地球自转一周的时间(约23小时56分4秒)，称为地球同步轨道。此时从地球上任何一点观看航天器，好像航天器在天上是静止不动的。这种轨道又称为对地静止轨道。

太阳同步轨道。轨道平面绕地轴的旋转方向和周期与地球绕太阳的公转方向和周期相同的一种逆行倾斜轨道，称为太阳同步轨道。其特点是太阳光和轨道平面的夹角保持不变。航天器在此轨道上运行，每一次从同一地面目标上空经过，都基本保持同一地方时、同一运行方向，即在同样条件下重复观测地球。照相侦察卫星经常采用这种轨道。

极地轨道。它是一种轨道倾角为90°，通过地球南极、北极的轨道，其特点是星下点轨迹可以覆盖全球，是观测整个地球的最合适的轨道。气象卫星、资源卫星、侦察卫星经常采用这种轨道。

(3) 航天测控技术。

为了保证航天器在轨道上正常工作，必须使航天器不断将有关信息向地面报告，地面也必须依靠所建立的测控系统对航天器进行遥测、遥控、跟踪和通信。为此，除了航天器上应载有测控设备之外，还必须在地面建立测控(包括通信)系统。地面测控系统由分布在全球各地的测控台、测控站及测量船组成。其主要任务是对航天器进行遥测、遥控、跟踪与通信。由于数据传输的重要性，现在又将数据传输系统作为测控系统的一个重要组成部分。

①遥测。利用遥测系统对航天器进行跟踪测量，以获取航天器的实时运动参数、内部参数(如设备工作状态和航天员生理状态等)和探测参数、实况记录资料(照片和电视图像等)。

②遥控。航天器在轨道上飞行的时候，地面往往要求它完成某些动作，如自旋稳定卫星的起旋、磁记录器的记录和放出、返回式卫星的返回动作等，地面就是通过无线电遥控设备来发送这些指令的。

③跟踪。由于运载火箭控制系统不可能绝对精确，航天器也就不可能一点没有偏离地进入预定的轨道。因而，航天器进入轨道以后，地面就要测出它的实际飞行轨道。另外，在干扰力的作用下，航天器轨道会逐渐发生变动，地面也需要随时知道它的变动情况。测定航天器轨道参数的任务由跟踪设备来完成，目前常用的跟踪方法有无线电跟踪和光学跟踪两种。

④通信。通信就是保持航天器与地面的联系，特别是在载人航天器飞行时，地面必须与在轨道上飞行的航天员进行通信联系、传输电话或电视图像，这一任务由中继卫星与地面通信站来完成。

⑤数据传输。在对航天器的遥测、遥控、跟踪和实现航天器与地面之间的通信过程中，有大量数据需要传输，因此数据传输系统便成为航天器测控系统的重要子系统。跟踪和数据中继卫星的主要任务是数据传输，它们可作为航天器典型的数据传输系统。

(二) 航天器的军事应用

航天器的军事应用大致可分为三大类：一是已经大量使用的支援地面军事行动的卫星

系统，如侦察卫星、预警卫星、军用通信卫星、导航卫星、气象卫星、测地卫星等；二是处于研究发展中的天基或部分天基武器，主要指攻击敌方航天器用的反卫星系统，包括反卫星卫星、反卫星导弹和各种天基定向能武器（激光、粒子束武器）等；三是在理论上可行，但仅进行个别探索和实验的，主要用于执行军事任务的载人航天器，包括载人飞船、空间站、航天飞机、空天飞机等。

1. 军用卫星

军用卫星是指专门用于各种军事目的的人造地球卫星的统称，它是发射数量最多的一类卫星，现已达 6000 多颗，约占世界各国航天器发射数量的 2/3。军用卫星按用途可分为侦察卫星、通信卫星、导航卫星、测地卫星、气象卫星等。

(1) 侦察卫星。

根据任务和侦察设备的不同，侦察卫星通常分为照相侦察卫星、电子侦察卫星、导弹预警卫星、海洋监视卫星和核爆炸探测卫星等。

照相侦察卫星。该种卫星上的主要装备是可见光遥感器（如可见光照相机、电视摄像机），通过对目标区拍照以获取图像，用于侦察机场、港口、导弹基地、部队集结地域以及交通枢纽、重要城市和工业基地等战略目标。

电子侦察卫星。该种卫星上装备有电子侦察设备，用于侦察雷达和其他无线电设备的位置与特性，截收敌方遥测和通信资料等机密信息。一般运行在高度 500～1000 千米的近圆轨道上。

导弹预警卫星。该种卫星用于监视和发现敌方来袭的战略导弹并发出警报，通常在地球同步轨道或周期约 12 小时的大椭圆轨道上运行，并由多颗卫星组成预警网。预警卫星利用卫星上的红外探测器，探测导弹主动段飞行期间发动机尾焰的红外辐射，配合使用电视摄像机及时准确地判明导弹发射。卫星上一般还装有 X 射线探测器、中子计数器等，以兼顾探测核爆炸的任务。

海洋监视卫星。该种卫星装有能实时传输信息的侦察设备，如电视摄像机、红外探测器、无线电接收机和侧视雷达等，用于监视海洋上的舰船和潜航中的潜艇等活动目标。为了对广阔的海洋进行连续监视，需要由多颗卫星组成监视网。

(2) 通信卫星。

通信卫星是指用作无线电通信中继站的人造地球卫星，是卫星通信系统的空间部分。它转发无线电信号，实现地球站之间或地球站与航天器之间的通信。与一般通信方式相比，卫星通信具有通信距离远、传输容量大、覆盖区域广、通信质量好、经济效益高、机动性和生存能力强等优点，因而在军事通信中有举足轻重的作用。

军事通信卫星通常可分为战略通信卫星和战术通信卫星两大类。前者可执行远程直至全球范围的战略通信勤务，后者可执行战术通信和军用飞机、水面舰艇的机动通信勤务。

(3) 导航卫星。

导航卫星是指通过在卫星上发射无线电信号，为地面、海洋、空中和空间用户导航定位的人造地球卫星。利用卫星来导航或定位，具有精度高、全天候、能覆盖全球和用户设备简单等优点，在军用和民用上均有极其重要的意义。

导航卫星的工作原理：它以固定的频率，按照规定的时间间隔向地面和海上发射导航信号，报导当时卫星交会空间的位置和发出信号的时间，用户利用无线电接收设备接收到卫星发出的信号，从而确定自身的位置和航向。一颗导航卫星就相当于一个设在空间的无线电导航台。

(4) 测地卫星。

测地卫星是指专门用于大地测量的人造地球卫星。其任务是测量地面点位坐标、地球形体和地球引力场参数。地球不是标准球体,而且地面上有山、河、湖、海,高低不平,因此地球重力场的分布不均匀。同时又由于测量误差等原因,原有地图上标明的各种地理位置常与实地不符。这一切都会对导弹弹道的计算、飞机和导弹的惯性制导以及巡航导弹的地图匹配制导造成很大的影响。如果不消除或减小这些影响,就会产生误差,降低武器的命中精度,影响战略武器的效能。而测地卫星正是解决这一问题的有效设备,它能精确地测定地球的形状和大小、地球重力场的分布、地面目标的精确地理位置。比较先进的测地卫星的测量精度可达厘米数量级,这对现代战争具有十分重要的意义。

(5) 气象卫星。

气象卫星是从外层空间对地球及其大气层进行气象观测的人造地球卫星。形象地说,它是一个无人太空气象站,是获取军事气象情况的重要设备,对全球天气监视和天气预报业务均有十分重要的作用。气象卫星主要有两种类型,即极地轨道上的近地气象卫星和同步轨道上的静止气象卫星。这两类卫星大多是军用与民用相结合,但也有专门的军用气象卫星系统。

气象卫星上装有各种扫描辐射仪、可见光和红外电视摄影机、温度和湿度探测器以及自动图像传输设备。这些设备将探测到的各种气象数据,通过计算机处理后变成感光图像或转换成电信号记录在磁带上,然后发回地面。地面站接收以后,经过计算机处理,就可以得到云的形状、云顶高度、大气温度和湿度、海面温度和冰雹覆盖面积等气象资料。地面气象科学家把通过卫星获得的气象资料同用其他方法获得的气象资料一起进行综合分析后,就可以准确地预报天气。

2. 空间武器类航天器

空间武器类航天器,也称天基武器系统,主要是指攻击敌方航天器用的卫星及卫星平台,如反卫星卫星、反卫星及反弹道导弹动能武器平台和定向能武器平台等。

反卫星卫星是对我方有威胁的敌方卫星实施摧毁、破坏或使其失效的人造卫星。在这种卫星上装设跟踪识别装置和杀伤武器,并使其具有一定的机动变轨能力,以识别、接近并摧毁敌方卫星。

根据实验和理论分析,反卫星卫星有两种类型,实际上也就是两种拦截方式:一种是携带有常规炸药的卫星,当它在轨道上接近目标卫星时,以地面遥控或自动引爆的自毁方式与目标卫星同归于尽,所谓“天雷”或“太空雷”实际上也就是这种拦截卫星;另一种是装备有导弹或速射炮的卫星平台,当目标卫星进入武器的射程之内时便进行发射并摧毁目标卫星。

3. 军用载人航天器

军用载人航天器包括载人飞船、空间站、航天飞机和正在研制中的单级火箭式空天飞机。

(1) 载人飞船。

载人飞船是能保证宇航员在空间轨道上生活和工作以执行航天任务并返回地面的航天器。它的运行时间有限,仅能一次性使用,可独立进行航天活动,也可以作为往返于地面和空间站之间的“渡船”,还能与空间站或其他航天器在轨道上对接后进行联合飞行。载人飞船容积较小,所载消耗性物资数量有限,不具备再补给能力,不能重复使用。但它是第一种将人直接送入太空的航天器，是航天技术在人造卫星技术基础上新的突破。

载人飞船能担负的军事使命有：作为地面与空间站的军事运输工具，可向空间站运送各种军事补给物资以及接送人员和进行空间救护；实验新的军用航天设备；用于特定目标的侦察与观察等。

(2) 空间站。

空间站是大型、绕地球轨道作较长时间航行的载人航天器，是多用途的空间基地。空间站的建立标志着载人航天技术发展进入一个新阶段。

与载人飞船相比，空间站具有容积大、载人多、寿命长和可综合利用的优点。由于空间站可装载许多复杂的仪器设备，并可由人直接操作，因而可以完成复杂的、非重复性的工作任务。因此，空间站被认为是发展航天技术、开发和利用宇宙空间的基础设施。任何国家要想真正参与空间的开发利用，都必须建立空间站。

(3) 航天飞机。

航天飞机是一种往返于地面和近地轨道之间、运送有效载荷并完成特定任务的有人驾驶空间飞行器，它兼具航空和航天两种本领，具有航天器和运载器双重功能，并可多次重复使用。航天飞机比火箭、卫星和飞船具有更多的优点和更多的用途，在军事上也有巨大的应用潜力。这主要表现在以下几方面。

①航天飞机可用于部署、维修、回收各种卫星。

②航天飞机可方便地实施空间机动，执行反卫星作战任务，拦截、摧毁或俘获敌方卫星。

③航天飞机可执行空间侦察，对地面目标进行监视和跟踪，还可对敌方弹道导弹发射和飞机进行预警。

④航天飞机可作为武器发射平台，对敌方飞行的导弹和各类飞行器进行攻击；也可作为战时空间预备指挥所，承担作战指挥与控制任务。

⑤航天飞机可作为从地面到空间站的军事交通工具，为军事目的向空间站接送人员和运送物资，为建立永久性空间军事基地和军事工厂服务。

（三）军事航天技术对现代战争的影响

军事航天技术的发展极大地扩展了现代战场的空域，使现代战场由陆、海、空三维一体发展为陆、海、空、天四维一体，使太空成为现代战争新的“制高点”。它对现代战争的影响主要表现在以下几方面。

1. 极大地增强了军事侦察能力和军事指挥控制能力

部署在空间轨道上的各种军事空间系统(包括照相侦察卫星、电子侦察卫星、导航卫星、预警卫星、通信卫星等)，可以居高临下，全时域、全空域、全天候地监视和掌握地面、海上和空中战场所发生的一切变化，为军事指挥员不断实时提供所需的有关敌方军事目标、军队部署与调动、军队武器装备的数量和性能等各方面的重要情报，从而保证作战方案的正确制定及对整个作战过程实施正确的指挥。太空已成为现代战场新的重要组成部分，军事航天技术已成为决定战争胜负的重要因素。谁掌握了航天技术，谁能控制太空，谁就在战争中拥有主动权，也就具有军事优势。

2. 有效地提高了武器装备的作战效能

利用军事空间系统可以为火炮、导弹、飞机、舰艇提供敌方目标的精确坐标，并为它们导航，引导它们准确攻击和摧毁目标，甚至还可通过空间系统的侦察对作战效果进行评估。

一般来说，利用军事空间系统可以及早地监视与发现敌人，优化武器装备的部署方式和作战距离，提高命中精度和毁伤效果，并可提供杀伤效果的信息，便于决定是否需要再次发起攻击。所有这些作用是一般地面系统或空中系统难以起到的。

3. 对建立以信息技术为基础的数字化部队和数字化战场发挥关键作用

信息技术的军事应用，数字化部队的建立和数字化战场的出现，一刻也离不开军事航天技术。所谓数字化部队和数字化战场，其物质基础是从单兵武器到弹药、火炮、坦克、直升机、作战飞机、军舰及指挥技术器材等，都要装备数字化的处理与传输设备或装置，它们都需要各种军事侦察卫星和通信卫星提供和传输数字化的战场信息，即使是一个小分队，甚至是单兵，都必须携带并使用卫星终端。没有军事空间系统的支持，不但数字化部队的规模极小，数字化战场的覆盖范围有限，而且根本不可能通过地面的通信网络将它们连成一个有机的整体，也就不可能实时、准确、可靠地获取、传输和利用数字化的战场信息。可见，军事航天技术对于未来的军队建设、作战指挥、武器装备及战场的信息化、数字化、自动化都起着关键的作用，它在很大程度上将决定未来军事革命的特点和历程。

4. 促使战场进一步向空间延伸

随着军事航天技术的发展，"天军"和"天战"已经不再仅仅是人们议论的话题，而是已经实实在在地走进了战略指挥员的指挥台面。

目前，天军已经担负着侦察、预警、指挥、导航、通信、控制，以及收集军事气象资料等任务。随着航天技术的发展，在可见的未来，太空中的空间站不但可以是住人的军营和天军的军事基地，还可以作为太空指挥所、太空武器的实验基地、太空航天器和太空武器的修理所，以及装备定向能武器，用来摧毁敌方的军用卫星和导弹。

七、指挥信息系统

现代战争中，敌对双方争夺空间的斗争异常激烈。传统的指挥方式和设备，无法在战况瞬息万变的条件下，在最短的时间内，获取和处理大量的信息。因此，必须采用先进的指挥信息系统对军队实施有效的组织与指挥。

（一）指挥信息系统的基本概念

指挥信息系统是由指挥自动化系统概念发展而来的，指在军队指挥体系中，综合运用以计算机为主的技术设备，把指挥、控制、通信和情报有机地结合在一起，自动完成信息收集、传递、处理和显示，以及对部队和武器实施有效的指挥和控制的系统。与指挥自动化系统相比，指挥信息系统概念的内涵更加丰富和准确，全面涵盖了信息化指挥系统应有的指挥、控制、通信、计算机、情报、监视和侦察等各种基本要素，是 ISR 的中国化表述。指挥信息系统是信息化装备体系的核心装备，像人的大脑一样，它对信息化装备整体效能的发挥起着非常关键的作用。火力打击能力再强，若指挥信息系统落后，就会成为作战系统的"短板"，影响武器系统功能的发挥。

从 20 世纪 50 年代开始，世界上一些发达国家相继开展军队指挥自动化的研究工作，陆续建立了一大批指挥信息系统，极大地提高了指挥效能。军事装备的现代化、自动化，军兵种数量、作战距离、作战范围的持续增大，使部队的机动能力大大提高，"控制"一词被引入军事指挥领域，首先出现了系统，即指挥与控制(command and control)。最具代表性的是美国研制的"赛其"半自动化防空指挥控制系统和苏联研制的"天宫"1 号半自动化防空指挥控制系统。

60年代，通信手段在系统中的作用日益完善，影响日益扩大，于是又加上“通信(communication)”。“形成系统”的出现，表明在现代战争中，指挥、控制、通信已经逐渐融为一个整体。其中，指挥、控制是目的，通信是达到目的必不可少的手段。

70年代，美国首次把“情报(intelligence)”作为指挥自动化不可缺少的因素，使用了“I系统”的称呼，并在较长时间内成为指挥自动化系统的代名词。

80年代末，由于计算机技术在指挥信息系统中的作用日益增强，又加上“计算机(computer)”，称呼变成了“I技术体系”。

90年代中期，美国根据海湾战争的经验，进一步认识到掌握战场态势的重要性，提出“战场感知”的概念，I技术体系的内涵有了进一步扩大，融入了“监视与侦察(surveillance and reconnaissance)”，变成了ISR系统。

进入21世纪，随着军队信息化水平的不断提高，ISR与武器平台、弹药等作战系统的“融合”不断加深，同时信息系统的对抗手段也不断增多，使ISR系统不仅仅是保障性的指挥控制手段，而且逐渐具有杀伤进攻的作战能力，因此，ISR系统又新增“杀伤(kill)”手段，从而变成了KISR系统。

（二）指挥信息系统的分类及结构

1. 指挥信息系统的分类

俄罗斯军队把指挥信息系统分为四类：军队自动化作战指挥系统(包括武器控制自动化)、军队战斗保障自动化系统、行政管理自动化系统和科研训练自动化系统。

美国军队把指挥信息系统分为七大类：自动化作战指挥系统、武器控制系统、情报检索系统、军事科研系统、人员训练系统、后勤管理系统、战斗保障系统。

目前我军有两种最常见的分类方法：一种是按照系统层次来分，分为战略指挥信息系统、战役指挥信息系统、战术指挥信息系统；另一种是按照军种种类来分，分为陆军指挥信息系统、海军指挥信息系统、空军指挥信息系统、火箭军指挥信息系统等。

2. 指挥信息系统的结构

在功能上，指挥信息系统大体由信息获取、信息处理、信息传输和综合控制四个分系统构成。因此，对应上述功能，指挥信息系统主要涉及信息获取技术、信息处理技术、信息传输技术和综合控制技术。

信息获取技术是遍布陆、海、空、天的各种侦察与监视平台，以及其搭载的雷达、夜视、光电和声呐等各种类型传感器的应用技术。以侦察卫星为例，据统计，当前世界主要军事大国70%的战略情报是由侦察卫星获得的。在航天技术日益发达的今天，任何重大的军事行动的地面目标，要想完全躲过卫星的“眼睛”是越来越困难了。

信息处理技术是借助输入输出设备、计算机系统对获取的各种情报信息进行整理综合、有效管理和及时更新的技术方法与手段。在海湾战争中，以美国为首的多国部队向伊拉克展开“沙漠风暴”行动之前，面临着如何把50万军队和1500万磅重的装备尽快从美国和欧洲运到沙特阿拉伯。为此，美国政府专门委托军需规划研究小组在6个星期之内开发出了一个规划调度专家系统。由于这个专家系统的帮助，这个艰巨的运输任务很快得以完成。

信息传输技术是保证信息通过各种信道、交换设备、通信终端实现迅速、准确、保密和不间断传输的技术措施。信息传输技术主要包含了与通信相关的技术，例如数字通信，已经成为信息传输技术的主要组成部分。

综合控制技术是确保对各作战单位进行精确控制，确保指挥员意图实现的技术措施，包括精确计算、作战模拟、决策支持和实时控制。这是指挥信息系统的核心技术。例如，作战模拟就是把作战过程的全部结构组成和大部分规定事先编入计算机程序，即用计算机语言描述战斗程序，然后用计算机进行处理。通过计算机作战模拟，可以为新型武器装备研制中的战术技术指标以及综合作战效能的论证提供较为可靠的参数；可以对新的作战理论原则加以科学的论证，使之建立在严谨的科学实验基础之上；可以对某些作战方案或行动规划多方论证，择优汰劣，为指挥员的科学决策提供较为可靠的依据；可以模拟对抗，以十分有限的损耗和代价达到提高各级指挥人员指挥水平、评估作战方案的目的。

在指挥信息系统中，其主体是计算机技术和通信技术。此外，由于指挥信息系统向一体化方向发展的趋势越来越明显，使得综合集成技术和体系结构技术成为新的技术生长点。因此，对指挥控制技术的研究，主要围绕计算机技术、现代通信技术、系统综合集成技术和网络系统技术展开。

（三）指挥信息系统在现代战争中的应用

指挥信息系统在现代战争中的应用非常广泛，概括起来主要体现在以下几个方面。

(1) 作战指挥。指挥系统能及时、准确、大量地收集敌我双方的兵力部署、作战行动及战场的地形、气象信息，为指挥员定下战斗决心提供必要的情报。然后由系统中的信息传输单元将各种情报、指挥和控制信息进行传递，以保证各种信息能够迅速、准确、保密、可靠地传输到目的地，并能迅速传送命令、指示，对部队实施不间断的指挥。据资料显示，美国战略司令部平均每天可以收到2.7万份情报，这些情报如果全部使用纸张作为载体，叠起来比一个人还高。而利用高速度、大容量的计算机，能够自动地对所有情报进行分类、归纳、排序，并按照轻重缓急及时提供给各级相应的指挥员使用。系统还可以帮助指挥员选择方案，通过计算机可以对各个方案逼真推演，优劣对比，权衡各个方案的利与弊，选择最佳方案，促使指挥员及时准确地定下决心，并监督执行情况。

(2) 武器控制。武器控制是军队信息系统的另一项重要应用。其作用是充分发挥武器的威力，削弱和破坏敌方的威胁。现代武器，无论是常规武器还是尖端武器，都具有威力大、射程远、速度快的特点。特别是导弹核武器在发射前有大量复杂的数据参数需要计算，而且往往要求在几秒钟内确定或修改作战方案。因此，必须利用指挥信息系统提高武器控制的速度与质量。

(3) 作战保障。作战保障是实现战斗目的的措施。它包括侦察、通信联络、电子对抗、防护、伪装、工程、气象等。美国国防部的自动化数字通信系统采用了大量的计算机，它们每天大约能发送20亿字符，还能自动发现并纠正错误，传递字符的错误率不超过万分之一，大大提高了传送情报的准确程度。美军建立的向陆军、空军提供气象资料的自动化情报系统，能够收集与处理全球范围内8700多处实地观测的结果，并提供给各个指挥员使用。

(4) 作战模拟。模拟是指利用模型模仿真实系统的全部和部分功能和过程。而作战模拟就是用作战模型模仿作战行动的技术和过程。作战模拟可以根据已确定的优化指标评价各种方案的优劣，预见军事及其有关诸因素的发展趋势。还可以对某些难以在实际中研究的军事行动进行反复模拟再现，准确地反映出作战的特征和规律，并给出定量解答，从而对各种作战行动和进程与结局同各种因素的依赖关系作出科学的预测，为制定最佳的决策奠定可靠的基础。

（5）人员训练。美军在军队训练中大量使用“模拟设备”，并取得了良好的效果。据美军统计，在战斗训练中使用电子计算机，可使人员训练时间减少 20%，节省大量训练费用。目前，我军也在大力发展模拟训练器材的研究，如激光打靶、步兵激光模拟对抗演习系统、飞机激光模拟对抗训练系统等均已交付部队使用，为我军的训练现代化作出了贡献。

（6）后勤保障。后勤是任何军事组织不可缺少的重要组成部分。现代战争中，由于战斗空前激烈、物资器材的消耗越来越多，用于后勤支援的计划制订与执行时间越来越短；由于损耗率大大增加，维修的工作量越来越大，对后勤工作的要求越来越高，后勤保障的规模越来越大，指挥信息系统用于后勤保障，是信息化军队建设非常重要的一环。

（四）指挥信息系统对现代战争的影响

信息化条件下，指挥信息系统的发展推动着作战方式的变革，在现代战争中发挥着越来越重要的作用。

1. 军队战斗力的“倍增器”

战斗力是（战斗人员＋武器系统）×（指挥谋略＋指挥控制系统）的系统之积，要最大限度地提高军队的战斗力，除了指挥员要有精深的谋略和高超的指挥技术外，还依赖于功能强大的指挥信息系统。只有借助高效能的指挥信息系统，指挥员才能在全面了解战场态势的基础上作出正确的决策，并迅速、准确地加以贯彻执行，实现对部队和武器系统的有效指挥控制。例如，1991 年海湾战争爆发时，伊拉克的防空力量并不弱。据有关资料介绍，其空军有 4 万多人，作战飞机 560 余架，2 个防空导弹旅，地空导弹发射装置约 730 部，防空导弹约 3700 枚，各种高炮 4000 多门，防空武器比较齐全，有些还相当先进。但多国部队在发起大规模空袭前，首先实施了高强度的综合电子战，瘫痪了伊军的 C3I 系统，使其作战系统失效。结果，伊军根本未能组织起有效的防空作战。多国部队以很小的代价赢得了胜利。伊军的教训说明，指挥信息系统对军队战斗力起到倍增或倍减的作用。

2. 军队一体化作战体系的“黏合剂”

指挥信息系统可以将诸军兵种的各个系统有机地融为一体，充分发挥整体威力。美军认为，现代战争条件下，没有现代化的指挥信息系统，就等于没有一支军队。海湾战争、科索沃战争、阿富汗战争以及伊拉克战争，都充分表明了这一点。南联盟的指挥信息系统是不完整的，因此只能组织有限的防护，难以与以美国为首的北约军队抗衡；伊拉克虽然建立了较为先进的指挥信息系统，但却无法保证在战时正常工作，或系统运行不稳定、不可靠，或缺少防护手段易遭摧毁，从而不能发挥应有的效能。相反，美军则高度重视并投巨资建设指挥信息系统，在战争中收到了奇效。

3. 军队指挥控制的重要手段

指挥控制技术的发展和应用可以大幅度提高联合作战中指挥员的指挥效能。指挥员可在远离战场的指挥所里通过显示设备，形象、直观地掌握战场态势和有关情况，指挥作战行动。同时，各级参战部队也能更好地适应战场环境的变化，形成对敌的绝对优势。如美国空袭利比亚、出兵海地等军事行动，规模虽然不大，但事关全局。在处理这种战略性战斗行动时，既要求前线指挥员直接对战略决策层负责，也要求战略决策层拥有实时掌握战术情况的能力，这一切都离不开指挥信息系统。

4. 打赢信息化条件下局部战争的重要保证

指挥信息系统是进行信息化条件下局部战争的基础，也是打赢信息化条件下局部战争的重要保证。在包含大量信息化武器装备的数字化、网络化战场上，指挥信息系统能使信息与能量实现最佳结合，既能使战场上所有作战单位拥有“无缝”的信息传输能力和互相协作能力，又能在任何时间、任何地点接收实时、融合、逼真的战场图像，准确提供敌人或潜在敌人指挥控制部队的各种信息。指挥信息系统是取得信息优势的必备条件。实施信息战的主要任务是压制、削弱、破坏和摧毁敌方指挥信息系统，同时确保己方指挥控制系统免遭这种攻击。为此，敌对双方可能采取的战法主要有网络战、病毒战、干扰欺骗、实体摧毁等。这些对抗行动都将主要集中在指挥信息系统上，显然，其性能优劣将决定着信息战的成败。

第三节　未来的新概念武器介绍

一、定向能武器

定向能武器是定向传输能量来打击目标的武器。它发出的能束，可对目标的结构或材料以及电子设备进行硬杀伤，也可以通过调节功率的大小，对目标进行软杀伤。目前，定向能武器主要包括激光武器、高功率微波武器和粒子束武器等。

（一）激光武器

激光武器又称辐射武器或死光武器，是直接利用激光的巨大能量，在瞬间危害和摧毁目标的一种武器。

激光武器分为三类。一是致盲型，利用低能激光束干扰和破坏人眼和武器中的光电传感器。二是近距离战术型，可用来击落导弹和飞机。1978 年美国进行的用激光打陶式反坦克导弹的实验，就是用的这类武器。三是远距离战略型，这类武器的研制困难最大，但一旦成功，作用也最大，它可以反卫星、反洲际弹道导弹，成为最先进的防御武器。

激光作为武器，有很多独特的优点。首先，它可以用光速飞行，每秒 30 万千米，任何武器都没有这样高的速度。它一旦瞄准，就立刻击中目标，用不着考虑提前量。其次，它可以在极小的面积上、在极短的时间里集中超过核武器 100 万倍的能量，还能很灵活地改变方向，没有任何发射性污染。

鉴于激光武器的重要作用和地位，美、俄、以色列和其他一些发达国家都投入了巨额资金，制订了宏伟计划，组织了庞大的科技队伍，开发激光武器。至 20 世纪 90 年代初，仅美国政府对激光武器研究的投资就达 90 亿美元。80 年代中后期，苏联和英国的军舰或陆上已有实验性战术激光武器装备，美、法、德等国也作了大量试验。战略激光武器研究费用高，技术难度大，其前景还有待观察。

激光武器的效费比是比较高的。在防空武器方面，当前的主体是导弹，激光武器与之相比，消耗费用要便宜得多。例如，一枚“爱国者”导弹要 60 万～70 万美元，一枚短程“毒刺”式导弹要 2 万美元，而激光发射一次仅需数千美元，今后随着技术的发展，发射一次激光的费用可降至数百美元。

（二）高功率微波武器

高功率微波武器即利用高功率微波摧毁敌方电子装备或使其暂时失效的武器，同时也可以杀伤人员。它通常由初级能源、能量转换装置、脉冲调制装置、高功率微波源和发射天线等部分组成，主要分为单脉冲式微波弹和多脉冲重复发射装置两种类型。这种武器的辐射频率一般为 1～30 吉赫，功率 1 吉瓦以上，通过毁坏敌方的电子元件、干扰敌方的电子设备来瓦解敌方武器的作战能力，破坏敌方的通信、指挥与控制系统，并造成人员的伤亡。

目前，美国发展高功率微波武器的主要目的是用于飞机自卫、反舰导弹防御、反弹药、压制敌防空武器以及指挥控制战和信息战。在微波元器件方面，已研制出了频率 1.17 吉赫、功率 7.5 吉瓦的虚阴极振荡器和 40 吉赫、功率超过 1 吉瓦、效率为 30%的自由电子激光器等。1994 年美国陆军还进行了高功率微波反弹药关键技术实验。高功率微波反传感器武器目前已进入实用开发阶段。

（三）粒子束武器

所谓粒子束武器，是将电子、质子或离子等粒子，利用粒子加速器加速到光速的 60%～70%，然后发射出去。当粒子在前进方向上遇到障碍物时，粒子所带有的巨大的动能就传输到障碍物上，使其毁坏。它能够穿过云雾，又不怕反射，比激光武器还略胜一筹。人们估计，用它对付带有核弹的洲际导弹，是很有效的。

粒子束武器的原理并不复杂，但要进入实战难度非常大。首先是能源问题。粒子束武器必须要有强大的脉冲电源。要在导弹壳体上烧个小孔，粒子束到达目标的脉冲功率须达到 10^{13} 瓦，能量为 10^{7} 焦耳。假设粒子加速器的效率为 30%，即使不考虑粒子束在传输中的能量损失，加速器脉冲电源功率也至少要达到 3×10^{13} 瓦，而目前在研的最先进的脉冲电源的功率只有 10^{7} 瓦.

正因为存在上述一系列技术难题，尽管俄、美都在积极研究粒子束武器，但地基和天基粒子束武器目前尚处于实验室的可行性验证阶段。美国已做的基础工作包括：进行粒子束产生、控制、定向和传播技术理论验证和实验室的实验，用加速实验台进行实验，验证中性粒子束应用方案的可行性，同时探讨带电粒子束应用方案。

二、动能武器

动能武器，又称超高速射弹武器，或超高速动能导弹。动能武器能发射超高速飞行的具有较高动能的弹头，利用弹头的动能直接撞毁目标，可用于战略反导、反卫星和反航天器，也可用于战术防空、反坦克和战术反导作战。动能武器代表了反战术弹道导弹的一个重要发展方向，并将很快成为弹道导弹、卫星、飞机等高速飞行目标的有力杀手。

动能武器主要是由超高速发射装置、探测系统、制导系统和射弹等几个部分组成。超高速发射装置提供射弹达到高速所需的动力，它可以是火炮、火箭、电场或磁场加速装置；探测系统用于探测、识别和跟踪目标，是动能武器的“眼睛”，传感器是探测系统的灵魂；制导系统是动能武器的“大脑”。根据推进系统的推进原理不同，动能武器可以分为火箭型、电磁型和电热型三类。

目前，火箭型超高速动能弹已率先进入了工程实用阶段。而电磁型动能武器，尤其是电磁炮的产生，将给常规火炮带来一场革命。它既可以用作反装甲武器、舰艇防空和反导武器、机载武器等战术武器，也可用于发射航天飞行器等战略方面。战术电磁炮（如坦克用电磁炮、装甲车辆用电磁炮，防空、反导、舰载电磁炮等）将会率先出现。电热型动能武器，又称电热化学炮，性能也十分卓越，目前正在紧锣密鼓地发展中。

根据作战范围的不同，动能武器可以分为战略、战区和战术应用几类。而根据攻击对象的不同，又可以分为反装甲动能武器、反飞机动能武器、反导弹动能武器、反卫星动能武器等。根据武器平台的不同，还可分为天基、空基（机载）、地基（固定或移动）和舰载动能武器几类。

目前，世界上正在进行研制或已在部署的战区动能武器，主要为火箭型动能武器。按反导防御的区域分为短程、末段大气层内低空防御的点防御，远程、中段高空拦截的面防御和助推段拦截等几种。在美国，电发射技术初始时考虑的主要是战术应用研究，1983 年才根据“星球大战”计划的需要，转向了战略应用的研究。目前，美国军方适应国家战略的调整，已将战术应用研究作为重点。

三、声波武器

根据共振原理，人类正在开发与试验声学武器。这种武器不是虚拟的神经性武器，而是作用于人体的武器。目前，声学武器主要有以下几种。

（一）次声波武器

次声波武器就是一种能发射频率低于 20 赫兹的次声波，使其与人体发生共振，致使共振的器官或部位发生位移、变形甚至破裂，从而造成损伤以至死亡的高技术武器。它可分为两类：一类是神经型次声波武器，其振荡频率同人类大脑的节律极为近似，产生共振时，会强烈刺激人的大脑，使人神经错乱、癫狂不止。另一类是内脏器官型次声波武器，其振荡频率与人体内脏器官的固有振荡频率相近，当产生共振时，会使人的五脏六腑剧痛无比，甚至导致人体异常，直至死亡。

（二）强声波武器

它能发出足以威慑来犯者或使来犯者失去行动能力的强声波，而不会对人体造成长期的危害。它主要用于保护军事基地等重要设施。当有人靠近时，这种声学武器首先发出声音警告来人。如果来人继续靠近，声音就会变得令人胆战心惊。假如来人置之不理还继续逼近，这种声学武器就会使他们丧失行动能力。

（三）超声波武器

它能利用高能超声波发生器产生高频声波，造成强大的空气压力，使人产生视觉模糊、恶心等生理反应，从而使人员战斗力减弱或完全丧失作战能力。这种武器甚至能使门窗玻璃破碎。

（四）噪声波武器

它也可以分为两种：一种是专门用来对准敌方指挥部的定向噪声波武器，它利用小型爆炸产生的噪声波来麻痹敌方指挥人员的听觉和中枢神经，必要时可使人员在两分钟内昏迷。另一种是噪声波炸弹，它同样可以麻痹人的听觉和中枢神经，使人昏迷，主要用于对付劫机的恐怖分子等。

四、气象武器

所谓气象武器，是指运用现代科技手段，人为地制造地震、海啸、暴雨、山洪、雪崩、热高温、气雾等自然灾害，改造战场环境，以实现军事目的的一系列武器的总称。随着科学和气象科学的飞速发展，利用人造自然灾害的地球物理环境武器技术已经得到很大提高，必将在未来战争中发挥巨大的作用。下面介绍几种气象武器。

（一）温压炸弹

温压炸弹是美国国防部国防威胁降低局在 2002 年 10 月组织海军、空军、能源部和工业界专家，利用两个月时间突击研制的，并成功应用于阿富汗战场。温压炸弹爆炸时能产生持续的高温、高压，并大量消耗目标周围空气中的氧气，打击洞穴和坑道目标效果显著。除去用温压炸弹打击洞穴、坑道和掩体等狭窄空间目标外，美国海军陆战队还计划利用便携式温压炸弹打击城市设施，包括建筑物和沟道等。

（二）人工消云、消雾武器

人工消云、消雾是指采用加热和洒催化剂等方法，消除作战空域中的浓雾，以提高和改善空气的能见度，保证己方目视观察，飞机起飞、着陆和舰艇航行等作战行动的安全。在第二次世界大战中，英军曾使用一种名为“斐多”的加热消雾装置，成功地保障了 2500 架次飞机在大雾中安全着陆。1968 年，美军为保障空军飞机安全着陆，曾使用过人工消雾武器。

（三）化学雨武器

化学雨武器是从早先的气象武器演变过来的一种新型武器，在海战中的作战效能尤为明显。它主要用碘化银、干冰、食盐等使云层形成水滴，造成连续降雨，能够造成人员伤亡或使武器装备加速老化。该武器分为两大类，一类是永久性的，一类是暂时性的。永久性的化学雨武器主要用隐形飞机或其他无人飞行器运载，偷偷飞临敌国上空撒布，使敌军武器加速腐蚀，进而丧失作战能力；而暂时性的化学雨武器主要是使敌方部队瞬间丧失抗击能力，它由高腐蚀性、高毒性、高酸性物质等组成。

（四）人工控制雷电

人工控制雷电，是指通过人工引雷、消雷的方法，使云中电荷中和、转移或提前释放，控制雷电的产生，以确保空中和地面军事行动的安全。人工控制雷电的方法有：利用对带电云团播撒冻结核，改变云体的动力学和微物理学过程，以影响雷电放电；采用播撒金属箔以增加云中电导率，使云中电场维持在雷电所需临界强度以下，抑制雷电；人为触发雷电放电，使云体一小部分区域在限定的时间内放电。

五、基因武器

基因武器是一种新型的生物武器，也叫遗传工程武器、DNA 武器，它是通过基因重组而制造出来的新型生物武器。根据其原理、作用的不同，可分为以下三类。

一是致病或抗药的微生物。这类基因武器是指通过基因重组，在一些不致病的微生物体内“插入”致病基因，或者在一些致病的细菌、病毒中接入能对抗普通疫苗或药物的基因，从而培育出新的致病微生物或新的抗药性很强的病菌。

二是攻击人类的动物兵。据称，只要研究和破译出一种攻击人类的物种基因，便可以将这种基因转接到同类的其他物种上，其繁育的后代也将具有攻击性而成为动物兵。据外刊报道，如将南美杀人蜂、食人蚁的基因进行破译，然后把它们的残忍基因转接到普通的蜜蜂和蚂蚁身上，再不断把这些带有新基因的蜜蜂、蚂蚁进行克隆，这些克隆后的蜜蜂、蚂蚁，便可以成为大批量的动物兵。据称，某国科学家已经培育出了一种老鼠，这些经基因改造的老鼠具备了很强的进攻性。

三是种族基因武器。众所周知，基因决定了人类及民族特征，如肤色、头发、眼睛、身高等。国外专家认为，随着人类基因组图谱完成测序，人类将掌握不同种族、不同人群的特异性基因，这就有可能被用来研制攻击特定基因组成的种族或人群的基因武器，即种族基因武器。如诱发艾滋病的 HIV，不同人种的易感性就有很大区别，而理论上基因武器的特异识别能力要比 HIV 还高。

六、计算机病毒武器

计算机病毒武器借助通信线路扩散计算机病毒，也可预先把病毒植入相应智能机构，再按给定信号或预定时间发作，破坏计算机资源，使计算机网络系统出现故障。计算机病毒是一颗长在计算机网络上的毒瘤，它能够自我繁殖，具有很强的传染性和破坏力。计算机一旦染上病毒，轻则工作效率降低，重则整个系统瘫痪。如何将病毒投放到电子计算机及其网络中，是世界各军事强国致力研究的热门课题。

计算机病毒武器主要有以下一些攻击方法。

第一种是将病毒预先植入计算机芯片，潜伏在电子设备中，一旦需要，通过无线遥控方式激活，使其发作。这种方法美军在海湾战争中曾经试过并尝到了甜头。海湾战争开战前，美国特工人员探知伊拉克将从法国进口一批打印机，通过“偷梁换柱”的方法将有毒芯片悄悄装入，为了掩人耳目，打印机途经约旦安曼运往伊拉克。战略空袭发起前，美国利用无线遥控方式激活病毒，致使伊方的预警系统、火控系统、通信和雷达系统瘫痪，战事未起，伊军就挨了一记闷棍。战后，美军宣称，“用计算机病毒进行战争，比用核武器进行战争更为有效，也更现实，且不担心世界政治舆论的风险。”美军如果使用核武器，众目睽睽，众人讨伐，用计算机病毒进行战争，无声无息，可掩人耳目。

第二种是利用无线电波从空间注入。例如，人们使用的手机是利用无线电波沿空间传播达成通信的，而且机内安装有计算机芯片。手机“中毒”后通常会出现以下三种症状：手机持续发出刺耳的噪声；无法操作手机上的键盘；篡改、清洗掉机内数据，使手机成为“高级废铁”。已经有的案例是：铃声响，手机显示屏上出现“unavailable(不能使用)”，用户若不知情接了电话，机内所有数据将被清洗，电话卡烧坏，手机无法再使用。手机功能越强，档次越高，染毒的可能性就越大。这种病毒最早在越南被发现，被称作“越南病毒”，有的手机上出现的“乱码电话”就是这种病毒的变种。

第三种是将病毒制成弹头(子弹、炮弹、炸弹等)，利用发射工具投掷到敌电子计算机系统中。美军扬言用病毒手枪袭击俄米格战机，只需 10 秒钟，就可使它变成空中的废铜烂铁。

第四种是通过有线信道“送毒上门”，打电话就可将病毒注入，倘若电话机与计算机联网，计算机就会染毒。

第五种是从网络中的计算机接口输入，进而殃及全网。

思　考　题

1. 什么是军事高技术？它是如何分类的？

2. 军事高技术对现代作战有什么影响?
3. 现代侦察监视技术主要有哪几种?
4. 精确制导武器采用的制导技术有哪几种?其作战特点是什么?
5. 什么是航天技术?它由哪几部分组成?
6. 航天器的军事应用主要有哪些方面?
7. 什么是电子对抗?它在现代战争中的作用是什么?
8. 什么是军队指挥信息系统?它是怎样分类的?
9. 什么是新概念武器?
10. 新概念武器主要有哪些种类?

第四章　信息化战争

21 世纪是一个技术创新的世纪，高技术的快速发展和广泛应用，在军事领域推动了武器装备的发展和作战方式的演变，引发了新的军事革命。目前军事学术界一般认为，信息化战争是指发生在信息时代，以信息为基础并以信息化武器装备为主要战争工具和作战手段，以系统集成和信息控制为主导，在全维空间内通过精确打击、实时控制、信息攻防等方式进行的瘫痪和震慑作战。简要地说，广泛使用信息技术及其物化的武器装备，通过夺取信息优势和制信息权取得胜利而进行的战争，就可称之为信息化战争。

第一节　信息化战争概述

一、信息化战争的基本含义

信息化战争是一种战争形态，是指在信息时代核威慑条件下，交战双方以信息化军队为主要作战力量，在陆、海、空、天、电磁等全维空间展开的多军兵种一体化的战争，大量应用了信息技术、新材料技术、新能源技术、生物技术、航天技术、海洋技术等当代高新技术的常规的武器装备，并采取相应的作战方法，在局部地区进行的目的、手段、规模均较有限的战争。信息化战争是人类社会进入信息化时代后，交战双方依托信息化战场，以信息化军队为主要作战力量，以信息化武器装备为主要作战手段而进行的战争行为，是由信息时代战争形势、军事力量状态和主导兵器的技术形态等决定的战争动因、性质、规模等整体的表现形态。

二、信息化战争的产生与发展

世界上最早提出信息战概念的，是中国的沈伟光先生。沈伟光不仅是世界范围内最早提出信息战概念的人，而且早就出版了世界第一本名为《信息战》的专著，他是全球信息战理论的创始人。写出《信息战》专著的沈伟光既不是军人，也不是职业研究者，而是国务院的一名普通公务员。

（一）信息化战争的萌生期

1991 年的海湾战争，被普遍视为信息化战争的雏形，美国国防部甚至称其为第一场信息战争，认定海湾战争是人类社会刚刚进入信息时代的第一次信息化战争。但从战争手段及战争体系特征看，海湾战争仍然是一场由高技术支撑的机械化战争，因而它只能归入信息化战争的萌生期，不能称为信息化战争。对此可从以下三个方面分析：一是从社会信息化技术应用背景看，当时应用的主要还是单项信息技术，网络化程度还很低，社会的信息化程度也不高。二是从美军信息化进程看，美军自海湾战争后才真正全面开始信息化方面的建设工作。三是从信息战理论发展看，当时还没有真正意义上的信息战理论作指导。海湾战争前期，美军的信息战理论尚处于自发性的学术研究之中，并未形成系统的理论，因而也不可能用信息战理论指导海湾战争。

美军的信息战理论真正的发展是受海湾战争的“刺激”之后开始的，其军队信息化的全面建设也开始于海湾战争之后。海湾战争中大规模机械化作战发展到极致，而信息化作战初露端倪，信息化武器装备在战争中发挥了重大作用。海湾战争是机械化战争向信息化战争过渡的一个重要转折点，在信息化战争进程中发挥了里程碑式的重要作用。海湾战争结束之后，美国从多个层面对这场战争的经验教训进行了总结和反思，在充分肯定海湾战争胜利的基础上，对军队建设提出了三个重大问题：在高技术特别是信息技术飞速发展的现代社会中，美军将如何继续保持自己的军事优势，如何确定跨世纪发展目标？在冷战结束之后，面对一个没有明确敌人和对手的世界，作为超级军事强国将如何建设未来的军队？在未来武器装备发展中，如何克服和解决海湾战争中所暴露出来的各种问题和缺陷，如何提高部队的综合作战能力并打赢下一场战争？

（二）信息化战争走向成熟

科索沃战争发生于1999年3月24日至6月10日。将这场战争视为信息化战争进入成熟期的开端，是由社会信息化和军队信息化发展的程度决定的。科索沃战争是在全球信息化时代已经到来的情况下爆发的一场战争。在这场战争中，信息作战和信息化武器装备发挥了主导作用，依托信息优势实施的远程、中程和近程精确打击成为其基本手段，并成功地使用了C4ISR系统（C4ISR系统在我国称为指挥信息系统，是指以计算机网络为核心，具有指挥控制、侦察情报等功能的军事信息系统。C4表示command——指挥、control——控制、communication——通信、computer——计算机，I表示intelligence——情报，S表示surveillance——监视，R表示reconnaissance——侦察）实施战区外战役指挥与战区内战术控制相结合的作战指挥，交战双方广泛实施信息对抗。在此次战争中，信息化武器运用普遍，作用突出，方法灵活，效果显著，这些都是海湾战争无法比拟的。信息主导在战争全过程中真正得到了体现。在这场战争中，信息作战和信息化武器装备发挥了以下主导作用。

（1）依托信息优势实施的远程、中程和近程精确打击成为基本手段。精确制导弹药的使用比例由海湾战争时的8%上升到35%，而摧毁的目标却占南联盟被毁目标总数的74%。使用弹药的种类包括联合直接攻击弹药、联合防区外武器、“战斧”巡航导弹、常规空射巡航导弹、GBU-37钻地弹等安装有卫星导航与地理坐标复合制导装置的新型精确制导武器。可见，在信息化弹药的使用上，与海湾战争相比已经发生了质的变化。

（2）成功地使用了C4ISR系统实施战区外战役指挥与战区内战术控制相结合的作战指挥。北约驻欧洲部队总司令克拉克在远离战区千余千米的布鲁塞尔北约总部，运用系统对相距遥远的各种打击力量实施了实时指挥与协调；空袭中首次使用了“初期联合空战中心能力系统”“北约综合数据传输系统”和“海上指挥控制系统”等。由于先进指挥控制系统的使用，大大提高了北约部队尤其是美军指挥控制系统的可靠性和生存能力。

（3）交战双方广泛实施信息对抗。科索沃战争被视为世界第一场交战双方都广泛实施信息战手段的战争。北约方面广泛实施了战略、战役、战术级信息作战。包括战前制造舆论攻势，严密控制战时报道，集中打击对方的传媒设施，高频度实施心理战宣传，实施多种方式的综合侦察监视；保持战场高度透明，以精确制导武器实施“斩首”作战，大量实施电子战，充分利用战场信息系统实施毁伤评估，对南联盟实施全方位信息封锁，等等。南联盟方面则针锋相对，利用既有技术条件，以民心士气的激励对抗心理攻击，以传统手段与高技术手段相对抗，采取多种方式实施网络战，有效削弱了多国部队的信息攻击。

在此次战争中，信息化武器运用之普遍，作用之突出，方法之灵活，效果之显著，都是海湾战争无法比拟的。信息主导在战争全过程中真正得到了体现。因此，将科索沃战争视为信息化战争走向成熟的开始，理论和实践根据是非常充分的。

（三）信息化战争的发展趋势

信息化战争作为一个发展过程，是从低级到高级逐步推进、逐步发展的。作为一种标志，它最终要形成以数字化作战单元和数字通信、网络链接与智能支持为一体的战争形态，这是信息化战争的最终形态。各军事强国预计将实现三大突破：一是在信息基础设施建设方面，将完成全球信息栅格的建设，实现全球信息无缝链接和指挥控制通信的实时化、一体化。信息化武器装备在现有武器装备中的比例将提高70%～80%，将完全实现数字化和信息化。二是在编制体制方面，将基本实现小型、多能、轻便、可重组的联合作战体制。三是信息化战争方面，将进入一个较为稳定的阶段和较高水平的时期。其整个发展模式是数字化、网络化、智能化三个阶段"阶梯性递进，随伴性开发，镶嵌性完善"，即在前一阶段的形成期，就酝酿着后一阶段的技术与作战方法。

第二节　信息化战争的基本特征

信息化战争的特征直接影响战争的指导，确立信息化条件下战争指导的策略，首先应掌握信息化战争的特征。不同时代的战争有不同的特征，新战争形态的特征往往是与上一代战争形态相比较凸显出来的。信息时代信息化战争的典型特征是由许多不同因素决定的，是与上一代机械化战争形态相比较而言的。通过分析机械化战争和近期几场高技术局部战争，我们可以清晰地看到信息化战争具有以下主要特征。

一、作战手段智能化

未来信息化战争作战手段的智能化，主要体现在两个方面：一是指挥控制手段的高度自动化和智能化，未来的C4ISRK系统将真正实现侦察监视、情报收集、通信联络、指挥控制和打击杀伤的无缝链接，成为作战指挥与控制的信息高速公路，可以高度自动化地确保指挥员近实时地感知战场，定下决心，协调和控制部队及武器平台的作战与打击行动，使作战行动实现高度的自动化和智能化。二是大量智能化的武器系统和作战及保障平台将装备军队并投入作战，使整个作战过程，从侦察监视、感知战场态势、获取情报并处理和传输，到定下决心、发出指令、实施打击、毁伤评估等环节都能够实现高度的自动化和智能化。另外，未来的信息化战争，既存在传统对抗领域里的激烈对抗，也存在智能化领域里的激烈对抗，甚至是以智能化领域里的对抗为主。例如，知识、信息和思维，这些智能化的范畴既可能是作战所使用的手段，也可能是作战中要打击的目标，因此，在智能化领域中将会发生大量的直接对抗的作战行动，如直接打击敌方的C4ISRK系统，破坏敌方的决策程序等。

作战手段信息化主要是指使用信息化武器装备进行战争。武器装备信息化是进行信息化战争的基础和前提，是真正具备信息化战争能力的关键因素。工业时代的战争是以机械化武器装备为物质基础所进行的战争，进行战争的主要手段是作战飞机、坦克、军舰、枪炮、导弹等硬杀伤武器装备，虽然它们也含有电子信息技术的成分，但其含量并不高。而信息化战争是以信息化武器装备系统为物质基础所进行的战争，进行战争的手段不再仅仅是硬杀伤武器装备，而是精巧的智能化武器装备和软杀伤武器装备。工业时代所进行的机械化战争，强调的是火力的运用，需要的是钢铁，而信息化战争则十分注重争夺制信息权，强调的是信息的获取、利用和控制，需要的是硅片。在信息化战争中，信息化能力占优势的一方，将拥有战场上的主动权。

在信息化战争中，经信息化改造的坦克、装甲车辆、火炮、导弹、作战飞机、作战舰艇等作战平台装有多种信息系统并联为一体，能为作战行动提供及时而有效的帮助。信息化作战平台不仅装备有多种信息传感设备，可探测敌方目标，为实施精确的火力打击提供目标信息，而且还有足够的计算机系统及联网能力，能为各种作战行动及时而有效地提供辅助信息。从近几场高技术局部战争就可看出，信息化作战平台为远离战场的远程打击提供了有利条件，使潜艇可距离战场约1600千米发射巡航导弹，空射巡航导弹可从1000千米外发射并命中目标。信息化作战平台极大地提高了作战能力和效果。从阿富汗战争看，美国已将地面、空中、太空、海上信息与作战平台联为一体，初步形成了网络中心战的框架雏形。

在信息化战争中，将会普遍应用智能型精确制导弹药。在武器系统具有自动完成对目标的探测、分析、攻击和评估的能力基础上，信息化弹药具有“发射后不用管”、自主识别和攻击目标的能力。例如，美军研制的“黄蜂”反坦克导弹，在超低空远距离发射后，能自动爬高，自动搜索、发现和识别敌方坦克，自动攻击目标的要害部位。

作战指挥控制系统的信息化、一体化。现代战争指挥信息系统是军队作战的“神经中枢”和“大脑”。作战指挥控制要依靠一体化的网络来保障和调动各个方面的军事力量进行作战。信息化战争主要是通过系统使作战指挥成为一体，使整个信息化武器系统和军队成为有机的整体，形成强大的力量。

单兵作战装备的信息化。信息化的单兵作战装备是指单兵作战实现攻击、防护的一体化和观察、通信、定位、实时侦察以及传递信息的人机一体化。

武器系统的信息化是武器装备发展史上一次革命性变革。这种变革的最大特点是使武器装备智能化了，使武器装备具有类似人脑的部分功能，能自动侦探和识别目标，掌握最佳攻击时机，精确打击目标。信息化使武器装备的作战效能极大地提高，使武器装备显示出巨大的作战效能，这是以往的传统武器所无法比拟的。当前发展信息化武器装备的主要目的是使作战兵器精确化、智能化、远程化，作战指挥控制系统自动化，以此来夺取战场上的主动权和优势。如果说以往美军是“钢铁和核武器崇拜狂”，那么今天美军却把重点放在了信息技术领域。美国认为未来信息化作战主要分为三部分：第一部分是侦察监视体系，即依靠天基侦察与监视卫星、空中侦察机、无人机、陆上携带各种数据处理系统的特种侦察部队，对整个战场空间进行全面和实时的侦察与监视，使战场“透明”；第二部分是指挥控制体系，即以此来处理战场侦察监视体系获取的信息和进行战况评估，把所要打击的目标传送给打击体系；第三部分是打击体系，主要是陆、海、空的远程精确打击和运用各种作战力量实施有效的攻击和防御。以上三部分中第一部分是信息化作战的核心。

在信息化武器装备不断发展的同时，在技术力量的推动下，激光武器、粒子束武器、微波武器、动能武器等新概念武器也会不断地发展和运用于战场，成为未来信息化战争的新型作战手段。

二、作战空间多维化

随着军用卫星的运用以及立体化远程兵器的增多，战场空间不断扩大，由传统的陆、海、空三维向陆、海、空、天、电磁、网络六维空间发展。20 世纪之前的战争基本上是在陆地和海洋进行，战场是平面的、一维的。第一次世界大战后期，当时机械化战争新秀——飞机首次运用于战场，虽然主要用于执行战场侦察任务，但是开辟了陆地和海洋之外的战场新空间——天空。第二次世界大战时期，大规模的空战和飞机轰炸将空间争夺几乎发展到了极致，人类对战场空间——陆、海、空立体化的认识不断深化。第二次世界大战时期和第二次世界大战后的战争形态——机械化战争，是以陆、海、空为基本领域的三维对抗。战场空间由陆、海、空三维组成。20 世纪初的战争中，交战双方在战场上大量使用了无线电通信联络，并出现了侦听无线电信号、对敌电磁通信进行干扰等活动。经过第二次世界大战后几场局部战争的发展，以电磁通信为核心的电子战发展出了电子侦察、电子干扰、无线电欺骗、模拟佯攻等多种形式，电子战成为现代战场作战的重要组成部分，电磁空间已经成为独立的战场争夺空间。第二次世界大战后，高空物理、天体物理和航天技术的发展，促使人们将探索的目光投向从未涉足过的太空。现代战场上卫星通信和定位的使用、天基武器的出现，真正把太空变成了另一个战场。未来太空作战将出现导弹拦截战、卫星攻击战、天对地攻击战和太空武器作战平台之间的攻防战等作战样式。

信息化条件下的战争要特别注意太空战场。现代战争中太空（太空的下限距离地面 120 千米）成为国际军事竞争新的制高点，争夺制天权成了进行信息化战争达成军事目的的重要手段。在现代战争中，制天权对夺取战争的主动权具有十分重要的意义。在信息化条件下的战争中，美国十分重视太空战场的作用。例如，美国在海湾战争中使用了 60 多颗卫星，在科索沃战争中使用了 89 颗卫星，在阿富汗战争中使用了 94 颗卫星为陆军、海军、空军作战提供保障。美军针对未来战争中的太空战还进行了演练。这说明美国对太空战的研究探讨已经接近实际运用阶段。这些情况告诉人们，太空战即将成为人们面临的一种新的作战形式。

太空是未来战场的制高点，谁能控制外层空间战场，谁就能“居高临下”地控制陆、海、空战场，具有优势和主动地位。美国陆军强调，在信息化条件下，战争的成败将取决于各方所具有的空间实力。俄罗斯在其军事学研究中称：信息化条件下战争将以天基为中心，制天权将成为争夺制空权和制海权的主要条件之一。当前，各主要军事大国都在竞相发展高新技术武器装备和天基信息系统，以争取战争的主动地位。因此，研究组建高智能、高技术集合体的“天军”是发展的趋势，探讨太空信息战、太空封锁战、太空轨道破击战、太空防卫战和太空对地突击战等作战样式也是非常必要的。

三、作战力量一体化

信息化战争的一个突出特征是作战力量一体化。作战力量向一体化、整体化趋势的发展是科学技术发展在军事领域的体现。信息技术的发展正在把各个作战系统连接成一个一体化的整体。一体化就是通过信息化、网络化把人的智能、软杀伤和硬打击系统融为一体，就是在战争中利用信息技术把作战力量的各个部分、各个层次、各种要素快速、便捷、高效地连成一体，使作战力量成为一体化的整体对抗力量与敌作战。其特征为：一是作战的决策指挥和战略、战役、战术行动高度融合；二是人与武器装备的结合空前紧密；三是战斗部队、支援部队、勤务保障部队紧密合成、协调行动；四是诸军兵种高度合成、联合作战；五是指挥、控制、通信、计算机、情报和侦察、监视、杀伤紧密结合成系统。

随着军事高技术的发展，高技术兵器在战争中的威力更大，对参战人员的素质要求越来越高，这就使得作战力量的构成更为复杂。首先，作战力量的大小，不再以数量多少为主要参数；作战能力的强弱，也不是由人员和武器的数量所决定，高技术兵器只有同高素质的战斗人员有机结合，才能发挥最佳效能。其次，作战力量的构成，已不是以往的单军种、单兵种，而是由各种作战力量高度合成的综合体，是各种兵器的有机结合，而不是简单的叠加。在以高技术为主要特征的海湾战争、科索沃战争、伊拉克战争中，美军都动用了包括电子战部队、情报部队在内的数十种作战部队，使用高技术兵器数百种，形成了强大的高度合成化的作战力量。再次，作战人员编成的复杂性和各种武器装备的配套使用，使各种作战力量的协同更加困难，界限更加模糊，美军通过进行信息化战争实践得出结论：高技术条件下的作战行动，必须进行严密的协同，才能实现合成的高效性，才能发挥最佳的作战效能。

未来的作战不是单个作战兵器的对抗，也不是作战单元与作战单元的对抗，而是将各种作战兵器、各种作战单元、各种作战要素综合为一体的体系对抗，体系对抗将成为信息化战争作战的基本特征。信息化战争中作战部队编成必须打破军兵种界限，遵循“体统集成、合成一体”的原则，按任务需求进行诸军兵种合成的一体化编组。多功能化方面，按照一体化原则组成的作战部队，其功能指向是多功能化，能够遂行多种作战任务。

在机械化战争中，作战力量主要由陆军、海军、空军、战略导弹部队等单一作战单元构成，基本上在陆、海、空三维空间独立进行，作战力量主要是以单一军种为基本单位构成。在信息化战争中，新型的作战系统将取代原有的以军种为基本单元的作战力量构成模式，未来作战要把信息技术、武器装备、情报侦察、指挥控制、后勤保障等形成一体化作战体系。在信息化战场的支持下，作战力量将由战场感知系统、网络通信系统、指挥控制系统、打击系统、支援保障系统五大分系统构成，这五大分系统是未来战场作战力量的构成模式。在作战中完全可以打破军种界限，根据不同的作战任务，按照五个大系统的要求，进行模块化编组，形成高效、精干的整体力量进行作战。在未来信息化战争中，只有依靠一体化的整体力量，才能获得胜利。美军特别重视利用信息化、网络化把遍布全球的作战单元、作战要素连接起来，形成体系集成，用系统集成来达到作战目的。

四、作战形式非接触非线式化

作战形式非接触非线式化是信息化战争的一个鲜明特征。出现非接触非线式化的崭新作战样式，是以信息技术为核心的高技术武器装备发展带来的必然结果，是武器装备打击距离增大、精度增高、作战平台远程机动能力增强、C4ISR系统广泛运用于作战的必然结果。它是敌对双方在不接触的情况下，利用信息系统和远程作战武器在防区外实施打击的作战样式。

战线和阵地是千百年来战场的基本要素。战线是指敌对双方作战时的接触地带。冷兵器时期，作战双方在战场上通常是把兵力呈几何形摆开，实施两军对垒，交战时整个战场的作战表现为断续的线状。坦克、火炮和飞机运用于战场后，延长了打击的臂膀，拓展了双方交战的空间，但由于侦察、机动和打击精度与能力有限，战斗只有在双方接触后才能决出胜负，作战行动具有明显的平面几何形变化状态，作战形态表现为三维空间的不规则曲线，机械化战场上的空间形态仍然是线性状态。随着信息化的不断深入发展，先进的战场信息探测系统、网络化指挥控制系统、远程精确制导武器的应用和全纵深精确打击能力的提升，在战场的六维空间里，作战行动将突破以往可见的战线和阵地的限制，在战场的各个空间并行进行，持续了数千年的线性战场状态的战争在由机械化向信息化升级的过程中逐渐消失，取而代之的是整个战场将呈现出一种不规则的立体网点状状态。

20 世纪 70 年代之前的战争，例如两次世界大战，对抗方式基本上是敌对双方在战场上近距离交火、格斗。无论是坦克会战、步坦协同作战，还是飞机空战、舰艇海战，敌对双方基本上是在可视范围内作战。20 世纪 50 年代后，微电子技术、计算机技术、人工智能技术、卫星技术、航天技术、远距离通信技术等高新技术得到了很大发展，军队的武器装备发生了质的飞跃——洲际导弹、精确制导导弹、无人机等高尖端武器正在逐步普及、装备部队，智能机器人也正逐步应用于战场。因此，远距离、超视距打击成为可能，战场对抗逐步由近距离对抗发展为远距离、遥控式对抗。非接触非线式作战着重于使敌方作战体系瘫痪。精心选择支撑敌方作战体系的"节点"进行打击，是实现非接触非线式作战的重要举措。只有这样，才能使敌方作战体系瘫痪，彻底打击其抵抗意志。

五、作战效果精确化

信息化战争中，在多层次、全方位、全时空的情报、侦察和监视网络的支持下，使用大量的精确制导武器，使各种作战行动的精确化程度越来越高。美英联军在伊拉克战场上共投了 2.9 万多枚各种弹药，其中精确制导弹药占 70%～80%，明显高于海湾战争的 8.4%、科索沃战争的 35%和阿富汗战争的 60%。从这几场局部战争中我们可以看出，信息化战争的精确化特征越来越突出。

1. 精确动员

精确动员是指依托信息技术和信息资源对战争需求进行精确分析，对动员活动实施精确控制，通过合理确定动员规模，优化整合战争资源，尽可能地使动员与战争需求之间达成一致，从而提高动员效能。精确动员是有条件的。首先，要求具备一定的技术条件。信息技术为战争提供了更加科学高效的动员手段。数字化技术、卫星通信技术、网络技术等高新信息技术在动员的各环节、各领域、全过程的应用实现了动员的远程、虚拟、连续、实时控制，有效地防止了动员决策失误，减少了动员管理层次，优化了动员流程，大大提高了动员的效果。其次，动员的对象必须具有可视、可数、可控性。可根据战场的实际消耗情况，找出最快的补给手段和最短的运输路线，实现准确快速的按需动员。

2. 精确选择

精确查明并选择、确定作战目标，是实施精确作战的前提。精确查明并选择、确定作战目标是指利用先进的情报侦察系统，并配合以特种作战力量的实地特种侦察，实时、全面、准确地查明、定位、识别和跟踪监视战场上的敌目标。在此基础上，着眼于摧毁对方的战斗意志和抵抗能力，使其力量结构体系瘫痪，精心选择和确定己方部队的信息对抗、火力打击、兵力突击方案。

3. 精确使用

精确使用作战力量，是指针对所选定的敌方交战目标，精确计算和精密筹划己方投入交战的兵力兵器数量、种类，在确保作战目的实现的前提下，精心选择参战力量构成，合理确定力量编组。在战斗效能上，做到参与作战的各部队战斗效能相互耦合，形成整体作战能力，且整体效能与作战任务的需求、打击目标的需要相匹配；在数量规模上，精确计算交战所需兵力兵器的数量，在保证完成任务、保持适度优势的前提下，做到合理、够用。精确使用作战力量是信息化军队实施精确作战的物质基础，也是实施精确作战的重要体现。

4. 精确打击

精确打击是信息化战争精确化的核心内容，它是靠提高命中精度来保证作战效果，而不是通过增加弹药投射的数量去增强作战效果。从理论上讲，武器的命中精确提高1倍，其对目标的毁伤力可达到原来的4倍。随着探测、高速信号处理、自动控制等技术的发展，精确制导武器的命中精度将进一步提高。同时，在C4ISR系统的支持下，信息化武器装备将实现一体化，形成一个完善、精确、灵巧的侦察-指挥-打击系统，使精确打击成为信息化战争的基本作战样式。科索沃战争中，北约始终把精确制导武器作为主导型武器使用，大量使用防区外发射的精确制导弹药或巡航导弹实施远距离空袭作战，对预定目标实施全纵深精确打击和重点打击，使精确打击成为作战的主导方式。

5. 精确评估

精确评估打击效果是精确战的又一重要方面。它是精确侦察和精确定位的综合应用。没有准确可靠的目标毁伤信息，就不能及时判断攻击效果，精确战也就不可能顺利地进行下去。1991年海湾战争期间，多国部队对伊拉克的空袭作战中仍然出现了这种情况，使得多国部队白白地浪费了大量的弹药和兵力兵器资源，究其原因，就是缺少精确的评估。到了伊拉克战争，多国部队的精确战能力，就有了新的发展和提高。实践证明，精确评估作为精确战的重要一环，将成为精确战顺利、成功实施的重要保证。

第三节　信息化战争的发展趋势

信息化战争作为一种新的战争形态，是以信息化战场为依托，以战场认知系统、信息系统、指挥控制系统、打击系统、支援保障系统五大系统为支撑构成的作战体系间的整体较量。五大系统作为主导和支配信息化战场的重要力量，是信息化战场战斗力的源泉和争夺战场主动权的关键所在。

目前正处于机械化战争向信息化战争的转型时期，并将继续向更加成熟的阶段发展。中外军事专家和未来学家认为，信息化战争的成熟期大约要到21世纪中叶才能到来。现在要准确把握信息化战争的基本特征和发展趋势还比较困难，但从信息化战争已经显露出来的基本特征及可预期的信息技术和军事理论发展状况来看，信息技术的迅猛发展和在军事领域的广泛应用，为军队大量利用信息提供了前所未有的条件，并已经引发一场涉及整个军事领域的变革。在把握信息战争基本特征的基础上，信息化战争将呈现以下发展趋势。

一、智能化武器装备将大量涌现

智能化武器装备是指不用人直接操作和控制，采用人工智能技术，可自行按照人的意志完成侦察、搜索、瞄准、攻击目标以及情报的收集、处理、综合等多种军事任务的高技术武器装备。智能化武器装备给未来信息化战争注入了新的活力，从而使军队的编成更精干，传统的作战方式也将被改变。

智能化武器装备主要有智能机器人、智能坦克及车辆、智能导弹、智能地雷等。智能机器人是智能化武器装备的典型代表，它具有一定程度的感觉以及分析、判断、推理与决策能力，能模仿人的行为，执行多种军事任务。智能坦克、车辆是由计算机控制中心、信息接收和处理系统、指令执行系统及各种功能组件组成的能自主完成不同军事任务的新型坦克和车辆。其中，智能作战坦克可越过各种障碍物，识别目标的不同特征及威胁程度，并通过比较确定最佳行动方案，控制武器射击。智能军用车辆能观测方向、测定距离、分辨道路、绕过障碍，把所需物资送到指定地点。人工智能弹药是一种采用现代信息技术和子母弹技术，从而使其具有人的某些智能的弹药。这种弹药不仅能自动寻找和判定攻击目标，而且能自动发现和攻击目标的薄弱部位，命中精度比普通弹药高几十倍。智能导弹是一种能自动搜索识别和攻击目标，具有思维、判断和决策能力的新型导弹。在作战中，由飞机远距离发射后，它会自动跃升至几千米高空，然后自行对目标进行攻击，具有发射后不用管的特点。智能地雷是一种能自动识别目标，自动控制起爆，并能在最有利时机主动毁伤目标的新型地雷。

二、信息化作战平台将成为战场支撑

信息化作战平台是指信息化弹药所依托的作战平台。电子信息技术广泛渗透到武器系统的各个领域，为作战平台的信息化提供了空前的机遇。未来的作战飞机、舰艇、坦克，直至外层空间的卫星等都将成为装备大量先进的电子信息系统与电子战系统的信息化作战平台，而且每一个信息化作战平台都成为系统的一个节点，并向隐形化、遥控化、小型化和全智能化方向发展，使作战平台的纵深突防能力、攻击能力和生存能力大大增强。特别是隐形飞行器、隐形舰船以及无人机等将成为未来信息化战场上新型的信息化作战平台。这些新型的信息化作战平台将与经信息化改造的传统有人驾驶飞机和舰船相辅相成，形成一支互为依存的强大的太空、空中、海上和陆地打击力量，从而成为信息化战场的主要支撑。

战场认知系统作为信息化战场的“眼睛”，突破了传统侦察手段的时空局限性，基本具备了全方位、立体化、全天时、全天候的探测能力和高速自动化的处理能力，对于夺取战场信息优势，赢得战争主动权至关重要。目前，为适应信息化战场对军事信息的时效性、准确性的需要，战场认知系统正呈现出综合化、网络化、一体化和智能化的发展趋势。据报道，美国、俄罗斯等军事大国已经在发展采用光学、红外、微波等多种技术手段，由空间、空中、陆地、海上多种侦察装备和系统组成的全频段、全空域立体预警侦察系统。展望未来，战场信息系统将会在全球范围内把各式各样的军用信息系统链接成一个诸网之网，使信息更加及时通畅地流向任何需要的方向。目前，美军正致力于全球信息栅格（GIG）的建设，试图把天基、空基、地基和海基的所有信息系统集成为一个三军共用的全球网，以取代现有的“烟囱式”系统。近年来，为适应世界新军事变革和信息技术飞速发展的需要，世界许多国家的军队都把战场指挥控制系统建设摆在重要位置，投入大量人力、物力和财力，不断为指挥控制系统注入新的内涵与活力。总体上看，指挥控制系统正向着战略（战役）与战术级指挥控制系统一体化、态势感知实时化、系统安全化、战场可视化、设备智能化、系统间互联互通、与武器系统一体化以及区域全维化方向发展。今后，随着武器装备信息化进程的不断加快，最终将实现武器系统智能化、作战系统一体化。智能化武器系统具有人类大脑的部分功能，不仅能自主地对目标群进行分析、区分和识别，还能按先后顺序对目标进行攻击，使命中精度误差概率趋近于零。作战系统一体化则包含两层含义：一是功能上的一体化，即将单独的武器集成为具有综合作战效能的武器系统；二是结构上的一体化，即通过各级 C4ISRK 系统，把战场上所有军兵种、武器系统联为一体，使成千上万个火力单元和作战部队紧密配合、协调行动，形成一个有机的整体。随着世界新军事变革和军队信息化建设的深入发展,一场支援保障革命已经初现端倪。美、英等国军队提出了聚焦保障、精确保障、即时保障等许多新的信息化保障概念,力求建立更快、更远、更精确、更灵敏的全球支援保障系统,为联合作战部队提供适时、适地、适量的全面保障。

三、作战形式将发生质的跃进

由于信息化条件下军队组织的高度智能化、武器装备越来越智能化,未来军队的指挥控制手段也将高度自动化和智能化,因此,信息化军队在战争中将真正实现侦察监视、情报收集、通信联络、指挥控制及打击的无缝链接,可以高度自动化地确保指挥员近实时地感知战场,定下决心,协调、控制部队和武器平台的作战与打击行动,因此,未来信息化战争将越来越智能化。另外,由于大量的智能化武器系统和平台将装备军队并投入作战,而且由于无人化武器技术的发展,在未来信息化战争中,具有发射后不用管和自动寻的功能的智能化弹药系统将得到更加广泛的应用,大量微型或超微型机器人可能大量投放于战场,代替人在战场上执行各种作战任务。

随着信息技术的发展和武器装备性能的改进,武器装备的精度、杀伤力、机动性、生存力、隐蔽性、反应速度和目标捕捉能力将大大提高,进而引起作战形式发生质的跃进。一是电子战将贯穿始终。未来信息化战争中的电子装备种类将更加繁多,部署密度更大,电磁信号更加密集,电子战频谱更宽,信号特征更复杂,为夺取制电磁权而展开的电子战将渗透到各个作战领域,贯穿于战争的始终。二是机动战将广泛实施。未来信息化战争中的机动战不仅包括兵力、兵器机动,而且包括火力机动和软杀伤力机动,尤其是软杀伤力机动将成为兵力机动和火力机动的前提而大量运用。三是计算机病毒战将普遍展开。计算机病毒是一种价格低廉、使用方便的软杀伤性武器,它将随着计算机的广泛使用而普遍展开。四是非接触作战将成为主要作战方式。随着武器装备远程打击能力的提高和信息化侦察控制系统的完善,非接触作战将越来越多地成为未来信息化战争的主要作战方式。五是隐形战将充满战场空间。隐形技术的飞速发展,为隐形战的运用提供了机遇。未来信息化战争中,隐形卫星、隐形飞机、隐形导弹、隐形舰船、隐形战车将在战场上大量出现,在看不见的战场上进行隐形较量将是未来信息化战争的一个突出特征。六是太空战将大步发展。随着航天技术的发展和军用卫星、航天飞机、载人飞船、太空站的增多,将把众多的军用航天器部署在太空,从而将促进天军的组建和太空战的展开。七是虚拟战场欺骗战将悄然兴起。虚拟现实技术的发展使虚拟战场成为可能。战争中,通过运用信息化战场上的某一网络节点,将虚拟现实技术植入敌方指挥控制系统,向敌方传送假命令、假计划,从而使其军事行动陷入混乱。

四、作战思想将发生重大变化

未来信息化战争中,战争目的将由“消灭敌人,保存自己”转变为“控制敌人,保护自己”;表现形式将由血与火有声战争的搏斗转变为精神、意志、智慧无声战场的角逐;打击目标将由侧重以信息系统指挥中枢等作战体系关键节点为核心的物质目标转变为侧重以认识体系为核心的精神目标;作战的实现方法将由用信息流控制能量流、物质流,取得战场主动权转变为用信息流直接控制战争的策划者和决策者,从而达到“不战而屈人之兵”的目的。

未来信息化战争中软杀伤与硬打击有机结合,主要体现在三个方面。一是意识电子杀伤与物理摧毁并举。近期几场局部战争表明,暴风骤雨般的电子压制通常是战争开始的序幕，然后伴随着强大的火力打击与硬摧毁。在未来信息化战争中，软硬一体化的电子对抗必将成为争夺战场主动权的关键。二是网络攻击与火力攻击并重。在传统战争中，集中兵力与火力对敌实施硬打击是夺取胜利的基本方法，而在信息化战争中，火力打击作为一种硬打击仍然发挥重要作用，但在网络战争中，心理战上升到战略地位，已经超出单纯的军事斗争领域，拓展到政治、经济、外交、文化各个方面。三是信息化战争中的心理战将贯穿战争的始终，可以极大地震撼敌方军民的心理，甚至摧毁和剥夺敌方的抵抗意志，从而极大地提高战争效益。

第四节　信息化战争与国防建设

信息化战争时代的到来，不仅加剧了世界各国战略力量对比的不平衡性，而且对世界各国的国防和军队建设提出了严峻的挑战。我国必须正视信息化战争带来的新挑战，加强军事理论创新，加快国防信息化建设进程，加速培养国防信息化人才队伍，加大信息化武器装备发展的力度，增强我国应对信息化战争的国家战略能力，以求在未来信息化战争中立于不败之地。人才为政事之本，也是建军治军之本。积极推进中国特色军事变革，实现军队建设由机械化半机械化向信息化转型，必须按照信息化的要求，加速培养大批高素质的信息化军事人才，为建设信息化军队、打赢信息化战争提供可靠的智力支持和人才保证。

一、努力培养国防信息化人才队伍

江泽民曾经指出，未来的仗能不能打赢，军队会不会变质，关键是人。没有高素质的人才，一切都是空话。面对世界新军事变革的严峻挑战，我军要完成建设信息化军队、打赢信息化战争的历史任务，没有一大批高素质的信息化军事人才，是根本不可能的。因此，我们必须把培养和造就大批高素质的信息化军事人才作为军队现代化建设的根本大计，摆在突出位置。

1. 信息化军事人才是实现军队建设转型的根本保证

按照打赢信息化战争的要求，完成机械化和信息化建设的双重历史任务，尽快实现我军由机械化半机械化向信息化的转型，是中国特色军事变革的基本特征和必由之路。人才转型是军队转型的先决条件。第二次世界大战前夕，尽管英、法等国也拥有了大量坦克，但机械化首先在德国完成，就是因为英、法等国缺乏像古德里安、隆美尔、曼施泰因这样的机械化人才。这说明武器装备的转型尽管十分重要，但并不代表军事变革的完成，只有人才转型才具有决定意义。我军信息化建设是一个十分复杂的系统工程，包括创新信息化军事思想，发展具有我国特色的信息化建设和信息化作战理论；发展信息化武器装备，锻造我军信息化作战的“撒手锏”；建立与信息化战争相适应的体制编制，提高信息化战争的指挥效能和作战能力；加强后勤信息化建设，形成信息化保障体系等。这些任务是相当艰巨的，没有大批掌握信息知识和技术的高素质信息化军事人才是根本不可能完成的。我们只有坚定不移地贯彻科技强军战略。把实现“双重历史任务”的基点放到全面依靠科技进步，广泛运用科技成果，充分开发科技资源上，把具有高科技素质的信息化军事人才队伍建设作为实现“双重历史任务”的第一要务来抓，才能为加快我军建设转型提供强有力的支撑。

2. 信息化军事人才是打赢信息化战争的决定因素

马克思主义认为，战争胜负的决定因素是人，不是一两件武器。这一规律并不因战争形态的改变而改变。从一定意义上讲，武器装备是战斗力生成的序变量，人才是战斗力生成的参变量。只有把人和武器有机结合起来，才能充分激活武器装备的作战效能。信息化战争是运用信息、信息系统、信息化武器装备进行的非接触战争。这种全新的战争形态，与过去传统的机械化战争有本质的不同，对人才的素质和能力尤其是信息知识和技术的要求更高。

3. 信息化军事人才的短缺是制约我军信息化建设的瓶颈

改革开放以来，特别是党的十三届四中全会以来，在江泽民的亲自领导和推动下，我军启动了人才建设工程并取得了巨大成就，初步形成了具有我军特色的人才体系。但同时我们必须看到，信息化军事人才与一般性人才有本质区别，能力素质要求要高得多。特别是我军尚处于机械化半机械化条件之下，无论是人才队伍现状，还是人才培养观念、院校教育、部队训练，以及人才的选拔培养机制等许多方面，与军事大国相比都有较大的差距，特别是信息素质不高，与建设信息化军队、打赢信息化战争的要求不相适应，这越来越成为制约军队信息化建设的瓶颈，官兵科技文化素质与建设信息化军队的要求不相适应。不仅我军士兵的文化素质较低，军官中大学本科以上学历的比例也不高。在拥有大学本科学历的军官中，还有相当一部分是通过自学哲学、社会科学方面的课程取得的文凭。这与美国等发达国家军队相比差距很大。

二是作战组织指挥能力与打赢信息化战争的要求不相适应。苏联军事家什捷缅科说过："战争一来，总是要淘汰许多和平时期的统帅。"由于我军长期处于相对和平的环境，缺乏高技术战争实践的锻炼，目前我军经验型、管理型人才占多数，指技合一型、军政兼通型的复合型人才普遍缺乏，尤其是指挥联合作战的实践经验和能力缺乏。

三是专业技术人才严重短缺和流失。目前军队专业技术人才缺口较大，高层次信息技术人才更是少之又少。虽然不少单位出台了许多优惠措施，但由于体制编制、政策制度等多方面的原因，再加上地方 IT 行业高薪竞争，军队很难吸引和留任高素质的信息技术人才。这种状况必将严重制约和迟滞我军建设和发展。还要看到，现在我军的武器装备已经出现了快速发展的强劲势头，越来越多的高技术信息化武器装备将陆续配发至部队，如果我们无法采取有效措施，信息化人才建设与军队发展趋势不相适应的矛盾将更加突出。缺乏高素质的信息化军事人才，我军既无法掌握手中的新型武器装备，又无法创造和运用新的战法，面对可能发生的信息化条件下的局部战争，就会束手无策，处于被动挨打境地。

二、加快信息化条件下军队的建设

对于信息化条件下军队的建设，以革命化、正规化、现代化建设为核心的一系列军队建设思想，政治合格、军事过硬、作风优良、纪律严明、保障有力的总要求等仍然是我军建设的指导思想，是为打赢信息化战争，军队建设所必须遵循的。然而，当今的社会发展和新技术革命必将影响军队建设思想的变化。以信息技术为核心的高技术群在军事领域的广泛运用，机械化部队将被数字化部队取代，军队编制体制必将引起深刻变革，促使军队的构建更加趋向灵活、高效、合理。根据目前新军事革命露出的端倪，军队建设将会发生许多新变化。从打赢信息化战争的需要来看，信息化条件下军队的建设主要向以下四个方向发展。

1. 军队建设向信息化方向发展

军队建设信息化是军队建设指导思想的重要转折。军队的信息化水平是军队战斗力的标志和反映。在当代信息化战争中，信息上升为构成战斗力的主导因素。因此，我们一定要以积极的姿态、时不待我的精神和踏踏实实的工作作风，努力赶上先进国家的军队信息化建设水平。具体方法如下。

(1) 要树立军队信息化武器装备的发展必须依赖于社会、国家经济和科学技术发展的思想。要在国家经济发展和科学技术发展的基础上，大力发展军队的信息化武器装备，大力探索民为军用的发展路子和方法，发挥民用科技在信息化战争中的作用，军民结合，寓军于民。

(2) 重点发展电子技术，使信息和信息技术在国防与军队建设中的应用广度和深度上有较大的提高，这是打赢信息化战争的决定性因素。大力发展信息化武器装备应着力朝两方面努力：一方面要提升单个武器装备和各种作战要素的信息化水平，使武器装备的性能倍增，看得更远更清，打得更远更准，走得更远更快。另一方面要着力发展综合集成一体化作战体系。体系对抗是未来作战的最大特点，是信息化战争的基本特征。如何把侦察、情报、通信、指挥、武器装备的打击能力、后勤保障等联为一体，是打赢信息化战争的关键要素。对于正处于半机械化向机械化建设发展的我军，这既是严峻的挑战，同时也是发展的机遇。但任务非常艰巨，既要以信息化技术加强我军机械化建设，在夯实机械化建设的基础上，努力实现跨越式发展，又要积极瞄准信息化建设目标，努力发展具有我军特色的“撒手锏”，完成信息武器系统及信息化战争所需求的武器装备配套建设，掌握信息化战场的主动权，确保战争目的的实现。

(3) 要走积极引进、以我为主的发展路子。必须明确，先进的武器装备是以一个国家的国民经济和科学技术发展为前提的，没有一定的科学技术，生产先进的武器装备难度很大。因此，积极引进是追赶先进国家的捷径。但只依靠引进，打起仗来容易受制于人，必须通过积极引进，加强消化，以自我发展为主。只有这样，才能真正为打赢未来信息化战争作扎实的准备。

2. 军队规模向小型化方向发展

军队规模的小型化是随着军事技术和武器装备的变革形成的一种带倾向性的军队建设思想。为什么军队规模向小型化发展呢？一是由于军事技术的发展，使军队数量、质量与战斗力高低的关系发生了变化。在以往的战争中，军队力量主要是由人员和武器装备等有形因素构成，但在以信息技术为核心的新军事革命时期，军队作战力量中最重要的武器将不再是高性能的战斗机、坦克、战舰，而是在信息系统控制下充分发挥兵器的作用。二是由于高技术武器装备提高了部队的战斗力，为缩小军队规模提供了物质基础。高技术武器装备精度高、威力大，部队的战斗力强。具有先进武器装备的军队可以用少量人员完成原来需要大量部队来完成的任务。

由于国际形势的发展、新技术革命、武器装备的革新等原因，军队裁减员额、缩小规模成为不可逆转的潮流。压缩军队规模是当今世界各国军队建设的普遍选择。冷战结束后，大多数国家对军队规模作了较大幅度的压缩。俄军由苏联时期的440万人减少到120万人，美军由217万人减少到140万人，还准备再裁减6万人，英军由33万人减少到21万人，法军由56万人减少到35万人，日军由27万人减少到18万人，德军由统一前的67万人减少到33万人。从发展趋势看，美国、俄罗斯、英国、法国、德国、日本等国，根据国际形势、科学技术和武器装备的发展，其军队还将会精简机构、裁减员额、缩小规模。我国军队随着形势的发展、武器装备的改善和作战能力的提高，也会逐渐压缩规模和减少员额。中华人民共和国成立初期，我军员额550万人，1950年压缩到400万人，抗美援朝时期，军队员额增至611万人，1958年减为240万人。20世纪70年代增至600多万人，1982年减为423.8万人，1985年压缩到不足300万人，到1999年减到250万人左右。因此，军队规模小型化，战斗力增强，是当今形势发展和新军事革命发展的必然趋势。

3. 军队指挥体制向灵活高效、扁平网络化方向发展

在信息化条件下，军队指挥体制向灵活高效、扁平网络化的方向发展。传统军队的树状指挥体制中存在信息流程长、横向沟通能力弱、抗毁能力差等弊端。为了减少和克服这些弊端，各国军队普遍利用信息流动快的特性来改革指挥体制，将以垂直指挥关系为主的树状结构体系，改变为横宽纵短的扁平网状结构体系，减少指挥层次，增强横纵向联系，实现信息传输快、指挥灵活高效。这种指挥体制具有两个特征，即指挥体系扁平化和指挥系统网络化。

美军积极推进这种指挥体制的发展，将这种指挥体制的组织结构推向信息化、一体化、多功能化。它们准备在2020年以后，在各军种组织结构数字化的基础上，实现全军组织结构的信息化，并建成世界上第一支信息化军队。信息化军队是通信技术数字化，指挥、控制、通信、情报一体化，武器装备智能化，各种作战系统网络化的军队。这种组织结构的指挥体制，将具备高度的灵活性，使军队的编成十分灵活而富有弹性。军队根据作战任务的需求进行多样化的编组。军队的编成不一定要按武器类型、任务功能区分，它可以像“魔方”或“积木”那样，随时混编、改制、重组，突破军兵种界限，一个小的作战单位就可能有军舰、飞机和远程精确打击武器的支援，并随时都能得到国家级和战区级信息等的支援。

4. 军队建设向一体化方向发展

军队建设向一体化方向发展是科学技术发展在军事领域的体现。信息技术的发展正在把各个作战系统连接成一个一体化的整体，使军队建设必然朝着一体化的方向迈进。军队建设的一体化就是将军队的决策指挥系统、武器装备系统、战斗部队、支援部队、勤务保障部队等融为一体，高度合成。打破传统军兵种界限，使在建制上分属各军兵种的陆、海、空、天、信息多维作战力量和作战平台，在统一协调下进行多维立体作战，真正形成陆、海、空、天、信息等一体化作战力量，实现最佳作战效果。美军极力推动各项改革，充分利用信息技术的优势，建立一支快速机动、一体化并能全球到达的联合快速反应部队。为了满足未来作战的需要，必须构建陆、海、空、天、信息一体化的整体体系。一体化是指军队系统化的整体水平，是以信息技术为核心的高新技术成果在军队编组上的反映。为了便于综合运用各种作战力量、作战方式和打击手段，提高全维作战能力，军队的编组必然向高度协调的一体化方向转变。形成一种高效能的战争体系，是打赢信息化战争的必然选择。

三、加速发展信息化武器装备

信息化战争的飞速发展，要求我军乘国家信息化发展之势，加速发展信息化武器装备，以适应未来信息化战争的需要。如果按部就班地先完成机械化，再发展信息化，我军将无法赶上发达国家军队建设的步伐。

积极研制和发展高技术武器装备，加强军队现代化建设，是信息化条件下军队打赢局部战争的关键。西方国家认为战争的胜利主要取决于先进技术，技术优势是赖以抵消对手兵力并减少自身伤亡的重要因素。保持技术优势，发展高技术装备，在军事领域发挥高科技的作用，一直是西方国家追求的目标。美国和西欧各国大力发展新兴技术群，从电子、空间、聚能、生物工程、海洋工程、新型材料等技术领域选准突破口，攻下难关，占据优势。西方国家大力应用新兴技术于军事领域，重点建设监视、捕获、跟踪、火控、精确制导、C4ISRK 等系统，研制和发展高技术的常规武器装备，完善武器装备的配套，以形成最大的战斗力。美军认为训练有素的人员，强大的战术空中力量，先进的通信系统、天基侦察系统和其他先进的武器装备是美国在未来战争中赢得胜利的重要手段。我们虽然不像西方国家那样认为技术、武器装备决定战争的胜负，但也必须看到夺取信息化条件下战争的胜利，武器装备的作用越来越大，成为至关重要的因素。发展先进的武器装备，加强军队的现代化建设已成为我军打赢未来信息化战争的关键性条件。

军队和国防现代化是我国社会主义现代化的一个重要方面，关系到国家安全大局。像中国这样一个社会主义国家，离开军队和国防的现代化，就不足以成为对国际事务有重要影响的大国之一，就不足以显示社会主义制度的优越性，就不足以振奋民族自尊心和自信心。因此，我们必须在国民经济不断发展的基础上，合理确定国防投入比例，相应改善武器装备，加速国防现代化建设。

首先，要努力实现我军武器装备建设的跨越式发展。目前，西方发达国家的军队在机械化和信息化武器装备发展上大致分为三个阶段：2010 年之前基本实现机械化，具有一定的信息作战能力；2010—2020 年，全面实现机械化，信息化能力有较大提升；2020—2050 年，武器装备从信息化初期向中期发展，传统的机械化装备概念将不复存在，将以信息化和新概念武器为主。而我军仍然处于机械化尚未完成，信息化挑战又非常严峻的“双重历史任务”时期，即我军在未来数十年中，既要努力实现武器装备的机械化，又要实现信息化，要两步并作一步走。因此，我军要贯彻跨越式发展战略，在大力加强武器装备机械化建设的同时，要以信息化带动机械化发展，努力提升武器装备的信息化，为打赢未来信息化战争铸造“撒手锏”。

其次，要全力打造高水平的信息化武器装备系统。未来信息化战争中，信息化武器装备是重要的制胜因素，因此，我军必须打造高水平的信息化武器装备系统。一是要树立信息主导和系统集成的观念，在武器装备发展上，要大力发展信息化、智能化的远程精确作战武器系统，集作战、侦察、预警、指挥与控制于一体的 C4ISRK 系统；在战场建设上要建立数字化、网络化战场。二是要树立虚拟实践观，要充分利用虚拟现实技术，创造人工合成环境和战斗实验室，增强我军武器装备发展的预研能力和预检能力，提高信息化武器装备发展的效益。三是要树立信息嵌入观，跟踪世界军事技术的发展趋势，增强利用计算机、移动通信、生物、纳米材料等先进技术对现有的武器和弹药系统进行信息化改造的能力，进一步提高我军现有主战平台的集成化、精确化、智能化、隐身化和体系化。

四、确立信息化思想新观念

要打赢信息化战争，必须在器物层和观念层同时演进，既要发展信息化武器装备，更要适应信息时代的要求，实现思想观念的先期转型。观念决定思路，思路决定发展。如果发展观念滞后，即使信息化装备的比例提高，也难以发挥先进科技应有的效能。我们要打赢信息化战争，就要不断激发军事理论创新的强烈意识，确立适应信息时代要求的创新观念。

纵观军事斗争的发展历史，每一次战争形态的变化，往往首先表现并取决于观念上的进步。目前，我军作战力量机械化尚未完成，又面临信息化战争这个崭新的课题，如果我们仍然以传统的战争观念去思考信息化战争，如果我们还沉浸在以往革命战争中的辉煌历史而止步不前，将新事物拒之门外，我们将失去难得的历史机遇。面对强劲的信息革命的飓风，我们必须从工业时代的思维中解放出来，按照信息化战争的要求实现思想观念的根本性转变。

首先，要改变传统的"火力中心"观念，把国防建设的中心转移到以信息技术为支撑的体系建设上来，把提高我国的信息国防能力作为国防建设的重中之重。其次，要抓住信息化浪潮给我们提供的极为宝贵的发展机遇，瞄准世界强国，高标准地进行我国的信息国防建设，使我国在下一轮的军事竞争中占据有利的战略地位。再次，要具有创新的观念和勇气，敢于大胆想象，善于科学创新，准确把握信息化战争的方向，加快我国国防信息化建设的发展速度。

2005 年 10 月 8 日，胡锦涛同志指出：我国要适应国际国内形势的发展变化，按照建设信息化军队、打赢信息化战争的战略目标，全面推进国防和军队现代化建设。2005 年 10 月 11 日，胡锦涛同志明确提出了"坚持自主创新，建设创新型国家"这一重大命题，阐述了中国特色的科技创新之路，要求"大力提高原始创新能力、集成创新能力和引进消化吸收再创新能力"。这三个创新，都具有很强的现实性和针对性。原始创新是基础，是根本性突破。集成创新是突破，是信息时代的必然要求。引进消化吸收再创新是特色，是发展中国家提高自主创新能力的突破点。这三个创新对国防和军队建设具有极其深刻的内涵，对推进建设信息化军队和打赢信息化战争具有极其重要的现实指导意义。胡锦涛同志还提出了"实施激励自主创新的各项政策""加强科技队伍建设"等重大问题。这些问题与国防和军队建设密切相关，与军事理论创新密切相关。

2005 年 10 月 25 日，胡锦涛同志会见国防大学第四次党代会代表时深刻指出：要坚持理论联系实际的方针，密切跟踪世界军事发展趋势，与时俱进，开拓创新，不断提高人才培养的质量和科研成果的质量，努力适应国防和军队建设的需要、适应军事斗争准备的需要。胡锦涛同志的这些论述，对于强化军事创新，提高打赢信息化战争的能力，具有十分重要的现实意义和深远的历史意义。

在信息时代，信息成为一个国家的重要资源，成为经济和社会发展中不可缺少的财富。信息时代的客观形势迫使我们更新观念。当前，一场全球性的信息技术竞赛已经全面展开。谁获得了优势，谁就将在下一场战争中抢得先机。信息时代对作战理论、武器装备、指挥体系带来的严峻挑战，几乎是强制性地改变着军事观念。当我们面对布满预警飞机、全球定位系统、侦察卫星、车载无线电系统等一系列高科技装备的数字化战场和信息战时，当我们面对一支数字化军队时，必须改变以往那种对阵搏杀的观念，开阔视野，用信息和数据库等新观念去思考信息化战争和 21 世纪的军队，探索信息和信息源对军事斗争的深刻影响，大胆改革，客观地迎接信息时代的挑战。要更新人才培养的观念，驾驭数字化军队需要一大批懂得高技术知识、能胜任现代化指挥的优秀人才。要更新运用战法的观念，信息时代将创造出全新的数字化战场，只有运用适应数字化战场要求的新战法，才能掌握信息化战场的主动权。

思　考　题

1. 什么是信息化战争？
2. 信息化战争有哪些基本特征？
3. 阐述信息化战争产生与发展的过程。
4. 信息化战争对国防建设有何影响？
5. 如何增强我军打赢信息化战争的能力？

第五章　解放军条令条例教育与训练

第一节　共同条令

一、《中国人民解放军内务条令(试行)》概述

(一)《中国人民解放军内务条令(试行)》简介

《中国人民解放军内务条令(试行)》是规定军队内部关系、生活制度和军人职责的条令，是全军进行行政管理教育的依据。现行的《中国人民解放军内务条令(试行)》在 2018 年 3 月 22 日经中央军委常务会议通过，2018 年 4 月 4 日由中央军委主席习近平颁发命令发布，共十五章、三百二十五条及相关附录。

(二)《中国人民解放军内务条令(试行)》的基本内容

1. 第一章:总则

总则阐明了制定内务条令的目的:“为了规范中国人民解放军的内务制度，加强内务建设，根据有关法律和军队建设的实际，制定本条令。”总则是整个条令的纲，集中阐述了我军的性质、任务和内务建设的原则。

总则指出:“中国人民解放军是中国共产党缔造和领导的，用马克思列宁主义、毛泽东思想、邓小平理论、‘三个代表’重要思想、科学发展观、习近平新时代中国特色社会主义思想武装的人民军队，是中华人民共和国的武装力量，是人民民主专政的坚强柱石。紧紧地和人民站在一起，全心全意地为人民服务，是这支军队的唯一宗旨。中国人民解放军必须始终不渝地保持人民军队的性质，忠于党，忠于社会主义，忠于祖国，忠于人民。”

总则指出:“中国人民解放军的任务是，巩固国防，抵抗侵略，保卫祖国，保卫人民的和平劳动，参加国家建设事业。中国人民解放军在新时代的使命任务是，坚决维护中国共产党的领导和中国特色社会主义制度，坚决维护国家主权、安全、发展利益，坚决维护国家发展的重要战略机遇期，坚决维护地区与世界和平，为实现‘两个一百年’奋斗目标、实现中华民族伟大复兴的中国梦提供战略支撑。”

总则指出，中国人民解放军的内务建设，必须坚持的四项原则:“政治建军原则”“改革强军战略”“科技兴军战略”“依法治军方略”。并规定:“各级党委、首长和机关对本条令的施行负有重要责任，必须按级负责，各司其职，加强检查和监督，认真贯彻落实。”

2. 第二章:军人宣誓

军人宣誓，是军人对自己肩负的神圣职责和光荣使命的承诺和保证，必须在入伍(入校) 90 日内举行。军人誓词是:

"我是中国人民解放军军人,我宣誓:

"服从中国共产党的领导,全心全意为人民服务,服从命令,忠于职守,严守纪律,保守秘密,英勇顽强,不怕牺牲,苦练杀敌本领,时刻准备战斗,绝不叛离军队,誓死保卫祖国。"

本章还规定了军人宣誓的基本要求和军人宣誓大会的程序。

3. 第三章:军人职责

军人职责包括士兵职责、军官职责、主管人员职责。

4. 第四章:内部关系

内部关系包括军人相互关系、官兵关系、机关相互关系、部(分)队相互关系。条令规定:"中国人民解放军军人,不论职位高低,在政治上一律平等,相互间是同志关系。"

军人依行政职务和军衔构成首长和部属、上级和下级以及同级关系。在行政职务上有隶属关系时,行政职务高的是首长又是上级,低的是部属又是下级。没有隶属时,行政职务高的是上级,行政职务低的是下级。相互不知行政职务,军衔高的是上级,军衔低的是下级。

部属、下级必须服从首长、上级。如果认为命令有不符合实际情况之处,可以提出建议,但在首长未改变命令时,仍须坚决执行。执行中如果情况发生急剧变化,原命令确实无法继续执行而又来不及或者无法请示报告时,应当根据首长总的意图,以高度负责的精神,积极主动地机断行事,坚持完成任务,事后迅速向首长报告。

官兵关系是军队内部关系的基础。军官要关心士兵,尊重士兵;士兵要服从管理。机关之间要按照职能和分工,密切合作,互相支持。部(分)队之间要相互尊重,积极配合,遇事协商解决。

5. 第五章:礼节

礼节包括军队内部的礼节、军人和部(分)队对军外人员的礼节、其他时机和场合的礼节。

礼节,体现军队内部的团结友爱和互相尊重。军人敬礼分为举手礼、注目礼和举枪礼。着军服时,通常行举手礼。

军人之间通常称职务,或者姓加职务,或者职务加同志。首长和上级对部属和下级以及同级间的称呼,可以称姓名或者姓名加同志;下级对上级,可以称首长或者首长加同志。军人听到首长和上级呼唤自己时,应当立即答"到"。回答首长问话时,应当自行立正。领受首长口述命令、指示后,应当回答"是"。

每天第一次遇见首长或者上级或者军衔比自己高的同志时,应当敬礼,对方应该还礼。军人进见首长时,在进入首长室前,应当敲门并喊"报告",得到允许后方可以进入并向首长敬礼。同级之间只需敲门。在室内,首长或者上级来到时,应当自行起立。

在实验室、机房、厨房、病房、诊室等,正在操作兵器和位于射击、驾驶位置时;进行文体活动和体力劳动时;乘坐公共交通工具、电梯时;在浴室、理发室、餐厅、商店、洗手间时;着便服时;其他不便于敬礼的时机和场合,不用敬礼。

分队在停止间,当上级首长来到时,带队指挥员向分队发出"立正"口令,尔后向首长敬礼和报告。未列队的分队,不论在室内室外,当上级首长来到时,由在场职务最高者或者先见者发出"立正"口令(当人员处于坐姿时,应当先发出"起立"口令),并由在场职务最高者向首长敬礼和报告。

军人同党政机关工作人员、人民群众和外宾接触时,应当讲文明,有礼貌。

升国旗时,在场的全体军人应当面向国旗立正,着军服的行举手礼,着便服的行注目礼。

奏唱国歌时，在场的军人应当自行立正，举止庄重，肃立致敬，自始至终跟唱；集会奏唱时，应当统一起立，设立分会场的，应当与主会场保持一致。

6. 第六章：军人着装

军人应当配套穿着军服，佩带军衔、级别资历章（勋表）等标志服饰，做到着装整洁庄重、军容严整、规范统一。军人在日常工作、学习、集体生活时，通常着常服。军官在参加纪念、庆典活动，或授旗授勋等仪式时，应穿礼服。

7. 第七章：军容风纪

军容风纪包括仪容、举止及军容风纪检查。

军人必须按照规定着军服，保持军容严整。军人在营区外以及在室内携带武器时，应当戴军帽。

军人服役期间不得文身。着军服时，不得化妆，不得留长指甲和染指甲，不得围非制式围巾，不得戴非制式手套，不得在外露的腰带上系挂钥匙和饰物，不得戴耳环、项链、领饰、戒指等首饰。除工作需要和眼疾外，不得戴有色眼镜。

军人必须举止端正，谈吐文明，军话标准，精神振作，姿态良好。不得袖手、背手和将手插入衣袋，不得边走边吸烟、吃东西、扇扇子，不得搭肩挽臂。参加集会、晚会，必须按照规定的时间和顺序入场，按照指定的位置就座，遵守会场秩序，不得迟到早退。散会时，依次退场。

军人外出，必须遵守公共秩序和交通规则，遵守社会公德；不得猬集街头、嬉笑打闹和喧哗；不得酗酒、赌博和打架斗殴，不得参加迷信活动；不得围观和参与社会游行、示威、静坐等活动；不得传抄、张贴、私藏非法印刷品；不得组织和参与集体上访；不得购买、传看渲染色情、暴力、迷信和低级庸俗的书刊和音像制品；在公共场所和其他禁止吸烟的场所不得吸烟。

军容风纪是军人的仪表和风貌，是军队作风纪律和战斗力的表现。部（分）队在经常进行军容风纪教育的同时，必须建立健全检查制度。纠察人员对违反军容风纪的应当令其立即改正，对不服从纠察和严重违反军容风纪的给予批评教育，必要时予以扣留并通知其所在单位负责人领回严肃处理。

8. 第八章：与军外人员的交往

军队单位和人员在与军外人员交往中必须遵纪守法，保持良好形象，坚决维护国家和军队的利益。

9. 第九章：作息

作息包括时间分配、基层单位一日生活、机关一日生活。

在基层单位，起床后，早操，整理内务和洗漱，开饭，操课，午睡，课外活动，点名，就寝。

在机关，起床后，早操，开饭，办公，午睡，体能训练，业余活动，就寝。

10. 第十章：日常制度

日常制度包括值班、警卫、行政会议、请示报告、内务设置、登记统计、请假销假、查铺查哨、留营住宿、点验、交接、接待、证件和印章管理、保密等制度。

11. 第十一章：日常战备

规定部（分）队必须高度重视战备工作，严格执行备战法规制度，紧密结合形势和任务，经常进行战备教育，增强战备观念，建立正规的战备秩序，保持良好的战备状态。

12. 第十二章：军事训练和野营管理

强调军事训练要实战化。野营训练要了解当地社情和环境，协商解决部队宿营等问题，保护好环境和文物古迹。注意战士的人身安全，保护好物资，特别是做好危险物资的管理。

13. 第十三章：日常管理

日常管理包括执行任务人员、探亲（休假）人员、公勤人员、伤病员等零散人员的管理；军人健康保护；财务和伙食管理；车辆使用管理；装备管理；移动电话和国际互联网的使用管理；营区管理；安全管理等内容。

14. 第十四章：国旗、军旗、军徽的使用和国歌、军歌的奏唱

第十四章包括国旗的使用和国歌的奏唱、军旗的使用管理、军徽的使用管理、军歌的奏唱等内容。

规定军委机关部门、军兵种机关等机关应天天升挂国旗；军级以下部队及省军区、军分区，应当在工作日升挂国旗。军队院校除寒假、暑假和星期日外，应当每日升挂国旗。以上各单位在国庆节、建军节、国际劳动节、元旦、春节应当升挂国旗。

规定在军队举办的庆典和重要集会，重要外事活动和重大国际性集会，升挂国旗时及其他需要奏唱国歌的时机、场合奏唱国歌。

军旗是中国人民解放军的标志，是中国人民解放军荣誉、勇敢和光荣的象征，全体军人必须维护和捍卫军旗的尊严。军旗主要在重大节日、典礼、检阅、隆重集会、游行和军人宣誓等时机使用。使用军旗时，由掌旗员掌持军旗，左右各一名护旗兵，位于部队行列先头。

中国人民解放军军徽是中国人民解放军的象征和标志。军人必须爱护军徽，维护军徽的尊严。

中国人民解放军军歌是中国人民解放军性质、宗旨和精神的体现。军队举办的庆典和重要集会；部队迎军旗、校阅、队列行进和集会；其他维护及显示军队威严的时机、场合，奏唱军歌。

15. 第十五章：附则

附则中明确了内务条令所适用的范围等。

二、《中国人民解放军纪律条令(试行)》概述

（一）《中国人民解放军纪律条令（试行）》简介

《中国人民解放军纪律条令（试行）》就是规定军队纪律的条令，是全军维护和巩固纪律的依据。现行《中国人民解放军纪律条令（试行）》是 2018 年 3 月 22 日经中央军委常务会议通过，2018 年 4 月 4 日由中央军委主席习近平颁发命令发布的，共十章、二百六十二条及相关附录。

（二）《中国人民解放军纪律条令（试行）》的基本内容

1. 第一章：总则

着重阐述了制定纪律条令的目的和要求，是“为了贯彻全面从严治军方针，加强中国人民解放军纪律建设，维护和巩固铁的纪律，确保军队绝对忠诚、绝对纯洁、绝对可靠，保证军队的高度集中统一，加强革命化、现代化、正规化建设，巩固和提高战斗力，根据有关法律的规定，制定本条令”。纪律必须建立在政治自觉、道德自律、管理严格的基础上。

2. 第二章：纪律的主要内容

纪律包括政治纪律、组织纪律、作战纪律、训练纪律、工作纪律、保密纪律、廉洁纪律、财

经纪律、群众纪律、生活纪律。

3. 第三章：奖励

规定了奖励的目的和原则。奖励的目的在于鼓励先进，维护纪律，调动官兵的积极性、创造性，发扬爱国主义、共产主义和革命英雄主义精神，保证作战、训练和其他各项任务的完成。奖励应遵循的原则是：严格标准，按绩施奖；发扬民主，贯彻群众路线；精神奖励和物质奖励相结合，以精神奖励为主，注重发挥物质奖励的激励作用。

对个人的奖励项目有嘉奖、三等功、二等功、一等功、荣誉称号、八一勋章。根据需要，中央军委可以设立其他勋章。对单位的奖励项目有嘉奖、三等功、二等功、一等功、荣誉称号。

个人获取奖励的条件是在作战、训练或者其他工作中的某一方面表现突出，取得优良成绩或者被评为优秀基层官兵的，给予嘉奖……单位获取奖励的条件是：单位建设基础扎实，在作战、训练或者其他工作中的某一方面表现突出，取得优良成绩的，给予嘉奖……

此外，还规定了奖励的权限、实施和待遇等。

4. 第四章：表彰

团级以上单位对在作战、训练或者其他工作中表现突出，作出积极贡献的人员和单位，可以给予表彰。

5. 第五章：纪念章

作战纪念章颁发给直接执行作战任务的人员。重大任务纪念章颁发给执行中央军委赋予的抢险救灾、反恐维稳、处置突发事件等重大军事行动任务的人员。国防服役纪念章颁发给服现役满 8 年以上的人员。卫国戍边纪念章颁发给在边海防、边远艰苦地区服现役的人员。献身国防纪念章颁发给烈士和因公牺牲、因公致残的人员。和平使命纪念章颁发给执行联合国维持和平行动、联合反恐、联合军演、援外活动等军事任务的人员。根据需要，中央军委可以向参与特定时期、特定领域、重大工作的个人颁发其他纪念章。

6. 第六章：处分

处分的目的在于严明纪律，教育违纪者和部队，强化纪律观念，维护集中统一，巩固和提高部队战斗力。处分应坚持的原则是：依据事实，惩戒恰当；惩前毖后，治病救人；纪律面前人人平等。

7. 第七章：特殊措施

行政看管是维护秩序、制止严重违纪行为、预防事故和案件发生或者保护被看管人的措施。对有打架斗殴、聚众闹事、酗酒滋事、持械威胁他人、违抗命令、严重扰乱正常秩序等行为的人员，或者确有迹象表明可能发生逃离部队、自杀、行凶等问题的人员，可以实行行政看管。行政看管的时间，一般不超过 7 日，需要延长的，应当报上级批准，但累计不得超过 15 日。

士官留用察看：对拒不履行职责、不起骨干作用，经批评教育不改的士官，可以实施留用察看。士官留用察看时间，一般不超过 6 个月。

8. 第八章：控告和申诉

控告和申诉是军人的民主权利，其目的在于充分发挥群众监督作用，保护军人合法权益，维护军队严格的纪律。军人有权对违法违纪者提出控告。

9. 第九章：首长责任和纪律监察

各级首长负有维护纪律的责任。各级正职首长是维护纪律和纪律监察的第一责任人，分管首长负相应领导责任。

各级首长应当以身作则，严于律己，对部属要求要严。各级首长还应对下级实施纪律监察，并自觉接受上级的监察以及下级和群众的监督。

10. 第十章：附则

附则规定了条令的适用范围和奖章、奖牌、证书的样式等。

三、《中国人民解放军队列条令（试行）》概述

（一）《中国人民解放军队列条令（试行）》简介

《中国人民解放军队列条令（试行）》是规定部队和单个军人队列动作的条令，是全军队列训练和队列生活的依据。该条令从适应我军优良作风的培养和技术、战术训练的需要出发，以加强我军现代化、正规化建设，提高部队战斗力为目的，对军队的队列训练和队列生活作了具体规范。要求全体军人必须参加队列训练，并在日常生活中，自觉地严格执行条令规定，做到教养一致，以反映我军的精神面貌。现行的《中国人民解放军队列条令（试行）》在2018年3月22日经中央军委常务会议通过，2018年4月4日由中央军委主席习近平颁发命令发布，共有十章、八十九条及相关附录。

（二）《中国人民解放军队列条令（试行）》的基本内容

1. 第一章：总则

总则阐明了制定本条令的目的："为了规范中国人民解放军的队列动作、队列队形和队列指挥，保持整齐划一和严格正规的队列生活，制定本条令。"指出了本条令的适用范围："本条令适用于中国人民解放军现役军人和单位，以及参训的预备役人员。"强调了"本条令是中国人民解放军队列生活的准则和队列训练的基本依据"。

2. 第二章：队列指挥

规定了队列指挥位置、队列指挥方法及队列指挥要求。

队列指挥位置。指挥位置应当便于指挥和通视全体。通常是：停止间，在队列中央前；行进间，纵队时在队列左侧中央前或偏后，必要时在中央前，横队、并列纵队时在左侧前或者左侧，必要时在右侧前（右侧）或者左（右）侧后。

队列指挥方法。队列指挥通常用口令。行进间，除向左转走和齐、正步互换及敬礼、礼毕时落在左脚，其他均落在右脚。变换指挥位置，通常用跑步（5步以内用齐步），进到预定的位置后，成立正姿势下达口令。纵队行进时，可以在行进间下达口令。

队列指挥要求：指挥位置正确；姿态端正，精神振作，动作准确；口令准确、清楚、洪亮；熟练掌握和运用队列指挥方法；认真清点人数，检查着装，按规定组织验枪；严格要求，维护队列纪律。

3. 第三章：队列队形

规定了基本队形，队列的间距，分队的队形，旅的队形，其他分队、部队的队形。

4. 第四章：单个军人的队列动作

规定了单个军人立正、跨立、稍息、停止间转法、行进等徒手队列动作；敬礼、礼毕和单个军人敬礼，坐下、蹲下、起立；以及操枪、操筒、操炮等时的队列动作。

5. 第五章：分队、部队的队列动作

规定了集合、离散；整齐、报数；出列、入列；行进、停止；队形变换；方向变换；分队、部队敬礼；班的置（架）枪、取枪；指挥员列队位置的变换；卫兵执勤动作等队列变化。

6. 第六章:分队乘坐交通工具

对于乘坐交通工具准备、实施以及行进中的调整提出了具体要求。

7. 第七章:国旗的掌持、升降和军旗的掌持、授予与迎送

对国旗的掌持、升降和军旗的掌持、授予及迎送均作了具体规定。

8. 第八章:阅兵

规定了阅兵的时机和权限、阅兵的形式和程序等,并对师以上部队和其他部队的阅兵提出了具体要求。

9. 第九章:仪式

规定了仪式的基本规范,着重讲了升国旗仪式、誓师大会仪式、码头送行和迎接任务舰艇仪式、凯旋仪式、组建仪式、转隶交接仪式、迎接烈士仪式等仪式的程序。

10. 第十章:附则

附则明确了条令的适用范围和施行日期等。

第二节　队列动作训练

根据队列条令进行队列训练,是军队正规化建设的一项重要内容,对培养部队过硬的作风、严格的纪律,巩固和提高部队战斗力,有着十分重要的作用。

一、单个军人的队列动作

单个军人队列动作,是部队训练、列队和日常生活的基础动作,是加强部队作风纪律建设、培养战斗力的必要形式。其内容主要包括立正、跨立、稍息、停止间转法、行进、立定、步法变换、行进间转法、坐下、蹲下、起立等。

(一) 立正、跨立、稍息、停止间转法

1. 立正

立正是军人的基本姿势,是队列动作的基础。军人在宣誓、接受命令、晋见首长和向首长报告、回答首长问话、升降国旗、迎送军旗、奏国歌和军歌等庄重的时机和场合,均应当自行立正。

口令:立正。

要领:两脚跟靠拢并齐,两脚尖向外分开约 60°,两腿挺直;小腹微收,自然挺胸;上体正直,微向前倾;两肩要平,稍向后张;两臂下垂自然伸直,手指并拢自然微屈,拇指尖贴于食指第二节,中指贴于裤缝;头要正,颈要直,口要闭,下颌微收,两眼向前平视。参加阅兵时,下颌上仰约 15°。

2. 跨立

跨立主要用于训练、执勤和舰艇上分区列队等场合,可以与立正互换。

口令:跨立。

要领:左脚向左跨出一脚之长,两腿挺直,上体保持立正姿势,身体重心落于两脚之间。两手后背,左手握右手腕,拇指根部与外腰带下沿(内腰带上沿)同高;右手手指并拢自然弯曲,拇指贴于食指第二节,手心向后,携枪时不背手。

3. 稍息

口令：稍息。

要领：左脚顺脚尖方向伸出约全脚的三分之二，两腿自然伸直，上体保持立正姿势，身体重心大部分落于右脚。携枪（筒）时，携带的方法不变，其余动作同徒手。稍息过久，可自行换脚，动作应当迅速。

4. 停止间转法

(1) 向右（左）转。

口令：向右（左）——转；半面向右（左）——转。

要领：以右（左）脚跟为轴，右（左）脚跟和左（右）脚掌前部同时用力，使身体协调一致向右（左）转 90°，身体重心落在右（左）脚，左（右）脚取捷径迅速靠拢右（左）脚，成立正姿势。转动和靠脚时，两腿挺直，上体保持立正姿势。半面向右（左）转，按照向右（左）转的要领转 45°。

(2) 向后转。

口令：向后——转。

要领：按照向右转的要领向后转 180°。

（二）行进与停止

行进的基本步法分为齐步、正步和跑步。辅助步法为踏步、便步、移步和礼步。

下面介绍军训中常用的几种步法。

1. 齐步与立定

齐步是军人行进的常用步法，一般用于队列的整齐行进。

口令：齐步——走。

动作要领：左脚向正前方迈出约 75 厘米，按照先脚跟后脚掌的顺序着地，同时身体重心前移，右脚照此法动作；上体正直，微向前倾；手指轻轻握拢，拇指贴于食指第二节；两臂前后自然摆动，向前摆臂时，肘部弯曲，小臂自然向里合，手心向内稍向下，拇指根部对正衣扣线（着海军藏青色春秋常服、冬常服时，拇指根部对正双排扣中间位置），并高于春秋常服或者冬常服最下方衣扣约 5 厘米（着夏常服、水兵服时，高于内腰带扣中央约 5 厘米；着作训服时，与外腰带扣中央同高），离身体约 30 厘米；向后摆臂时，手臂自然伸直，手腕前侧距裤缝线约 30 厘米。行进速度每分钟 116～122 步。行进中听到“立定”的口令后，左脚再向前大半步着地，两腿挺直，右脚取捷径迅速靠拢左脚，成立正姿势。

2. 正步与立定

正步主要用于分列式和其他礼节性场合。

口令：正步——走。

动作要领：左脚向正前方踢出约 75 厘米，腿要绷直，脚尖下压，脚掌与地面平行，离地面约 25 厘米，适当用力使全脚掌着地，同时身体重心前移，右脚照此法动作；上体正直，微向前倾；手指轻轻握拢，拇指伸直贴于食指第二节；向前摆臂时，肘部弯曲，小臂略成水平，手心向内稍向下，手腕下沿摆到高于春秋常服或者冬常服最下方衣扣约 15 厘米处（着夏常服、水兵服时，高于内腰带扣中央约 15 厘米处；着作训服时，高于外腰带扣中央约 10 厘米处），离身体约 10 厘米；向后摆臂时左手心向右，右手心向左，手腕前侧距裤缝线约 30 厘米。行进速度每分钟 110～116 步。行进中听到“立定”的口令后，左脚再向前大半步着地（脚尖向外约

30°)，两脚挺直，右脚取捷径迅速靠拢左脚，成立正姿势。

3. 跑步与立定

跑步主要用于快速行进。

口令：跑步——走。

动作要领：听到预令时，两手迅速握拳（四指蜷握，拇指贴于食指第一关节和中指第二节），提到腰际，约与腰带同高，拳心向内，肘部稍向里合。听到动令，上体微向前倾，两腿微弯，同时左脚利用右脚掌的蹬力跃出约 85 厘米，前脚掌先着地，身体重心前移，右脚照此法动作；两臂前后自然摆动，向前摆臂时，大臂略垂直，肘部贴于腰际，小臂略平，稍向里合，两拳内侧各距衣扣线约 5 厘米；向后摆臂时，拳贴于腰际。行进速度每分钟 170～180 步。听到"立定"的口令后（着海军藏青色春秋常服、冬常服时，两拳内侧各距双排扣中间位置约 15 厘米），再跑两步，然后左脚向前大半步（两拳收于腰际，停止摆动）着地，右脚靠拢左脚，同时将手放下，成立正姿势。

4. 踏步与立定

踏步用于调整步伐和整齐。

口令：停止间口令为"踏步——走"，行进间口令为"踏步"。

动作要领：两脚在原地上下起落（抬起时，脚尖自然下垂，离地面约 15 厘米；落下时，前脚掌先着地），上体保持正直，两臂按照齐步或者跑步摆臂的要领摆动。听到"立定"的口令后，左脚踏一步，右脚靠拢左脚，原地成立正姿势。跑步的踏步，听到"立定"口令，继续踏两步，再按照上述要领进行。

5. 便步

便步用于行军、操练后恢复体力及其他场合。

口令：便步——走。

动作要领：用适当的步速、步幅行进，两臂自然摆动，上体保持良好姿态。

6. 步法变换

步法变换，均从左脚开始。

齐步、正步互换：听到口令，右脚继续走 1 步，即换正步或者齐步行进。

齐步换跑步：听到预令，两手迅速握拳提到腰际，两臂前后自然摆动；听到动令，即换跑步行进。

齐步换踏步：听到口令，即换踏步。

跑步换齐步：听到口令，继续跑 2 步，然后，换齐步行进。

跑步换踏步：听到口令，继续跑 2 步，然后换踏步。

踏步换齐步或者跑步：听到"前进"的口令，继续踏 2 步，再换齐步或者跑步行进。

（三）行进间转法

1. 齐步、跑步向右（左）转

口令：向右（左）转——走。

要领：左（右）肢向前半步（跑步时，继续跑 2 步，再向前半步），脚尖向右（左）约 45°，身体向右（左）转 90°时，左（右）脚不转动，同时出右（左）脚按照原步法向新方向行进。半面向右（左）转走，按照向右（左）转的要领转 45°。

2. 齐步、跑步向后转

口令：向后转——走。

要领:左脚向右脚前迈出约半步(跑步时,继续跑 2 步,再向前半步),脚尖向右约 45°,以两脚的前脚掌为轴,向后转 180°,出左脚按照原步法向新方向行进。转动时,保持行进时的节奏,两臂自然摆动,不得外张;两腿自然挺直,上体保持正直。

(四) 徒手坐下、蹲下、起立

1. 徒手坐下

口令:坐下。

要领:左小腿在右小腿后交叉,迅速坐下(坐凳子时,听到口令,左脚向左分开约一脚之长;女军人着裙服坐凳子时,两腿自然并拢),手指自然并拢放在两膝上,上体保持正直。

2. 蹲下

口令:蹲下。

要领:右脚后退半步,前脚掌着地,臀部坐在右脚跟上(膝盖不着地),两腿分开约 60°,手指自然并拢放在两膝上,上体保持正直。蹲下过久时,可以自行换脚。

3. 起立

口令:起立。

要领:全身协力迅速起立,左脚取捷径靠拢右脚(蹲下时,右脚取捷径靠拢左脚),成立正姿势或者成持枪(炮)、肩枪(筒)立正姿势。

(五) 脱帽、戴帽与整理着装

1. 脱帽

口令:脱帽。

要领:立姿脱帽时,双手捏帽檐或者帽前端两侧,将帽取下,取捷径置于左小臂,帽徽向前,掌心向上,四指扶帽檐或者帽墙前端中央处,小臂略呈水平,右手放下。

坐姿脱帽时,双手捏帽檐或者帽前端两侧,将帽取下,置于桌(台)面前沿左侧或者膝上,使帽顶向上、帽徽朝前,也可以置于桌斗内。

2. 戴帽

口令:戴帽。

要领:双手捏帽檐或者帽前端两侧,取捷径将帽迅速戴正。携枪时,用左手脱帽、戴帽。需夹帽时(作训帽除外),双手捏帽檐或者帽前端两侧,取捷径将帽取下,左手握帽墙(女军人戴卷檐帽时,将四指并拢,置于下方帽檐与帽墙之间),小臂夹帽自然伸直,帽顶向左,帽徽朝前。

3. 整理着装

整理着装,通常在立正的基础上进行。

口令:整理着装。

要领:双手(持自动步枪时,将枪夹于两腿间)从帽子开始,自上而下,将着装整理好。必要时,也可以相互整理。整理完毕,自行稍息。听到“停”的口令,恢复立正姿势。

(六) 敬礼

敬礼分为举手礼、注目礼和举枪礼。

1. 敬礼、礼毕

(1) 敬礼。

①举手礼口令：敬礼。

要领：上体正直，右手取捷径迅速抬起，五指并拢自然伸直，中指微接帽檐右角前约2厘米处（戴卷檐帽、无檐帽或者不戴军帽时微接太阳穴，约与眉同高），手心向下，微向外张（约20°），手腕不得弯曲，右大臂略平，与两肩略成一线，同时注视受礼者。

②注目礼。

要领：面向受礼者成立正姿势，同时注视受礼者，并目迎目送（右、左转头角度不超过45°）。

③举枪礼（用于阅兵式或者执行仪仗任务）。

口令：向右看——敬礼。

要领：右手将枪提到胸前，枪身垂直并对正衣扣线，枪面向后，离身体约10厘米，枪口与眼同高，大臂轻贴右肋；同时左手接握表尺上方，小臂略平，大臂轻贴左肋；同时转头向右，注视受礼者，并目迎目送（右、左转头角度不超过45°）。

(2) 礼毕。

口令：礼毕。

要领：行举手礼者，将手放下；行注目礼者，将头转正；行举枪礼者，将头转正，右手将枪放下，使托前踵轻轻着地，同时左手放下，成持枪立正姿势。

2. 单个军人敬礼

要领：单个军人在距受礼者5～7步处，行举手礼或者注目礼。徒手或者背枪时，停止间，应当面向受礼者立正，行举手礼，待受礼者还礼后礼毕；行进间（跑步时换齐步），转头向受礼者行举手礼，并继续行进，左臂仍自然摆动，待受礼者还礼后礼毕。携带武器（除背枪）等不便行举手礼时，不论停止间或者行进间，均行注目礼，待受礼者还礼后礼毕。

3. 分队、部队敬礼

(1) 停止间敬礼。

要领：当首长进到距本分（部）队适当距离时，指挥员下达“立正”的口令，跑步到首长前5～7步处敬礼。待首长还礼后礼毕，再向首长报告。例如，“旅长同志，×营×连正在进行队列训练，全连应到××名，实到××名，请指示，连长×××”。报告完毕，待首长指示后，答“是”，再敬礼。待首长还礼后礼毕，尔后跑步回到原来位置，下达“稍息”口令或者继续操练。

(2) 行进间敬礼。

要领：由带队指挥员按照单个军人行进间敬礼的规定实施，队列人员按照原步法行进。

二、分队、部队的队列动作

（一）集合、离散

1. 集合

集合是使单个军人、分队、部队按照规范队形聚集起来的一种队列动作。集合时，指挥员应当先发出预告或者信号，如“全连（或者×排）注意”，然后，站在预定队形的中央前，面向预定队形成立正姿势，下达“成××队——集合”的口令。所属人员听到预告或者信号，原地面向指挥员成立正姿势；听到口令，跑步到指定位置面向指挥员集合（在指挥员后侧的人员，应当从指挥员右侧绕过)，自行对正、看齐，成立正姿势。

(1) 班集合。

口令:成班横队(二列横队)——集合。

要领:基准兵迅速到班长左前方适当位置，成立正姿势;其他士兵以基准兵为准，依次向左排列，自行看齐。成班二列横队时，单数士兵在前，双数士兵在后。

口令:成班纵队(二路纵队)——集合。

要领:基准兵迅速到班长前方适当位置，成立正姿势;其他士兵以基准兵为准，依次向后排列，自行对正。成班二路纵队时，单数士兵在左，双数士兵在右。

(2) 排集合。

口令:成排横队——集合。

要领:基准班在指挥员前方适当位置，成班横队迅速站好;其他班成班横队，以基准班为准，依次向后排列，自行对正、看齐。

口令:成排纵队——集合。

要领:基准班在指挥员右前方适当位置，成班纵队迅速站好;其他班成班纵队，以基准班为准，依次向右排列，自行对正、看齐。

(3) 连集合。

口令:成连横队——集合。

要领:队列内的连指挥员或者基准排，在指挥员左前方适当位置，成横队迅速站好;各排和连部成横队，以连指挥员或者基准排为准，依次向左排列，自行对正、看齐。

口令:成连纵队——集合。

要领:队列内的连指挥员或者基准排，在指挥员前方适当位置成纵队迅速站好;各排和连部成纵队，以连指挥员或者基准排为准，依次向后排列，自行对正、看齐。

口令:成连并列纵队——集合。

要领:队列内的连指挥员或者基准排，在指挥员左前方适当位置成纵队迅速站好;各排和连部成纵队，以连指挥员或者基准排为准，依次向左排列，自行对正、看齐。

(4) 营集合。

通常规定集合的时间、地点、方向、队形、基准分队以及应当携带的武器、器材和装具等事项。各连按照规定，由连队值班员整队带往营集合地点，随即向基准分队取齐，然后，跑步到距主持集合的营值班员 5～7 步处报告人数。营值班员整队后，向营首长报告人数;也可以由连首长整队带往集合地点，直接向营首长报告。例如，“营长同志，××连应到××名，实到××名，请指示”。

2. 离散

离散是使列队的单个军人、分队、部队各自离开原队列位置的一种队列动作。

(1) 离开。

口令:各营(连、排、班)带开(带回)。

要领:队列中的各营(连、排、班)指挥员带领本队迅速离开原列队位置。

(2) 解散。

口令:解散。

要领:队列人员迅速离开原列队位置。

（二）整齐、报数

（1）整齐。

整齐分为向右（左）看齐和向中看齐。

口令：向右（左）看——齐，向前——看。

要领：基准兵不动，其他士兵向右（左）转头（持枪时，听到预令，迅速将枪稍提起，看齐后自行放下；持120反坦克火箭筒时，听到预令，左手握提把，提起发射筒，看齐后自动放下），眼睛看右（左）邻士兵腮部，前四名能通视基准兵，自第五名起，以能通视到本人以右（左）第三人为度。后列人员先向前对正，后向右（左）看齐。听到“向前——看”的口令，迅速将头转正，恢复立正姿势。

口令：以××为准，向中看——齐。

要领：当指挥员指定以“××为准”或“以第××名为准”时，基准兵答“到”，左手握拳高举，大臂前伸与肩膀平，小臂垂直举起，拳心向右；听到“向中看——齐”的口令后，其他士兵按照向左（右）看齐的要领实施；听到“向前——看”的口令后，基准兵迅速将手放下，其他士兵迅速将头转正，恢复立正姿势。一路纵队看齐时，可下达“向前——对正”的口令。

（2）报数。

口令：报数。

要领：横队由右向左（纵队由前向后）依次以短促洪亮的声音转头（纵队向左转头）报数，最后一名不转头。数列横队时，后列最后一名报“满伍”或“缺××名”。连集合时，由指挥员下达“各排报数”的口令，各排长在队列内向指挥员报告人数，如“第×排到齐”或者“第×排实到××名”。

（三）单个军人出列、入列

单个军人和分队出列、入列通常用跑步（5步以内用齐步，1步用正步），或者按照指挥员指定的步法执行；然后，进到指挥员右前侧适当位置或者指定位置，面向指挥员成立正姿势。

口令：×××（或者第××名），出列。

要领：出列军人听到呼点自己姓名或者序号后应当答“到”，听到“出列”的口令后，应当答“是”。

（1）位于第一列（左路）的军人，按照上述规定，取捷径出列。

（2）位于中列（路）的军人，向后（左）转，待后列（左路）同序号的军人向右后退1步（左后退1步）让出缺口后，按照上述规定从队尾（纵队时从左侧）出列；位于“缺口”位置的军人，待出列军人出列后，即复原位。

（3）位于最后一列（右路）的军人出列，先退1步（右跨1步），然后，按照有关规定从队尾出列。

口令：入列。

要领：听到“入列”口令后，应当答“是”，然后，按照出列的相反程序入列。

（四）行进、停止

横队和并列纵队行进以右翼为基准，纵队行进以左翼为基准（一路纵队行进以先头为基准）

1. 行进

指挥员应当下达“××步——走”的口令。听到口令，基准兵向正前方前进，其他士兵向基准翼标齐，保持规定的间隔、距离行进。纵队行进时，排、连通常成三路纵队，也可以成一、二路纵队。行进中，需要时用“一二一”（调整步伐的口令）、“一二三四”（呼号）或者唱队列歌曲，以保持步伐的整齐和振奋士气。

2. 停止

指挥员应当下达“立——定”的口令。听到口令，按照立定的要领实施，分队的动作要整齐一致。停止后，听到“稍息”的口令，先自行对正、看齐，再稍息。

（五）队形变换

队形变换是由一种队形变为另一种队形的队列动作。

1. 横队和纵队的互换

（1）横队变纵队。

停止间口令：向右——转。

行进间口令：向右转——走。

（2）纵队变横队。

停止间口令：向左——转。

行进间口令：向左转——走。

要领：停止间，按照单个军人向右（左）转的要领实施。行进间，按照单个军人向右（左）转走的要领实施。分队动作要整齐一致。队形变换后，排以上指挥员应当进到规定的列队位置。

2. 停止间班横队和班二列横队、班纵队和班二路纵队互换

（1）班横队变班二列横队。

口令：成班二列横队——走。

要领：变换前先报数。听到口令，双数士兵左脚后退 1 步，右脚（不靠拢左脚）向右跨 1 步，左脚向右脚靠拢，站到单数士兵之后，自行对正、看齐。

（2）班二列横队变班横队。

口令：间隔 1 步，向左离开。

成班横队——走。

要领：听到“间隔一步，向左离开”的口令，取好间隔；听到“成班横队——走”的口令，双数士兵左脚左跨 1 步，右脚（不靠拢左脚）向前 1 步，左脚向右脚靠拢，站到单数士兵左侧，自行看齐。

（3）班纵队变班二路纵队。

口令：成班二路纵队——走。

要领：变换前先报数。听到口令，双数士兵右脚右跨 1 步，左脚（不靠拢右脚）向前 1 步，右脚向左脚靠拢，站到单数士兵右侧，自行对正、看齐。

（4）班二路纵队变班纵队。

口令：距离 2 步，向后离开。

成班纵队——走

要领：听到“距离 2 步，向后离开”的口令，取好距离；听到“成班纵队——走”的口令，双数士兵右脚后退 1 步，左脚（不靠拢右脚）站到单数士兵之后，自行对正。

（六）方向变换

方向变换是改变队列面对的方向的一种队列动作。

1. 横队和并列纵队方向变换

停止间，通常是左（右）转弯或者左（右）后转弯，必要时可以向后转。

停止间口令：左（右）转弯，齐（跑）步——走，或者左（右）后转弯，齐（跑）步——走。向后——转，齐（跑）步——走。当需要向后转走时，应当先下“向后——转”的口令，待方向变换后，再下“齐（跑）步——走”的口令。

行进间口令：左（右）转弯——走，或者左（右）后转——走

要领：一列横队方向变换时，轴翼士兵踏步，并逐渐向左（右）转动；外翼第一名士兵用大步行进并同相邻士兵动作协调，逐步变换方向（愈接近轴翼者其步幅愈小），其他士兵用眼睛的余光向外翼取齐，并保持规定的间隔和排面整齐，转到 90°或者 180°时踏步并取齐，听口令前进或者停止。

数列横队和并列纵队方向变换时，第一列轴翼士兵停止间用踏步、行进间用小步，外翼士兵用大步行进，保持排面整齐，边行进边变换方向，转到 90°或者 180°后，听口令前进或者停止；后续各列按照上述要领，保持间隔、距离，取捷径进到前一列转弯处，转向新方向跟进。

2. 纵队方向变换

停止间，通常是左（右）转弯，或者左（右）后转，必要时可以向后转。

停止间口令：左（右）转弯，齐（跑）步——走，或者左（右）后转弯，齐（跑）步——走。向后——转，齐（跑）步——走（按照横队和并列纵队向后转走的方法实施）。

行进间口令：左（右）转——走，或者左（右）后转弯——走。

要领：一路纵队方向变换，基准兵在左（右）转弯时，按照单个军人行进间转法（停止间，左转弯走时，左脚先向前 1 步）的要领实施，在左（右）后转弯时，用小步边行进边变换方向，转到 90°或者 180°后照直前进；其他士兵逐次进到基准兵的转弯处，转向新方向跟进。

数路纵队方向变换时，按照数列横队和并列纵队方向变换的要领实施。

第三节　阅　　兵

阅兵是军政首长对部队实施的检阅，是一种庄重的军事仪式。通过阅兵，可以表现部队的军事素质，鼓舞部队士气，展现人民军队强大的威力，增进人民群众对军队的感情。阅兵时必须举行迎送军旗仪式。

一、阅兵权限和阅兵形式

阅兵，由党和国家领导人，中央军事委员会主席、副主席、委员及旅（团）级以上部队军政主官或者被上述人员授权的其他领导和首长实施。通常由 1 人检阅。阅兵分为阅兵式和分列式。通常进行两项，根据需要，也可以只进行一项。

二、阅兵程序

阅兵分为上级首长检阅和本级首长检阅。当上级首长检阅时，由本级军事首长任阅兵

指挥；当本级军政主要首长检阅时（由 1 人检阅，另 1 人位于阅兵台或者队列中央前方适当位置面向部队），由副部队长或者参谋长任阅兵指挥。

旅阅兵程序如下。

（一）迎军旗

迎军旗在阅兵式开始前进行。

迎军旗时，主持迎军旗的指挥员下达“立正”“迎军旗”的口令，听到口令后，掌旗员（扛旗）、护旗兵齐步行进，当由正前或者左前方向部队右翼进至距队列 40～50 步时（或队列中央适当位置），主持迎军旗的指挥员下达“向军旗——敬礼——”的口令，听到口令后，位于指挥位置和阅兵台（主席台）的军官行举手礼，其余人员行注目礼；掌旗员（由扛旗换端旗）、护旗兵换正步，取捷径向部队右翼排头行进，当超过机关队形时，主持迎军旗的指挥员下达“礼毕”口令，部队礼毕；掌旗员（由端旗换扛旗）、护旗兵换齐步。军旗进至团指挥员右侧 3 步处时左后转弯立定，成立正姿势。

（二）阅兵式

旅阅兵式的队形，通常为营横队的旅横队，或者由旅首长临时规定。

1. 阅兵首长接受阅兵指挥报告

当阅兵首长行至本旅队列右翼适当距离时或者在阅兵台就位后（当上级首长检阅时，通常由旅政治委员陪同入场并陪阅），阅兵指挥在队列中央前下达“立正”的口令，随后跑到距阅兵首长 5～7 步处敬礼，待阅兵首长还礼后礼毕并报告。例如，“司令员同志，××第××旅列队完毕，请您检阅”。报告后，左跨 1 步，向右转，让首长先走，尔后在其右后侧（当上级首长检阅时，旅政治委员在旅长右侧）跟随陪阅。

2. 阅兵首长向军旗敬礼

阅兵首长行至距军旗适当位置时，应立正向军旗行举手礼（陪阅人员面向军旗，行注目礼）。

3. 阅兵首长检阅部队

当阅兵首长行至旅机关、各营部、各连及后勤分队队列右前方时，旅机关由副旅长或者参谋长，各营部由营长，各连由连长，保障分队由旅指定的指挥员下达“敬礼”的口令。听到口令后，位于指挥位置的军官行举手礼，其余人员行注目礼，目迎目送首长（左、右转头不超过 45°）。当首长问候“同志们好！”或者“同志们辛苦了！”，队列人员应当齐声洪亮地回答“首——长——好！”或者“为——人民——服务！”，当首长通过后，指挥员下达“礼毕”的口令，队列人员礼毕。

4. 阅兵首长上阅兵台

阅兵首长检阅完毕后上阅兵台，阅兵指挥跑步到队列中央前下达“稍息”的口令，队列人员稍息。当上级首长检阅时，旅政治委员陪同首长上阅兵台，然后跑步到自己的列队位置。

（三）分列式

旅分列式队形由旅阅兵式队形调整变换，或者由旅首长临时规定。

旅分列式应当设 4 个标兵。一、二标兵之间和三、四标兵之间的间隔各为 15 米，二、三标兵之间的间隔为 40 米。标兵应携带自动步枪，并在枪上插标兵旗。分列式程序如下。

1. 标兵就位

分列式开始前，阅兵指挥在队列中央前下达“立正”“标兵，就位”的口令。标兵听到口令，成一路纵队持（托、挂）枪跑步到规定的位置，面向部队成持枪立正姿势。

2. 调整部（分）队为分列式队形

标兵就位后，阅兵指挥下达“分列式，开始”的口令，尔后，跑步到自己的列队位置。听到口令后，各分队按规定的方法携带武器（掌旗员扛旗），旅、营指挥员分别进到旅机关和营部的队列中央前，各分队指挥员进到本分队队列中央前，下达“右转弯，齐步——走”的口令，指挥分队变换成分列式队形。

3. 开始行进

变换成规定的分列式队形后，旅机关由副旅长或者参谋长下达“齐步——走”的口令。听到口令后，旅指挥员、旅机关人员齐步前进，其余分队依次待前一分队离开约 18 米时，分别由营长、连长及保障分队指挥员下达“齐步——走”的口令，指挥本分队人员前进。

4. 接受首长检阅

各分队行至第一标兵处，将队列调整好。进到第二标兵处，掌旗员下达“正步——走”的口令，并和护旗兵同时由齐步换成正步，扛旗换端旗（掌旗员和护旗兵不转头）。此时，阅兵首长和陪阅人员应当向军旗行举手礼。副旅长或者参谋长和各分队指挥员分别下达“向右——看”的口令，队列人员听到口令后（可喊“一二”），按照规定换正步（81 式自动步枪手换端枪）行进，并在左脚着地的同时向右转头（位于指挥位置的军官行举手礼，并向右转头，各列右翼第一名不转头）不超过 45°注视阅兵首长，此时，阅兵台最高首长行举手礼。进到第三标兵处，掌旗员下达“齐步——走”的口令，并与护旗兵由正步换齐步，同时换扛旗；其他分队由上述指挥员分别下达“向前——看”的口令，队列人员听到口令后，在左脚着地时礼毕（将头转正），同时换齐步（81 式自动步枪手换提枪）行进。

当上级首长检阅时，旅长和旅政治委员通过第三标兵后，到阅兵首长右侧陪阅。各分队通过第四标兵，换跑步到指定的位置。

5. 标兵撤回

待最后一个分队通过第四标兵，到达指定位置后，阅兵指挥下达“标兵，撤回”的口令，标兵按照相反顺序跑步撤至预定位置。

（四）阅兵首长讲话

分列式结束后，阅兵指挥调整好队形，请阅兵首长讲话。讲话完毕，阅兵指挥下达“立正”口令，向阅兵首长报告阅兵结束。当上级首长检阅时，由旅政治委员陪同阅兵首长离场。

（五）送军旗

送军旗在阅兵首长讲话后或者分列式结束后进行。

送军旗时，主持送军旗的指挥员下达“立正”“送军旗”的口令。听到口令后，掌旗员（成扛旗姿势）、护旗兵按照迎军旗路线相反方向齐步行进。军旗出列后行至旅机关队形右侧前时，主持送军旗的指挥员下达“向军旗——敬礼——”的口令。听到口令后，掌旗员（由扛旗换端旗）、护旗兵换正步，部队按照迎军旗的规定敬礼。当军旗离开距队列正面 40～50 步时（或者队列正面中央适当位置），主持送军旗的指挥员下达“礼毕”的口令，部队礼毕；掌旗员（由端旗换扛旗）、护旗兵换齐步，返回原出发位置。

思 考 题

1. 中国人民解放军有哪三大条令？
2.《纪律条令》在我军建设和完成各项任务中所具有的重要作用是什么？
3. 单个军人队列训练的内容有哪些？

第六章　轻武器射击

第一节　轻武器常识

一、轻武器的定义

轻武器是指枪械及其他各种由单兵或班组携行战斗的武器，又称“轻兵器”。主要包括枪械和手榴弹、枪榴弹、榴弹发射器、火箭发射器和无坐力发射器，此外还有轻型燃烧武器和单兵导弹等。我军主要装备手枪、步枪、冲锋枪、轻机枪、重机枪、火箭筒等轻武器。

二、轻武器的种类

（一）手枪

手枪是用于自卫的短枪管枪械的总称。自诞生之日起就以其体积小、重量轻、近距离、反应快和便于在狭窄地形上使用等特点，而成为轻武器家族中的重要成员。中华人民共和国成立至今，我军一直以 54 式 7.62 毫米手枪为制式军用手枪。另外，我军使用的手枪还有 77 式手枪和 92 式手枪等。如图 6-1 所示。

54式手枪　　77式手枪　　92式手枪

图 6-1　我军使用的手枪

（二）步枪

步枪是单兵肩射的长管枪械，其有效射程一般为 400 米，主要用以发射枪弹、杀伤暴露的有生目标；有的还可以发射枪榴弹，具有点面杀伤和反装甲能力；也可使用枪刺、枪托杀伤敌人。步枪按自动化程度分为非自动、半自动和全自动三种；按用途分为普通步枪、突击步枪和狙击步枪。我军使用的步枪有 56 式半自动步枪、81 式自动步枪、88 式狙击步枪和 95 式自动步枪等，如图 6-2 所示。

56式半自动步枪　81式自动步枪　88式狙击步枪　95式自动步枪

图 6-2　我军使用的步枪

（三）冲锋枪

冲锋枪是指双手握持发射枪弹的单兵连发枪械。其火力猛烈，在 300 米内有良好的杀伤力。冲锋枪重量轻，弹匣容弹多，使用方便，适用于近战和冲锋。我军使用的冲锋枪有 56 式冲锋枪、79 式冲锋枪、85 式冲锋枪和 85 式微声冲锋枪等，如图 6-3 所示。

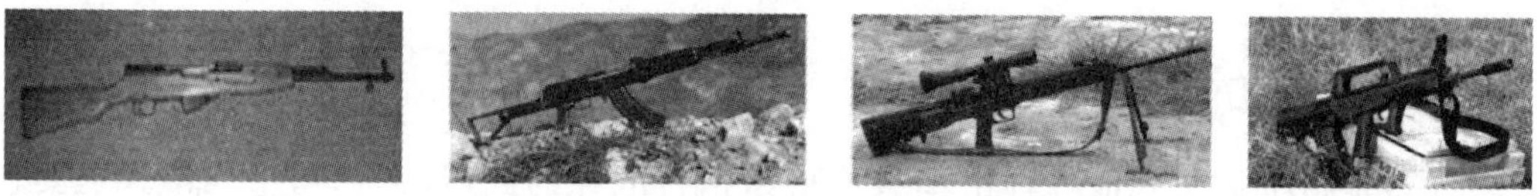

56式冲锋枪　79式冲锋枪　85式冲锋枪　85式微声冲锋枪

图 6-3　我军使用的冲锋枪

（四）机枪

机枪是配有枪架、枪座或脚架并能实施连发射击的自动枪械，分为班用轻机枪、重机枪和通用机枪。班用轻机枪是步兵班的主要自动武器，其有效射程一般为 800 米，配有穿甲弹或穿甲燃烧弹，能对 500 米低空飞行的敌机进行射击。重机枪是步兵分队的主要自动武器，有效射程一般为 1000 米，可有力地压制和消灭敌人的火力点。通用机枪亦称为轻重两用机枪。我军使用的机枪有 81 式班用轻机枪、95 式班用轻机枪、88 式通用机枪和 67-2 式重机枪等，如图 6-4 所示。

81式班用轻机枪　95式班用轻机枪　88式通用机枪　67-2式重机枪

图 6-4　我军使用的机枪

（五）火箭筒

火箭筒是单兵使用的一种可以发射火箭弹的便携式反坦克武器，可发射火箭破甲弹、火箭榴弹和其他火箭弹，其有效射程多为 300 米，用于近距离打击坦克和装甲车辆，或摧毁工事（保障军队发扬火力和隐蔽安全的工程建筑物）和其他技术装备，还可杀伤有生目标。我军使用的火箭筒有 69 式 40 火箭筒、2004 型 40 火箭筒等，如图 6-5 所示。

（六）手榴弹

手榴弹是用手投掷的弹药，是近代战争的有力武器。手榴弹分为杀伤、反坦克、燃烧、发烟、照明、毒气和教练等弹种。杀伤手榴弹分为破片型和爆破型，重 300～600 克，内装 3～5

69式40火箭筒

2004型40火箭筒

图 6-5　我军使用的火箭筒

秒的延期引信。反坦克手榴弹也称反坦克手雷，通常配有手柄，多用空心装药，瞬发引信，弹重 1000 克左右，垂直破甲厚度可达 120 毫米，对混凝土工事可穿透 500 毫米以上。

第二节　简易射击原理

一、发射

发射是指火药气体压力将弹头从膛内推送出去的现象。发射的过程是：击发时，机针撞击子弹底火，使底火内的起爆药立即发火，火焰通过导火孔点燃发射药，发射药燃烧产生大量的高热气体，在膛内形成高压。这股气体压力由小变大，迅速膨胀，在膛内冲击弹壳壁和弹头底部，当气体压力增大到能克服弹头阻力的时候，弹头就开始运动，脱离弹壳口嵌入膛线。然后沿膛线旋转加速前进，直至发出枪口。

二、后坐

后坐，是发射时武器向后运动的现象。后坐的形成过程：发射时火药气体在膛内膨胀，向各个方向挤压，冲击膛壁的火药气体被弹壳和膛壁所阻，向前的火药气体作用于弹头底部，推动弹头向前，而向后的火药气体，则作用在弹壳底部。此时弹壳和枪机结合在一起，故在弹头向前运动的同时，整个枪也向后运动形成后坐(膛内后坐)。在弹头脱离枪口的瞬间，由于火药气体高速喷出(约 1275 米/秒)形成更大的反作用力，使后坐明显增大。这种后坐现象称为膛外后坐。

三、弹道

弹头在空气中运动时，其中心所经过的路线称为弹道。弹道的形成过程：弹头在火药气体的后效作用之后靠惯性向前飞行。如果弹头脱离枪口之后不受地心引力和空气阻力的影响，弹头将在惯性的作用下，保持其在枪口处所获得的速度和方向，沿着发射线无止境地成匀速直线飞行。而实际上，弹头在空气中飞行时，受地心引力和空气阻力的作用，使弹道不能形成一条直线，而是形成一条不均等的弧线，这条不均等的弧线就是弹道。如图 6-6 所示。

四、外界条件的影响及修正

(一) 风对射弹的影响及修正

风是一种具有速度和方向的气流，它能改变射弹的飞行方向和距离。在各种外界条件

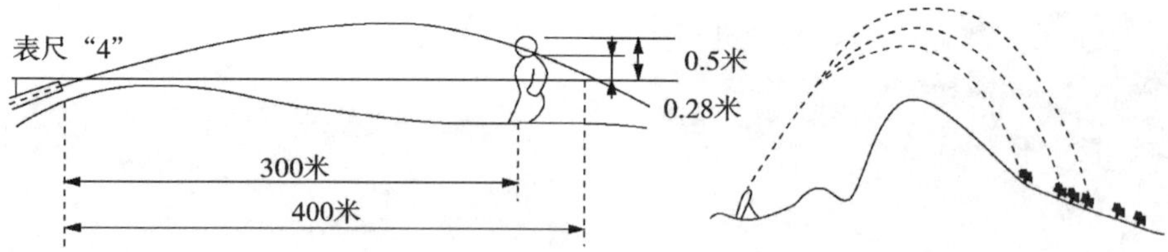

图 6-6　弹头弹道

中，风对射弹的飞行影响最大。因此，必须准确地判定风向和风力，根据风对射弹的影响进行修正，以保证射弹准确命中目标。

1. 风对射弹的影响

（1）横风对射弹的影响。横风能对弹头的侧面施以压力，使射弹偏向一侧，产生方向偏差。风从左吹来，射弹偏右；风从右吹来，射弹偏左。风力越大，距离越远，偏差就越大。

（2）斜风对射弹的影响。斜风能使弹头产生距离（高低）偏差和方向偏差。而且方向偏差大于高低偏差。如左前方吹来的风，能使弹头打近（低）并偏右，反之则相反。

（3）纵风对射弹的影响。纵风能影响射弹的飞行距离。顺风能使弹头增大飞行距离（打高），逆风能使弹头减小飞行距离（打低）。

2. 修正方法

（1）对横（斜）风的修正。各种枪射击时，为了使射弹准确地命中目标，必须根据射弹受风影响的偏差量，将瞄准点或横表尺向风吹来的方向修正。修正时，以横方向的和风修正量为准，强风加一倍，弱风减一半。斜方向的强（或弱）风，应按横方向的强（或弱）风的修正量减一半。修正量从预期命中点算起，偏差多少，就修正多少。横表尺修正后，瞄准点不变。

（2）对纵风的修正。在近距离内，风速为 10 米/秒时，纵风对射弹影响很小。如步机枪在 400 米距离上的距离修正量为 3 米，高低修正量为 2 厘米。因此，在 400 米（重机枪 600 米）内，风速小于 10 米/秒时可不修正。如对远距离目标射击时，应适当降低或提高瞄准点。

（二）阳光对瞄准的影响及克服方法

1. 阳光对瞄准的影响

在阳光下瞄准时，由于阳光的照射作用，通常缺口被照射的部分（特别是上沿）会产生反光和虚影，使缺口被照射的部分形成三层缺口，即虚光部分、真实缺口、黑实部分。

致使射手射击时难以辨清真实缺口的位置，因而使瞄准产生误差，射弹产生偏差。而且由于缺口反光（特别是缺口两角的反光）刺激眼睛，不易瞄准，而使射弹增大散布。如图 6-7 所示。

（1）若用虚光瞄准，射弹就偏向阳光照来的方向。阳光从右上方照来时，缺口左边和上沿会产生虚光，用虚光部分瞄准，准星实际是偏右上，因此，射弹偏右上。阳光从左上方照来时，射弹则偏左上。

（2）若用黑实部分瞄准，射弹就偏向阳光照来的相反方向。阳光从右上方照来时，用黑实部分瞄准，准星（瞄准装置的一部分，通常位于枪口上端）实际是偏左下，因此，射弹偏左下。阳光从左上照来时，射弹则偏右下。

（3）在阳光照射下，缺口和准星间同时产生虚光时，若用虚光部分瞄准，射弹则偏低，若用黑实部分瞄准，射弹则偏高。

2. 克服的方法

为了减少阳光对瞄准的影响，应注意以下几点。

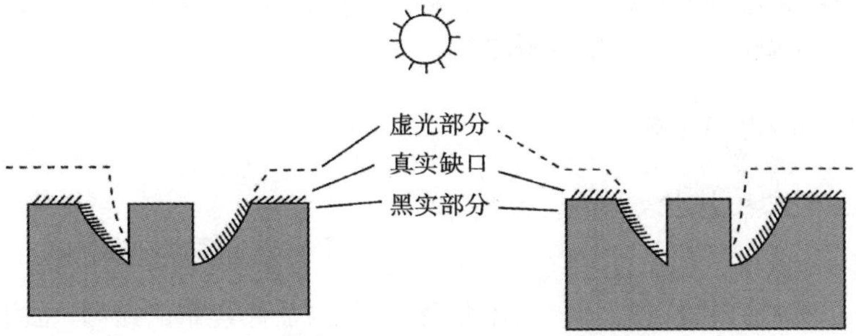

图 6-7　阳光对瞄准的影响

(1) 在阳光从各种角度照射条件下练习瞄准,并采取遮光瞄准不遮光检查,或不遮光瞄准遮光检查的方法反复练习,使射手能辨清真实缺口的位置和平正准星的景况。

(2) 在阳光条件下平正准星要细致,但瞄准时间不宜过久,以免眼花而产生瞄准偏差。

(3) 保护好瞄准具,不使其磨亮而反光。

第三节　射击动作和方法

一、验枪

验枪是一项保证安全的重要措施,使用武器前后及必要时,均应验枪、验弹,认真检查弹膛、弹匣、弹盒和教练弹中有无实弹。验枪时,严禁枪口对人。

动作要领:听到"验枪"口令后,右手将枪提起,以右脚掌为轴,身体半面向右转,左脚顺势向前迈出 1 步(两脚约与肩同宽),同时,右手将枪向前送出,左手接握下护木,左大臂紧靠左肋,枪托贴于胯骨,枪刺尖略与眼同高,右手打开弹仓盖,移握机柄。

当指挥员检查时,拉枪机向后。验过后,自行送回枪机,关上弹仓盖,扣扳机,关保险,移握枪颈。

听到"验枪完毕"口令后,右手移握上护木,身体半面向左转,在右脚靠拢左脚的同时,恢复持枪姿势。

二、卧姿装退子弹和定复表尺

动作要领:听到"卧姿——装子弹"口令后,右手将枪提起稍向前倾,左脚向右脚尖前迈出一大步(也可右脚顺脚尖方向迈出一大步),左手在左(右)脚尖前支地,顺势卧倒,以身体左侧、左肘支持全身,右手将枪向目标方向送出,左手接握表尺下方,枪托着地,右手拉枪机到定位。解开弹袋扣,取出一夹子弹,插入弹夹槽,以食指或拇指将子弹压入弹仓,取出弹夹,送弹上膛,将弹夹装入弹袋并扣好。右手拇指和食指捏压游标卡榫,移动游标,使游标的前切面对正所需要的表尺分划。然后,右手移握枪颈,全身伏地,两脚分开,约与肩同宽,身体与射向约呈 30°角,枪刺离地,目视前方,准备射击。

听到"退子弹——起立"口令后,稍向左侧身,右手解开弹袋扣,打开弹仓盖,接住落下的子弹,装入弹袋,拇指拉机柄向后,食指和中指夹住从膛内退出的子弹,送回枪机,将子弹装入弹袋并扣好,关上弹仓盖,打开保险,扣扳机,关保险,复回表尺,移握上护木,将枪收回,同时，左小臂向里合，屈左腿于右腿下。以左手和两脚撑起身体，右脚向前一大步，左脚再向前一步，在右脚靠拢左脚的同时，恢复持枪姿势。

三、据枪、瞄准、击发

（一）卧姿有依托据枪、瞄准、击发

1. 据枪

据枪时，下护木放在依托物上，左手托握表尺下方，手背紧靠依托物，也可将手垫在依托物上，左肘向里合。右手握枪颈，食指第一节靠在扳机上，大臂略成垂直。两手协同将枪托确实抵于肩窝，头稍前倾，自然贴腮。如图 6-8 所示。

图 6-8 据枪

2. 瞄准

据枪后，首先使瞄准线自然指向目标，若未指向目标，不可迁就而强扭枪身，必须调整姿势。需要修正方向时，可左右移动身体或两肘。需要修正高低时，可前后移动整个身体，也可适当调整依托物。如图 6-9 所示。

图 6-9 瞄准

3. 击发

击发时，用右手食指第一节均匀正直地向后扣压扳机（食指内侧与枪应有不大的间隙），余指力量不变，当瞄准线接近瞄准点时，开始预压扳机，并减缓呼吸。当瞄准线指向瞄准点时，应停止呼吸，继续增加对扳机的压力，直至击发，击发瞬间应保持正确一致的瞄准。若瞄准线偏离瞄准点或不能继续停止呼吸时，应做到手指既不增加也不放松对扳机的压力，待修正或换气后，再继续扣压扳机。

（二）据枪、瞄准、击发常见问题及克服的方法

1. 抵肩位置不正确

射击时抵肩位置过高或过低都会引起射弹偏差。克服时应反复体会抵肩位置，保持合适的依托物高低。

2. 右手握力未均，令指力量过大

造成这种问题的原因是胸肌挺力过大。纠正时，要强调胸肌要服从右手的握力，挺力和握力要一样大，两者保持均衡。

3. 左手向后拉枪，造成射弹偏低

克服时要强调左手下塌，手腕挺住，向后下用力，主要是向下用力。

4. 两手用力未协调

射手为了命中目标，往往以强力控制枪的晃动，造成肌肉紧张，姿势不稳，违背了武器正直后坐的规律，增大了射弹散布。克服时，应强调据枪时正直向后用力，使用力方向和武器的后坐方向一致。练习时，可以由助手拉枪机，检查用力方向是否正确。射击时，应特别注意防止右手上抬、下压或向后引枪等问题。如图 6-10 所示。

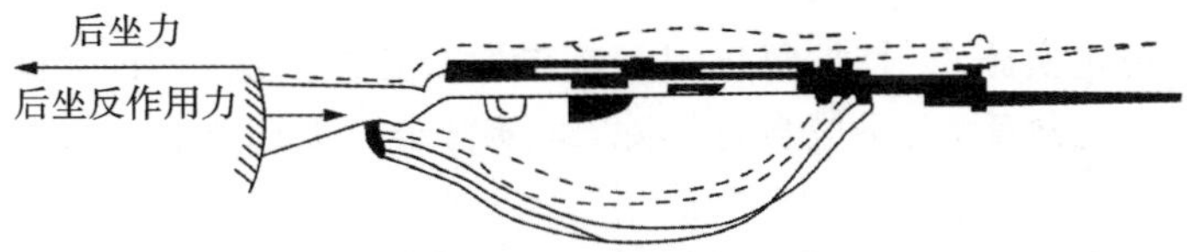

图 6-10　射击时后坐力与后坐反作用力示意图

5. 停止呼吸过早

射击时，停止呼吸过早，易使肌肉颤动，造成据枪不稳或猛扣扳机。克服时，射手应反复体会在瞄准线指向瞄准点时自然停止呼吸的动作要领。

6. 耸肩、眨眼和猛扣扳机

射击时，由于射手心情紧张，产生耸肩、眨眼和猛扣扳机等错误的动作。克服时，应注意体会正确的据枪要领，按要领进行操作，把主要精力、视线集中在准星和缺口的正确关系上，达到自然击发。击发瞬间，要求射手能看到瞄准线的指向景况。

第四节　实 弹 射 击

一、实弹射击规定

（一）靶场设置

（1）射击场必须有可靠的靶墙、确保安全的示靶壕和掩蔽部，示靶壕的深度一般为 180～200 厘米，并应注意避开高压线。

（2）基本射击靶位的间隔不应小于 4 米。靶位多时，应区分靶区和编排靶号，并以旗帜或号牌进行标示。

（3）在靶场的两侧和顶部、出发地线的两翼、通过靶区的道路以红旗或灯光标示警戒区。

（4）射击场应设置指挥所、弹药所、救护所、记录台、擦枪台，并架设通信器材。

（二）射击时的安全措施

（1）射击场必须有可靠的靶墙，并构筑确保安全的示靶壕。

（2）射击场应区分出发地线和射击地线。无关人员不得越过出发地线。

（3）射击前，应向全体人员明确规定各种信号，如戒严、开始射击、停止射击（报靶）和终止射击等信号。

（4）开始射击信号发出时，示靶人员应迅速、确实地隐蔽好，严禁向外探望或外出。如需外出，应迅速用信号向指挥员报告，经许可后方可外出。

（5）射击前后必须验枪，不准将实弹和教练弹混在一起，没有指挥员的口令不准装填实弹,禁止将已装实弹的武器留在任何地方或交给任何人。报靶时严禁无关人员进入射击地线摆弄武器或向靶区瞄准。

(三)实弹射击的有关规定

(1)实弹射击时,射手必须使用手中武器,如不能使用手中武器射击,须经有关领导批准。

(2)自动武器规定实施点射时,每出现一次单发或超过一次点射,降低一等成绩。

(3)射击中如发生故障,射手应自行排除,继续射击。如因武器、子弹不良等发生故障,可以重新射击。

(4)跳弹命中靶子,不计算成绩,对环靶射击,命中环线算内环。

(5)打错靶算脱靶。被打错靶者如无法判明错弹时,可以重新射击。

(6)不及格者可补射一次。

二、实弹射击的组织实施

(一)实弹射击的组织工作

(1)组织勤务人员按要求设置好场地、靶位,靶面应与射击位置一一对应,指挥员应对靶位亲自校正。

(2)下达课目、目的,宣布射击条件,明确相关规定和注意事项并提出要求。

(3)规定各种信号、记号。信号、记号应做到简明易记。

(4)宣布射击编组名单。

(5)派出警戒,严密搜索警戒区域;派出并指挥射击场其他勤务人员迅速就位,视情况发出准备射击信号。

(二)实弹射击的组织实施方法

(1)靶壕竖起红旗或发出可以射击的信号,指挥员令信号员发出“开始射击”的信号,并指挥第一组射手进入出发地线。

(2)指挥员令发弹员按规定的弹数发给每个射手子弹。射手检查后装入弹匣,放入弹袋并扣好,同时指挥员应在出发地线给每个射手规定位置和射击目标。

(3)指挥员下达“向射击地线前进”的口令,射手前进到射击地线后,对正自己的射击位置自行立定。指挥员下达“装子弹”的口令,射手按要领装子弹、定表尺,做好射击准备。

(4)规定的射击时间一到,指挥员立即下达“停止射击”的口令,射手应立即停止射击,并按指挥员的口令动作。

(5)指挥员下达“验枪”的口令,地段指挥员应严格检查,逐个验枪,并收缴剩余子弹。验枪后,指挥员下达“向×号射手靠拢”的口令,而后令组长按规定路线带到指定地点。

(6)指挥员发出验靶的信号或用电话通知示靶长检靶,靶壕应竖起白旗。示靶长组织示靶员检靶、补靶。

(三)实弹射击结束后的工作

(1)组织验枪、收回剩余子弹。

(2)检查武器装具、清理现场、整理器材。

(3)发出射击结束信号,召回勤务和警戒人员。

(4) 宣布射击成绩,讲评射击情况,评价训练效果。

三、实弹射击的成绩评定

实弹射击的成绩评定分为优秀、良好、及格和不及格四个等级,或分为合格与不合格。

思　考　题

1. 什么是轻武器?根据其用途可分为哪些种类?
2. 如何保养轻武器?
3. 选定标尺和瞄准点的方法有哪些?
4. 简述半自动步枪和冲锋枪的验枪方法和步骤。
5. 实弹射击的一般规则有哪些?

第七章 战　　术

战术是进行战斗的方法，主要包括战术基本原则、兵力部署、协同动作、战斗指挥、战斗行动方法和各种战斗保障措施等。根据大学生的实际，本章主要介绍步兵班（组）战斗类型、基本原则和单兵战术动作。

第一节 战斗类型

战斗是兵团或部队、分队在较短的时间和较小空间内进行的有组织的作战行动。基本类型分为进攻战斗和防御战斗。

一、进攻战斗

进攻战斗是主动进攻敌人的战斗，其目的是歼灭或击溃敌人，攻占重要地区或目标。步兵班在进攻战斗中，通常在排的编成内担任突击班，有时担任连（排）预备队，根据情况还可以担任穿插、渗透、开辟通路、扫清通路中残存障碍等任务。其基本要求如下。

（一）合理进行战斗编组

步兵班在进攻战斗中通常以火箭筒手和班用机枪射手为骨干进行战斗编组（见表 7-1）。要求是：各小组既能打坦克，又能打步兵；既便于指挥，又便于独立战斗。配属给班的无坐力炮、喷火器，通常由班长直接掌握。

表 7-1 步兵班战斗编组表（方案）

<table>
<tr><th colspan="2">方　　案</th><th>内　　容</th></tr>
<tr><td rowspan="4">编两个组</td><td rowspan="2">一</td><td>第一组（5 人）：班长、火箭筒正副手、机枪正副手</td></tr>
<tr><td>第二组（3 人）：副班长、狙击步枪手、自动步枪手</td></tr>
<tr><td rowspan="2">二</td><td>第一组（5 人）：班长、机枪正副手、火箭筒正副手</td></tr>
<tr><td>第二组（4 人）：副班长、狙击步枪手、火箭筒正副手</td></tr>
<tr><td rowspan="6">编三个组</td><td rowspan="3">一</td><td>第一组（3 人）：班长、机枪正副手</td></tr>
<tr><td>第二组（2 人）：狙击步枪手、自动步枪手</td></tr>
<tr><td>第三组（3 人）：副班长、火箭筒正副手</td></tr>
<tr><td rowspan="3">二</td><td>第一组（3 人）：班长、机枪正副手</td></tr>
<tr><td>第二组（3 人）：狙击步枪手、火箭筒正副手</td></tr>
<tr><td>第三组（3 人）：副班长、火箭筒正副手</td></tr>
</table>

注：此表为 8 人或 9 人步兵班编组方案。

（二）迅速完成战斗准备

步兵班受领进攻战斗任务后，可供利用的战斗准备时间非常短暂。为此，班在进行准备时，必须从最困难、最复杂的情况着眼，分秒必争，抓住重点，迅速、及时完成。具体做到：任务、编组、打法要明确；武器、弹药、器材准备要充分；战斗动员要简短有力。当情况紧急来不及预先准备时，也可边打边组织，边打边准备。

（三）集中兵力、火力近击

进攻战斗中，班应在同一时间、同一地点（段）集中兵力、火力，充分发挥其效能，首先攻击对我威胁最大的一个目标，连续攻击，各个歼灭。

（四）采取多种手段歼敌

步兵班在进攻战斗中，应充分发挥小群近战的特长，采取贴、割、围、堵等战术手段，以打、迷、扰、炸相结合，火力、突击与爆破相结合，充分利用地形和烟幕迷茫的效果。抓住有利时机，利用敌防御的弱点，绕到敌翼侧或侧后，协调一致地摧毁敌装甲目标，消灭敌步兵。班还应与坦克主动协同、密切配合；充分利用其火力效果组织火力掩护行动，协助克服障碍，并积极主动地支援友邻，利用友邻的有利条件消灭敌人。

（五）实施果断灵活指挥

步兵班在进攻战斗中，特别是纵深战斗阶段，将出现我中有敌、敌中有我、双方交织在一起的复杂态势。因此，要求班长必须具备沉着冷静、机智果断的心理素质，善于根据敌情、地形和任务，灵活地变化战术，及时果断地处置情况。特别是在与上级失去联系、被敌包围等特殊情况下，做到处危不乱、遇险不惊、勇于负责、随机行事，果断灵活地实施不间断指挥。

二、防御战斗

防御战斗是抗击敌人进攻的战斗，其目的是保卫或坚守重要地区和目标，大量杀伤、消灭敌人，挫败敌人进攻，或消耗、钳制、迟滞敌人，或吸引、调动敌人，为主力歼敌创造有利条件。

步兵班通常在排的编成内组织防御战斗，其主要任务是防守排支撑点内的一段阵地，防御正面可达 80～120 米。有时可单独防守一个阵地或担任上级的预备队；还可担负战斗警戒、阵前袭扰或防御纵深内打击空降之敌等任务。其基本要求如下。

（一）顽强坚守，近战歼敌

步兵班在防御战斗中，必须善于防敌的多种火力袭击，保存有生力量；要充分发挥主动性、灵活性，依托工事，结合障碍，以打、炸、阻、迷相结合的战术手段，抗击敌坦克、步兵的连续冲击；要敢于近战、夜战，善于以我之长击敌之短，与敌反复争夺，坚决守住阵地。

（二）合理地配置兵力、火器

步兵班在防御战斗中的兵力、火器配置要突出重点，便于指挥协同，既能独立坚守，形成整体，又能最大限度地减少伤亡。班的战斗队形通常呈一线配置，有时也可呈三角形或梯形配置，士兵之间的间隔为 6～8 米。机枪通常配置在便于对阵地前和翼侧的主要地段进行射击的地点，火箭筒和配属的无坐力炮通常配置在敌坦克、步兵战车易于接近的地点。各种火器特别是反坦克火器，要在前沿前和阵地内组成直射、斜射、侧射、反射和交叉射的火力，对重要地段应加大火力密度,做到火力与障碍相结合、火力打击与机动爆破相结合、打击坦克与打击步兵相结合、打击地面目标与打击空中目标相结合。

(三) 构筑便于打击坦克的防御阵地

步兵班在敌坦克威胁的主要方向和地段防御时,应根据任务、地形、物资器材和准备时间,力争构筑以防坦克壕为骨干的、与交通壕相连接的、工事与障碍相结合的网状阵地,做到能打、能藏、能生存、能机动。在堑壕内构筑射击掩体、崖孔,主要火器应构筑便于圆周射击的基本发射阵地和预备发射阵地。在阵地翼侧或侧后,构筑便于进出的掩蔽部。在班阵地的翼侧便于敌坦克运动的地点,构筑必要的打、炸坦克的战斗工事。视情况在前沿前构筑出打坦克火器发射阵地。各种工事应力求坚固、低下、疏散、隐蔽。同时,在前沿前和翼侧还应设置用于迟滞敌步坦协同冲击的防坦克、防步兵障碍物。前沿前和翼侧内障碍物是上级整体障碍物配系中的组成部分,通常由上级统一组织设置,纵深可达 300～400 米。障碍设置应做到障碍与火力相结合、防坦克与防步兵障碍物相结合、爆炸性与非爆炸性障碍相结合、人工构筑与天然障碍相结合。

(四) 灵活指挥,密切配合

战斗中,班长应沉着果断,机智灵活地处置情况,充分发挥战斗小组长的骨干作用,并以自己的模范行动带领全班顽强战斗。全班战士应主动配合,密切协同,坚决完成防御任务。

第二节 战术基本原则

战术原则是战斗行动所依据的法则或标准,也反映了现代战斗的特点,其核心是打歼灭战。内容如下。

一、消灭敌人,保存自己

消灭敌人,保存自己,是一切战斗的基本目的,也是战斗的基本原则,是其他一切战术原则的根据。一切战斗行动都是为保存自己、消灭敌人而进行的。不消灭敌人就不能保存自己,保存自己最有效的手段就是消灭敌人,因此,消灭敌人是主要的,保存自己是第二位的。无论是进攻还是防御,均须牢固树立积极消灭敌人的思想,活用战法,主动而坚决地消灭敌人,决不允许借口保存自己而消极避战,也不允许借口消灭敌人而盲目蛮干。

二、知己知彼,正确指挥

知己知彼,正确指挥,是实现战斗基本目的和贯彻基本战法的重要前提,是使主观指导符合客观实际的科学方法。这一原则要求指挥员应善于运用一切可能的方法和手段,通过各种渠道及时了解、掌握和熟悉与战斗相关的各种情况,并对其进行科学的分析判断;准确认识和把握敌势、我势、地势、天势和时势,权衡利弊,因势施法,科学决策,适时对战斗行动进行不间断的正确协调与控制,以便在战斗中立于不败之地。对敌人,除根据上级的情报进行研究外,在受领战斗任务后,必须迅速组织并亲自进行侦察,切实查明当面敌人的兵力、部署。判明敌人的行动性质、企图及其可能采取的战斗行动样式,找出敌人的强点和弱点,力求“明于知彼”;对自己,作为分队指挥员应确切了解上级的企图及对本分队的支援,了解友邻的情况,做到“明于知己”。然后,将敌我情况和地形、天气情况等联系起来综合判断,比较完成任务的有利条件和不利条件，找出克敌制胜的战斗行动方案。战斗中，应不断掌握当面敌我情况的变化，适时修正或定下新的决心，力求使自己的战斗行动符合变化着的客观情况。

三、集中兵力，重点打击

集中兵力，重点打击，是我军以劣势装备战胜优势装备敌人的传统战法，是分队克敌制胜的基本战斗方法。进攻时，应实施重点攻击，在多目标中选准主要目标，在主要目标上选准要害部位。防御时，应实施重点抗击，扼守要点阵地，守反结合，不断耗歼进攻之敌，实现防御目的。

四、充分准备，快速反应

充分准备，快速反应，是指部队必须经常保持高度戒备，时刻做好进入战斗的精神准备、物质准备和组织准备。上级一旦下达战斗号令或出现突发情况，能够一声令下，立即行动，不失时机地对出现的各种情况做出有效反应。

五、隐蔽突然，出敌不意

隐蔽突然，出敌不意，是指部队在战斗中要充分运用各种战术手段和有效措施，切实隐蔽自己的部署、目标、行动和企图，不使敌发现或使敌难辨真假，而我则能在敌意想不到的时间和地点，以出人意料的战法和手段，对敌实施突然打击，在敌无法作出有效反应的有利态势下夺取战斗胜利。同时，要保持高度警戒，严密防范敌对我采取不意的行动，随时准备挫败敌人的突然袭击，保持战斗的主动地位。出敌不意的行动，可以改变敌对双方优劣形势，使敌丧失优势和主动，以小的代价夺取大的胜利。现代技术特别是高技术条件下，须周密侦察，发现敌人的弱点，掌握其行动规律；采取有效的伪装和保密措施，实施兵力、火力、电子佯动，欺骗、迷惑敌人，造成敌人的错觉和不意，隐蔽己方企图和行动；利用夜暗、不良天气或有利地形，隐蔽、迅速地接近敌人，在敌意想不到的时间和地点，集中实施兵力、火力突击和电子干扰；乘敌混乱和协调失灵之际，不失时机地歼灭敌人。

六、灵活机动，因势制敌

灵活机动，因势制敌，要求部队在战斗指挥与行动上都要充分发挥主观能动性，积极采取主动，准确把握时间、地点、兵力和打法诸关节，使兵力、火力、机动和突击紧密结合，灵活而广泛地实施兵力和火力机动。现代战斗的战场情况复杂，变化迅速。分队指挥员必须以敏锐的观察力与判断力，不断地观察战场情况，判断敌我情势，及时发现、利用敌人的弱点和错误，在上级总的意图下，积极大胆地机动兵力、火力，不失时机地打击敌人。当情况急剧变化，又与上级中断联络时，应勇于采取适应当时情况的战术行动，克敌制胜。当处于被动地位时，应及时果断地采取有效措施，迅速扭转被动，恢复主动。

七、密切协同，主动配合

密切协同，主动配合，是指在统一的战术思想和协同原则指导之下，认真执行上级的协同指示和计划，按照目的(目标)、时间、地点准确行动。这一原则的核心，是强调以系统论的观点，对战斗力量进行整体协调和运用，使之产生部分与部分相加大于整体之和的战斗效能。现代技术特别是高技术条件下，参战部队须贯彻统一的战术思想，实行集中统一的指挥；指挥员在熟识军种、兵种特长和各部队战斗力以及各种武器装备的性能与使用方法的基础上，根据上级意图，合理部署兵力，恰当区分任务；部队须正确理解上级的企图，坚决贯彻上级决心，严格执行协同计划，遵守协同纪律，主动配合，相互支援。战斗中，运用指挥、控制、通信、情报系统实施指挥和协调部队的行动，不间断协调地面攻击与空中突击、前沿战斗与纵深打击的行动，使火力、突击、机动、电子对抗和防护紧密结合。

八、英勇顽强，连续战斗

英勇顽强，连续战斗，是我军勇猛顽强、不怕牺牲、连续战斗、独立战斗的优良传统、作风和战法，在现在的战斗中仍是战胜敌人的重要因素。勇于面对强敌和一切艰难困苦，敢打硬仗、恶仗，坚决压倒一切敌人，誓死血战到底的英雄气概，是形成和发挥战斗力的重要因素，是我军战胜敌人的根本优势之一。

九、全面保障，严格管理

全面保障，严格管理，是指在攻防战斗、行军、宿营等一切行动中，要高度重视、严密组织自身的各种保障和管理，随时随地结合自身实际，搞好侦察、警戒、防护、通信联络、工程作业、伪装和保密等各种战斗保障；搞好供给、弹药、油料、武器、器材补充，以及卫勤救护和维护抢修等后勤与装备保障；搞好战斗、生活秩序和装备器材等方面的全面管理。善于利用战斗间隙和其他一切可以利用的时机，及时恢复和保持战斗力，增强连续战斗的能力。

第三节　单兵战术基础动作

士兵要想在战场上有效地躲避敌人火力杀伤和消灭敌人，就必须熟练掌握和灵活地应用战术基础动作。

一、前进

（一）屈身前进

屈身前进是战场上接敌最常用的一种运动动作，可分为慢进和快进两种姿势。

屈身慢进，通常是在距敌较远，有超过人身高或超过大部分人身高的遮蔽物，以及在敌情不明或敌火威胁不大的情况下采用。运动时，通常是双手持枪（也可单手持枪），上体前倾，两腿弯曲，屈身程度视遮蔽物的遮蔽程度而定，头部一般不可高出遮蔽物。前进时，注意观察敌情，保持正常速度前进。如图 7-1 所示。

图 7-1　屈身前进

屈身快进（也可称为跃进），通常是在距敌较近，通过开阔地或敌火力控制区时采用。快进前，应先观察敌情和地形，选择好路线和暂停位置，然后起立快速前进。运动中，通常是单手持枪（也可双手持枪），枪口朝向前上方，并注意继续观察敌情。前进的距离掌握在 15～30 米为宜。当进至暂停位置或运动中遇敌火力威胁时，应迅速就地隐蔽或卧倒，做好射击或继续前进的准备。

（二）匍匐前进

士兵在敌火力威胁较大且自身处于卧倒状态，如发现近处（10米以内）有地形或遮蔽物可利用时，可采用匍匐前进的运动姿势向其靠近。根据地形和遮蔽物的高低，匍匐前进又分为低姿匍匐、侧身匍匐和高姿匍匐三种姿势。

1. 低姿匍匐

低姿匍匐是身体平趴地面并降低至最低程度的运动方式，一般是在前方遮蔽物高约40厘米时采用，如图7-2所示。

图7-2　低姿匍匐

2. 侧身匍匐

侧身匍匐是在前方的遮蔽物高约60厘米时所采用的运动方式，其特点是运动的速度稍快，但姿势偏高，如图7-3所示。如果前方遮蔽物高80～100厘米时，也可采取高姿侧身匍匐，如图7-4所示。

图7-3　侧身匍匐

图7-4　高姿侧身匍匐

3. 高姿匍匐

高姿匍匐一般是在前方的遮蔽物高约80厘米时采用。

无论采取哪种匍匐姿势，运动到预定位置或适当的距离，都应迅速卧倒隐蔽，视情况出枪射击。

（三）滚进

滚进通常在为避开敌侦察、射击而左右移动或通过棱线时采用。在卧倒基础上滚进时，将枪保险关上，左手握表尺上方，右手握枪颈附近或两手握上护木，枪面向右，顺置于胸、腹前抱紧，两臂尽量向里合，两脚腕交叉或紧紧并拢，全身用力向移动方向滚进。到达预定位置迅速出枪成卧姿射击姿势或卧姿隐蔽姿势。

二、卧倒、起立

（一）卧倒

在战场上，士兵如突遭敌火力袭（射）击，应迅速卧倒，防止被火力杀伤。卧倒分三种基本动作：双手持枪卧倒、单手持枪卧倒和徒手卧倒。

双手持枪卧倒时，左脚向前一步，上体前倾，重心前移，按左膝、左肘、左小臂的顺序着地，然后转体，在全身伏地的同时，两手协力将枪向目标方向送出。地面松软时也可按双膝、双肘、腹部的顺序扑地卧倒。

单手持枪卧倒时，左脚（也可右脚）向前迈出一大步，同时身体前倾，按手、膝、肘的顺序侧卧，右手同时将枪向目标方向送出，左手接握下护木或弹匣弯曲部，全身伏地持枪射击。持火箭筒时的动作与此大体相同。

徒手卧倒时的动作与单手持枪卧倒动作基本相同，只是卧倒后，两手掌心向下放置于头部的两侧或交叉于胸前，两腿自然伸直和分开。

（二）起立

双手持枪起立时，应首先观察前方情况，然后迅速收腹、提臀，用肘、膝支起身体，左脚先上步，右脚顺势跟进，双手持枪继续前进。

单手持枪时，右手移握上护木收枪，同时左小臂屈回并侧身，然后用臂、腿的协力撑起身体，右脚向前一大步，左脚顺势跟进，继续携枪前进。

徒手起立时，按单手持枪的动作进行。也可双手撑起身体，同时左（右）脚向前迈步起立，然后继续前进。

三、敌火力下运动

敌火力下运动是指在敌人火力威胁下，向敌前进或实施机动的行动。

（一）敌火力下运动的时机和要求

战时在敌火力下运动时，应按班长的口令，充分利用我火力掩护、烟幕迷茫和有利地形，趁敌火力减弱、中断、转移和坦克炮塔转向等有利时机，采取不同的姿势和方法，迅速隐蔽地运动。还应充分利用浓雾、风雨等自然条件。运动前，战士应根据敌情、任务和地形的不同形态、隐蔽程度，选择好前进路线和暂停位置；运动中，应不间断地观察敌情、地形和班（组）长的指挥，灵活地变换各种姿态和方法，保持前进方向，并注意与邻兵协同动作。发现目标时，应按班（组）长的口令或自行射击，将其歼灭。要做到运动、火力、防护三者紧密结合，尽量避免横方向运动。必须横方向运动时，距离不应过长，以减少伤亡。

（二）通过各种地形的动作

1. 通过开阔地

距敌较远时，通常应持枪（火箭筒）快步通过；距敌较近，敌火力封锁较严时，应趁敌火力中断、减弱、转移和我火力压制等有利时机跃进通过。

2. 通过通路

通常应选择在拐弯处和涵洞、树木等隐蔽地点迅速通过。若敌火力威胁不大，可不停顿地快跑通过；敌火力封锁较严时，应先隐蔽接近，周密观察道路的情况和敌火力规律，然后突然跃起，快速通过。沿街巷运动时，应根据敌情、任务、地形，采取不同的运动方法。通常在我火力掩护下，沿街巷一侧隐蔽前进；也可房上房下交替掩护前进；还可以打通墙壁，穿越庭院迂回前进。

3. 通过隘路、山垭口

如敌火力威胁不大，可快步通过；敌火力封锁较严时，应隐蔽观察敌火力封锁规律，趁敌火力间隙或沿隐蔽的一侧快跑或跃进通过，尽量减少停留时间。

4. 通过冲沟

对较大纵向冲沟通常应沿一侧的斜坡前进，昼不要走沟底，以便观察和处理情况；对横向的冲沟应快速通过，遇有断绝地应绕行，或与友邻协同搭人梯通过。如敌火力封锁时，应利用冲沟两侧的沟岔、弹坑跃进通过。

5. 通过乱石地、灌木林、沼泽地等复杂地形

通过乱石地、灌木林、沼泽地时，应周密观察，保持前进方向，并与友邻战士协同配合及早发现情况，做好对突然出现之敌射击的准备。

（三）对各种情况的处理

1. 遭敌机轰炸、扫射时的动作

遭敌机轰炸时，战士应按上级命令快速前进；或立即利用地形隐蔽，待炸弹爆炸后继续前进；也可利用敌机投弹间隙迅速前进。

2. 遭敌炮火袭击时的动作

战士在接敌时要随时准备防敌炮火袭击。当遭到敌零星炮火袭击时，应立即卧倒，待炮弹爆炸后继续前进；当遭敌猛烈炮火袭击时，应趁炮弹爆炸间隙，利用弹坑和有利地形逐次跃进；当通过敌炮火封锁区时，战士应观察敌炮火封锁的规律，利用敌射击间隙快跑通过。如封锁区不大，也可绕过。

3. 遭敌机枪、自动火力封锁时的动作

当遭到敌机枪、自动火力封锁时，战士应利用地形隐蔽，抓住敌火力中断、减弱、转移等有利时机迅速前进；也可采取迷茫、欺骗和无规律的行动，转移敌视线，突然隐蔽地前进；或以火力消灭敌人后迅速前进。

4. 遇敌雷区、定时炸弹、电子侦察器材时的动作

遭敌雷区和定时炸弹时，战士应迅速报告上级并进行标示，按照班（组）长的口令排除或绕过。对敌放置（投放）的电子侦察器材，应迅速排除。排除时，应先查明是否设置有爆炸物，而后视情况将其排除或炸毁。

5. 与其他火器、邻兵协同的动作

战士在接敌时，要互相支援，主动协同，交替掩护前进。冲锋枪手应主动以火力掩护反坦克火器和机枪的行动，并及时为其指示目标，利用其射击效果前进。必要时，让开有利的射击位置和前进路线。当邻兵前进时应以火力掩护；邻兵受阻时，应主动以火力支援或勇猛迅速地前进；当落后于邻兵时，应迅速跟上，向最前面的战士看齐。如火箭筒（机枪）手不能继续进行战斗任务时，其他战士应主动接替。

四、冲击与抗冲击

战士冲击时，必须具有压倒一切敌人的气概，冲入敌阵，坚决消灭敌人。

（一）冲击准备及冲击前进

1. 冲击准备

战斗时占领冲击出发阵地后，应根据情况构筑或加修工事，注意观察和伪装；看清冲击目标、前进路线、通路位置和便于利用的隐蔽地形；记住班（组）及自己的任务和信（记）号。

2. 冲击前进

战士听到“冲击前进”的口令或看到冲击信号时，应迅速跃起或跃出工事，最大限度地利用我火力效果，迅速地向指定目标冲击前进。冲击中应时刻观察敌情、班（组）长的指挥及邻兵动作，发现目标时以行进间或短停顿射击，消灭或压制敌人。进至投弹距离时，应自行或按班（组）长的口令向敌堑壕内投弹，趁手榴弹爆炸的瞬间，勇猛冲入敌阵地，不停地向指定目标冲击前进。

（二）通过通路

接近通路时，应按班（组）长规定的顺序，迅速进入通路。如通路纵深较小时，应利用我炮火准备的效果，快跑通过；如通路纵深较大时，应在我炮火的掩护下分段逐次跃进通过。在通过中，战士应充分利用通路两侧边缘的有利地形和我火力掩护的效果，灵活迅速地前进。发现目标时，应及时以火力将其消灭。机枪手在通路中，可采取行进间射击，或迅速抢占通路一侧有利地形进行射击，但不要影响友邻动作。

（三）消灭冲击之敌

敌军使用大量坦克在行进间发起冲击，具有速度快、火力猛、突破对方阵地能力强等特点。因此，战士应根据班（组）长的命令，利用工事，结合障碍，充分发挥手中武器和爆破器材的威力，坚决消灭冲击之敌。

1. 消灭开辟道路和通过道路之敌

当敌坦克利用火力掩护，在我前沿障碍物中开辟道路时，火箭筒手应根据班（组）长的命令，以突然准确的火力击毁敌坦克，并注意观察射击效果。当敌工兵、步兵开辟通路时，步枪、机枪手应根据班（组）长的命令，隐蔽地占领射击位置，以突然准确的火力消灭敌工兵和步兵。

2. 消灭逼近前沿之敌

当敌坦克、步兵战车（装甲输送车）逼近前沿时，战时应沉着果断，将其击毁在前沿前。火箭筒手应首先击毁对我威胁大的敌装甲目标，而后迅速转移火力击毁其他目标。步枪、机枪手应注意观察，准备好爆破器材，隐蔽迅速地沿壕向敌坦克、步兵战车（装甲输送车）可能越壕的地点机动，待敌坦克、步兵战车（装甲输送车）接近战壕的瞬间，以爆破器材将其炸毁。

当敌坦克引导步兵逼近前沿时，火箭筒手应以突然准确的火力击毁敌坦克。步枪、机枪手应以突然准确的火力和手榴弹消灭敌步兵，切断步、坦之间的联系，同时准备各种爆破器材，待敌坦克越壕时将其炸毁。

击退敌后，要加强观察，防敌火力袭击，并抓紧时间，抢修工事补充弹药，抢救伤员，做好抗击敌人再次冲击的准备。

思　考　题

1. 什么是战术？
2. 战斗类型有哪些？
3. 什么是进攻战斗？进攻战斗一般有哪些基本任务？
4. 什么是防御战斗？防御战斗一般有哪些基本任务？
5. 单兵战术有哪些基本动作？

第八章　军事地形学

第一节　地形对作战行动的影响

一、地形的概念及分类

（一）地形

地形是地貌和地物的总称。地貌是指地表面平坦和起伏的自然状态，如山地、丘陵地、平原等。地物是指分布在地面上人工建造或自然形成的固定性物体，如居民地、道路、江河、森林等。

（二）军事地形学

军事地形学就是军事上研究、利用、识别地形的一门学问。其中识别是基础，研究和利用是最终目的。包括地形图的识别与使用、航空航天照片的判断、战场简易地图的调制、现地使用地图等内容。

（三）地形的分类

由于不同的地貌和地物的错综结合，形成了各种不同类型的地形。依地貌的状态，可分为平原、丘陵地、山地和高原；依地物的分布和土壤性质，可分为居民地、水网稻田地、江河和湖泊、山林地、石林地、黄土地形、沙漠和戈壁、草原、沼泽等；依对军队战斗行动的影响，可分为开阔地、隐蔽地和断绝地等。

二、各类地形的特点及其对行动的影响

（一）平原

地面平坦宽广，海拔一般在200米以下的地区称为平原。它以较小的高程区别于高原，以较小的起伏区别于丘陵地。我国平原的面积约占全国总面积的12%。主要有东北平原、华北平原、长江中下游平原等。

1. 平原的地形特点

平原地面平坦、交通发达、人烟稠密、物产丰富，大部分为耕种地。因其地理位置不同，特点也不同。

北方平原，如华北平原、东北平原等。地势平坦开阔，起伏和缓，间有小的岗丘、垄岗，高差一般在50米以下；道路成网，四通八达，一般集镇之间有公路相通，村与村之间有大路相连；江河、湖泊较少，水量变化大，雨季洪水暴涨，河水较深，枯水季节河水较浅；耕地多为旱

田，夏季高秆作物生长茂盛，冬季无农作物生长；居民地多属集团式，房屋大部分为砖混结构，地下水位较低。

南方平原，如长江三角洲、珠江三角洲等。地形平坦开阔；乡村路窄而弯曲，而且多桥梁；江河、湖泊遍布，沟渠纵横；耕地大部分为水稻田；村镇分散，建筑不甚坚固；地下水位较高。

2. 平原对战斗行动的影响

军队在平原地区作战，便于机动，尤其是北方平原，更能发挥坦克、机械化部队的机动性能，便于军队组织指挥。在雨季，江河有较大的障碍作用。

平原展望良好，视界、射界宽广，便于观察射击，能较好地发挥各种火器的效能，但是，伪装隐蔽较困难。北方平原，利于构筑工事，修筑野战机场；南方平原，因水稻田多，地下水位高，不便于构筑地下工事。平原地区为军队宿营、后勤补给提供了较好的条件。

平原地区地形平坦开阔，一般无险可守，因此，居民地，特别是较大的村镇，常成为防御的重要依托，而独立高地，高大的土堆、土堤及高大的建筑物等，则常成为攻防双方争夺的要点。

平原地区适于大兵团作战，如解放战争期间，名震中外的辽沈、平津、淮海三大战役，主要战场就是在平原地区进行的。

（二）丘陵地

地面起伏较缓，高差一般在 200 米以下的高地称为丘陵。许多丘陵错综连绵的地区叫丘陵地。我国丘陵地分布较广，约占全国总面积的 10%，较大的有东南丘陵地、胶东丘陵地和辽西丘陵地等。

1. 丘陵地的地形特点

丘陵地高差不大，山顶圆浑，谷宽岭低，坡度平缓，山脚附近多为耕地、梯田和谷地，它是介于山地与平原之间的过渡地形。

丘陵地地区，一般人烟较稠密，农产品丰富；居民地多依山傍谷，大的城镇多在广阔的谷地和水陆交通要冲；交通较发达，仅次于平原；江河水流平缓，河面较宽，河道弯曲，多浅滩。

北方和南方的丘陵地也有各自不同的特点。

2. 丘陵地对战斗行动的影响

丘陵地对军队的机动和各种兵器器材的使用一般限制较小。

丘陵地，不论攻防均便于部署兵力兵器，攻者便于隐蔽接近敌人，实施迂回包围；防者可以利用纵深高地组织多层次、支撑点式环形防御。

丘陵地与平原一样适于大兵团作战。由于丘陵地地貌的起伏，攻防战斗不像平原那样以争夺居民地为主，而主要是利用错综的丘陵进行，其制高点、重要高地则是攻防双方争夺的要点。

（三）山地

地面起伏显著，高差一般在 200 米以上的高地称为山。群山连绵交错的地区叫山地。我国山地面积分布很广，约占全国总面积的 33%，较大的有东北的大兴安岭、小兴安岭和长白山；北部的阿尔泰山、阴山和燕山；西部的天山、昆仑山、唐古拉山和喜马拉雅山；西南的横断山；东南的南岭和武夷山；中部的秦岭、太行山、大别山等。

1. 山地的特点

山地的特点是：山高坡陡谷深，地形断绝，山顶高耸，山背、山脊纵横起伏。我国山地高程多在1000米以上，西部山地高程多在4000米以上；高差一般为500～1500米，有的地方可达2000～4000米；坡度一般为30°～50°，有的达50°以上。

山地道路稀少，尤以铁路、公路最缺乏，主要道路为乡村路，多小路、隘路，有的地方仅有栈道，道路质量差，弯多坡大；河床窄，岸陡流急，水位涨落急剧；人烟稀少，物资缺乏；高山地区空气稀薄，气象多变，山顶与山脚以及昼夜之间温差较大。

山地由于所处地理位置不同，其特点各不相同。

2. 山地对战斗行动的影响

军队在山地作战，因地面起伏急剧，形成地形割裂断绝，军队行动困难，坦克、炮兵和机械化部队仅能沿公路、平坦谷地行动，大兵团行动也受道路限制，体力消耗增大；判定方位困难，容易迷失方向；观察、射击死角多，通信联络、指挥协同较困难，但便于选择良好的制高点、观察所、指挥所，便于隐蔽伪装。

山地的制高点、山垭口和隘路，往往是山地作战敌我双方争夺的要点，夺取这些地方，对确保战斗胜利有重要意义。

山地地形对攻防战斗各有利弊，但一般来说还是易守难攻。

（四）山林地

许多树木聚生的山地称为山林地。我国山林地约占全国总面积的10%，面积较大的有云南山区、南岭、武夷山、长白山、小兴安岭北部、大兴安岭、鄂西山区、大别山、吕梁山北部、中条山等山林地。另外，西藏东部山区边缘、天山、阿尔泰山也有大面积的森林。

1. 山林地的特点

山林地的特点与山地基本相似，只是地形更隐蔽，人烟更稀少，交通更不便。由于所处地理位置不同，其特点也不一样。

南方山林地，如滇、粤、桂南部地区的热带山林地，山高坡陡，谷深岭窄，林密草深，荆棘藤蔓丛生；高温多雨，潮湿多雾，四季不明显，一年之中寒暑差异不大，只有旱季和雨季之分；毒虫多，流行性疾病多；山林区村寨少，城镇多在坝区；民族多，风俗习惯各异。

北方山林地，如长白山和大兴安岭、小兴安岭，山岭较平坦、浑圆，土壤层较厚，地形割裂程度较小。大兴安岭多为针叶林，小兴安岭和长白山为针叶和阔叶混合林，林内藤蔓较南方山林地少，居民地和道路稀少，气候寒冷，冬季较长，积雪较厚。

2. 山林地对战斗行动的影响

山林地利于隐蔽集结和接敌，易达成战斗的突然性；便于轻装部（分）队活动，开展游击战；便于控制要点，据险扼守，节省兵力；便于就地取材，修筑工事，设置障碍；便于采集野生食物，克服短期困难。

在山林地作战，观察、指挥、协同不便，通信联络困难；炮兵不易选择良好阵地，不易发扬火力，射击效果降低；战斗队形不便展开，展开后又易失掉联系；在山林地作战，航空兵作用大大降低；武器、弹药、器材和被服易受潮发霉变质，疾病、虫害对部队危害大；补给困难，后勤保障任务繁重。

（五）高原

地势高而地面比较平缓宽广，海拔一般在500米以上的地区，称为高原。它以较大的高程区别于平原，又以较大的平缓地面和较小的起伏区别于山地。如青藏高原、云贵高原、内蒙古高原等。

1. 高原的地形特点

高原地势高亢，地面平坦开阔，多数为盆地，少数为宽谷地。青海湖盆地、柴达木盆地与塔里木盆地等面积宽广，戈壁、丘陵地、草原相间，形成许多盐湖和沼泽。藏北高原为大片草原，地面开阔，多为圆浑平缓的丘陵地，中间夹着许多盆地，其低洼处湖泊较多。藏南高原多为山间谷地。云贵高原多为小盆地。内蒙古高原为开阔高原，地面起伏平缓，多宽阔的浅盆地，北部为大片草原，西南部为大片沙漠。

高原地区空气稀薄，气象多变，气压低，温差大；大多数地区人烟稀少，物产贫乏，道路甚少，有些地区，气候寒冷，风多，风向不定，多风暴和雪崩。

2. 高原对战斗行动的影响

高原地区，通视广阔，观察良好；由于交通不便，部队机动困难，特别是技术兵器使用受到限制；因空气稀薄，部队行动时，体力消耗大，运动速度降低。

在高原地区作战的部队，人员均会有不同程度的高山反应，容易发生冻伤、雪盲、呼吸和消化系统的疾病，非战斗减员增多；同时武器及技术装备的效能也受到一定影响，射击误差大，因物产贫乏，就地基本不能补给，后勤保障任务繁重。

（六）居民地

人们按照生产和生活需要而形成的集聚定居的地区称为居民地。根据性质和人口多少分为城市、集镇、村庄等。

1. 居民地的地形特点

大的城市居民地，常是某一地区的政治、经济和文化中心，又多是交通枢纽。一般依山、临河或滨海、临湖而筑，人口众多，房屋密集，建筑物高大而坚固。

集镇，是一种较大的居民地，房屋较多，其建筑形式比较简单。村庄，是较小的居民地，人口不多，房屋矮小。

2. 居民地对战斗行动的影响

居民地对战斗行动的影响程度，主要决定于它的大小、所在位置、建筑物状况和附近地形条件等。

大的居民地通常是攻防要点，也是敌人航空兵、炮兵及原子弹、导弹和化学武器袭击的目标。居民地便于构成坚固的防御阵地，利于近战、夜战和小分队活动；利用城市电信设备可组织部队通信联络，便于军队宿营和后勤补给，但观察、指挥和协同不便，战斗队形易被分割。城市附近的高地、隘路、交通枢纽、桥梁、渡口和机场、火车站、发电厂、水源以及重要的工业区等，常成为攻防双方争夺的地方。

总之，地形对作战行动有着广泛、重要的影响，应了解地形对作战行动的影响，自觉地趋地形之利，避地形之害，并根据需要，能动地改造地形，以便赢得战斗的胜利。

第二节　地图的基本知识

一、地图概述

（一）地图的定义

地图是地球表面的缩写。按照一定的数学法则，用特定的图式符号、颜色和文字注记，将地球表面的自然和社会现象，经过一定的制图综合测绘于平面图纸上的图，称为地图。

按照这个定义来说，地图必须具备以下五个特点。

1. 有一定的数学法则

地球是一个极不规则的自然球体，它的表面是一个复杂的、起伏不平的曲面。而地图则是一张平面图纸，要把这个曲面展绘成平面图形，就必须通过一定的数学法则（即采用适当的投影方法和一定的比例关系），将地球表面的自然和社会现象描绘到平面图纸上，这样才能在图上进行长度（距离）、角度、高度、面积和坐标等的量读和计算。

2. 有特定的图式符号

地面上的物体种类繁多，形状、大小不一，有些物体能依比例表示，有些物体不能依比例表示，有些是无形事物，为了将其恰当地表示在地图上，就必须采用特定的图式符号，才能使地图清晰醒目，便于识别和使用。

3. 有规定的颜色

地球表面各种物体的自然色彩是十分丰富的，由于技术等原因，在图上不可能原本地表示出来，为了增强地图的地理景观的可识别性和艺术感，所以，规定在地图上以与自然物体相类似的颜色表示。如森林用绿色、水系用蓝色、地貌用棕色等。

4. 有规定的文字、数字注记

物体的名称、质量和数量等，在实地有的是看不见的，在图上用符号也是难以表达的，为了提高地图的表现力和使用价值，在地图上以规定的字体和大小，用文字和数字予以注明，使看不见的现象变成看得见的实体。

5. 经过一定的制图综合

由于地球表面的自然和社会现象是无穷的，测绘时，不可能也没有必要全部表示在地图上。因此，制图时就必须按照制图规范，对那些数量较多的物体，按其重要程度进行取舍；对那些形态比较复杂的物体，按其质量状况进行简化，以保证地图更加清晰易读。这种方法，称为地图综合。

（二）地图的分类和用途

地图分类，就是根据地图的某些特征，把它们分别归纳成一定的种类。地图按其内容可分为普通地图和专题地图两大类。

1. 普通地图

普通地图，就是人们常见的一种通用的地图。它综合地反映地球表面地理景观的外貌，比较全面地表示自然条件、社会经济要素，以及人类改造自然的成果。它所表示的内容有水系、居民地、道路、地貌、土壤植被、境界以及经济现象、文化标志等。其具体内容的详简程度，则由地图比例尺的不同而定。

地形图是按一定的比例尺表示地物、地貌平面位置、形状和高程的正射投影图。地形图是普通地图的一种，它是国家经济建设、国防建设和军队作战、训练不可缺少的重要地形资料。根据需要和用途，每个国家都有自己的比例尺系列，并且具有很强的连续性。我国地形图比例尺系列为 1∶10000、1∶25000、1∶50000、1∶100000、1∶200000、1∶500000 和 1∶1000000七种。

1∶10000、1∶25000 比例尺地形图为实测图，显示内容详细、准确涉及重要城市和要塞、基地、重点设防地区和可能的预设战场。主要供团以下分队研究地形和组织战斗时使用，另外，还用于国防工程设计和国家经济建设勘察、设计等。

1∶50000 比例尺地形图也是实测图，是师、团两级组织训练和指挥作战的基本用图。在图上可以进行量测和计算，确定炮兵射击诸元等。

1∶100000 比例尺地形图多数为编绘图，少数地区，如草原、戈壁地区是经实地调查测绘的。主要供装甲、机械化部队和师、集团军指挥机关组织战斗时使用，还可供炮兵射击、空降兵选定着陆场使用。它也是合成军队的基本用图。

1∶200000、1∶500000 比例尺地形图主要供集团军以上的指挥机关拟订战役计划、研究兵力部署、指挥陆空大兵团协同作战时使用。

1∶1000000 比例尺地形图主要供陆、海、空军及战略导弹部队研究战役方向，进行战略、战役规划和部署，执行战略、战役方面的作战任务时使用。

2. 专题地图

专题地图又称“专门地图”或“主题地图”。它是以普通地图为底图，着重表示某一个专题内容的地图，如地质图、地貌图、水文图、人口图、交通图、历史图等。随着国民经济建设、国防建设和科学文化日益增长的需要，专题地图的内容愈来愈广泛，品种会愈来愈多。

（三）地形图的测制过程

国家基本比例尺地形图的测制，是个很复杂的工作过程，主要有大地测量、航空摄影测量、制图和印刷三个大的作业阶段。

二、地图投影

（一）地球形状概述

为了识别地图，必须先了解地球的有关知识。

地球形状大体上是一个椭球体，其自然表面分布着高山、丘陵、平原、江河和湖海，高低起伏变化很大。可以说地球表面是一个极其复杂而又不规则的自然曲面。为解决测量计算的有关问题，假想用一个与平均海水面重合，并引伸到大陆的水准面，来代替地球的自然表面，这个表面称为大地水准面。大地水准面所包围的球体，称为大地球体。在测量计算中，就用一个长、短半径与地球极为接近的椭圆，即以椭圆的短轴（地轴）为旋转轴的“旋转椭球”来代替它。地形图上所表示的内容，都是先将地球自然表面的物体垂直投影到大地水准面上，再转化到地球椭球面上，然后经过地图投影的方法再描绘到平面图纸上的。

（二）地面点位的确定

确定地面点位的空间位置的工作，称为地面点位的确定。在测量上采用地理坐标来确定地面点在参考椭球面上的位置，而用地面点至基准面的垂直距离来确定其高程。

1. 用地理坐标来确定点的球面位置

以经纬度（L，B）来表示地面点在参考椭球面上位置的坐标称地理坐标。当基准面（即参考椭球面）选定后即可在该面上选一球面坐标系。

以通过南北极地轴为参考椭球体的旋转轴，过球心并与旋转轴垂直的平面称为赤道面，它与椭球面的交线称为赤道；过任意一点且垂直于旋转轴的平面与椭球面的交线称为纬圈，即纬线。过地面任意一点与旋转轴构成的平面称为过该点的子午面，它与椭球面的交线即子午线，即经线；而过英国伦敦格林尼治天文台子午仪中心的那个子午面称首子午面。首子午面与椭球面上的交线称首子午线或起始子午线。首子午线与赤道构成了椭球面上的坐标轴线，地面任意一点“甲”的地理坐标是以角度值表示的该点至坐标轴角距，即“甲”点的大地经纬度(L,B)。

大地经度L是过“甲”点的子午面与首子午面之间二面角的平面角；大地纬度B是过“甲”点的法线与赤道面所形成的夹角。纬度从赤道面起表示向南、北至极点各为90°，并分别称为南纬和北纬；经度从首子午面起算，分别向东、西各为180°，并分别称东经和西经。经度值相同的点必然在同一条子午线上，纬度值相同的点必然在同一个纬圈上。

2. 点的高程的确定

地面点至大地基准面的垂直距离，称为该地面点的高程。大地水准面是设想静止的，即不考虑潮汐和风浪影响的平均海水面，并沿椭球面延伸穿过陆地海洋而形成的闭和曲面。该曲面所包围的形体称为大地体。地面点的高程通常用H来表示。高程也称为海拔或绝对高程。

三、地图的投影概念和投影变形

地球表面是一个不可展开的曲面，而地图是个平面，为解决地球曲面与地球平面之间的矛盾，运用数学原理，按一定的要求，将地球椭球面的点和线相应转绘到平面上的理论和方法，称为地图投影。

地图投影的方法很多，但无论采用何种方法，由于球面的不可展性，投影到平面上的图形必然与球面上的图形存在一定的差异，这种差异称为投影变形。依其性质，可分为角度变形、长度变形和面积变形三种。

对军用地形图而言，由于现地用图的需要以及在图上量测方位、角度和距离的要求，所采用的投影应满足角度无变形的条件，以便于角度测量和在小范围内使图上与实地相应图形相似，同时对长度变形加以限制，而确保地形图的使用方便。

四、地形图比例尺

（一）比例尺的概念

地球表面面积很大，要把它展绘在平面图纸上，就必须予以缩小。缩小时，地图上的长度与相应实地长度必须保持一定的比例关系，以这种比例关系作为两者之间的量算尺度，这个尺度就称为地图比例尺。因此，比例尺的定义是：图上某线段的长与相应实地水平距离之比，地图比例尺＝图上长/相应实地水平距离。

如地图上两点间长度为1厘米，实地该两点的水平距离为50000厘米，那么这幅地图的比例尺则为1/50000。

比例尺是一种没有单位的比值，相比的两个量的单位必须相同，单位不同不能比。地图比例尺的分子通常用1表示，以便了解地图缩小的倍数，如1∶50000即缩小5万倍，1∶100000即缩小10万倍。

地图比例尺的大小，是按比值的大小来衡量的，比值的大小可按比例尺分母确定，分母小则比值大，比例尺就大；分母大则比值小，比例尺就小，如1∶25000大于1∶50000，1∶50000大于1∶100000。

由于地图的使用目的和要求不同，因而地图的比例尺也就不同。不同的比例尺，图上长度相当于实地的水平距离也就不一样。

一幅地图，当图幅面积一定时，比例尺越大，其图幅所包括的实地范围就越小，但图上显示的内容就越详细；比例尺越小，图幅包括的实地范围就越大，但图上显示的内容就越简略。

因为地图的精度是随着比例尺的缩小而降低的，所以，地图比例尺越大，则误差越小，图上量测的精度越高；比例尺越小，误差越大，图上量测的精度也就越低。

由于地图比例尺大小的不同，地图的特点也不一样，因而在使用地图时，应根据任务和需要适当选用。

（二）比例尺的表示形式

地图比例尺通常绘注在南图廓的下方，其表示形式如下。

1. 数字式

它是用比例式或分数式表示的。如 1∶50000 或 1/50000。

2. 文字式

它是用文字叙述的形式予以说明的。如“百万分之一”“二万五千分之一”“图上 1 厘米相当于实地 500 米”等。

3. 图解式

将图上长与实地长的比例关系用线段、图形表示的，称为图解比例尺。图解比例尺有直线比例尺、投影比例尺等。地形图上多采用直线比例尺。

（三）图上距离的量算

1. 用直尺量算

用直尺量算距离时，先用米尺从图上量取所求两点间的长度（厘米），然后乘以该图比例尺分母，即得相应的实地水平距离（米或千米）。其换算公式为

实地距离＝图上长×比例尺分母

如在 1∶50000 地形图上量得某两点间距离为 3.4 厘米，则实地水平距离为

3.4 厘米×50000＝170000 厘米＝1700 米

为计算方便，可先将比例尺分母消去两个零。

3.4 米×500＝1700 米

若已知实地距离，同样可以算出图上长，其公式为

图上长＝实地距离÷比例尺分母

如已知两点间实地水平距离为 5 千米，在 1∶50000 地形图上，其长度则为：5000 米÷500＝10 厘米。

2. 在直线比例尺上比量

直线比例尺上注记的数字表示相应实地的水平距离。尺身注记千米数，用以量取整千米距离；尺身注记米数，用以量取不足整千米的距离。

在直线比例尺上量距离时，先用两脚规（或直尺、纸条）量出两点间的长度，并保持其张度，再到直线比例尺上比量，比量时，先使两脚规的一脚落在尺身的整千米数上，再使另一脚落在尺头上，即可直接读出两点间实地水平距离。

如图 8-1 所示，图上甲、乙两点间的实地距离是 1250 米。

3. 用里程表量读

在地形图上量取弯曲路段或曲线距离时，使用指北针上的里程表比较方便，如图 8-2 所示。里程表由表盘、指针及滚轮三部分组成，表盘的外分划圈上有 1∶100000、1∶50000、1∶25000等比例尺注记和千米数注记，每个数字均表示相应实地水平距离的千米数。

量读时，先使指针归 0（即指针对准盘内 0 处），然后手持里程表，将滚轮放在起点上（使指针按顺时针方向），沿所量线段滚至终点，指针在相应比例尺分划圈上所指的千米数，即为

所求实地距离。

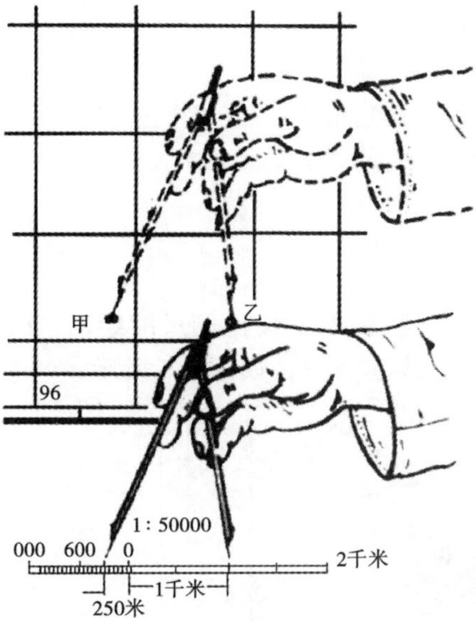

图 8-1　依直线比例尺量读距离

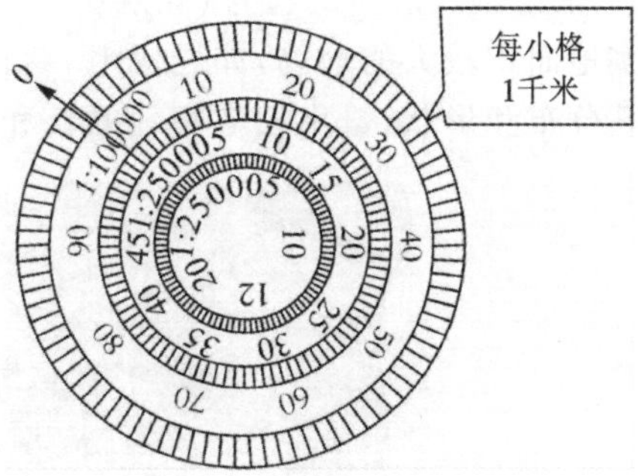

图 8-2　用里程表量读距离

4. 图上距离的倾斜改正

地形图上两点间距离，都是水平距离，而实地总是起伏不平的。因此实地距离往往大于水平距离。也就是说，实地距离与水平距离之间有一个差值，将其差值尽量缩小，使之更接近实地距离，叫做坡度改正。

计算实地距离的公式是：

实地距离＝水平距离＋水平距离×改正系数

坡度改正系数见表 8-1。

表 8-1　坡度改正系数表

坡度(°)	改正系数(%)	坡度(°)	改正系数(%)	坡度(°)	改正系数(%)
0～5	3	16～20	30	31～35	65
6～10	10	21～25	40	36～40	85
11～15	20	26～30	50		

例如，从图上量得两点间水平距离为 5 千米，其平均坡度为 12°，则实地距离约为

5 千米＋5 千米×20%＝6 千米

当量取的距离很长时，地形坡度变化可能比较频繁，影响作业速度。此时，在实际应用中，根据地形类别采用经验法进行坡度改正。根据资料，一般参照平原地形 10%～14%、丘陵地形 15%～19%、一般山地 20%～30%进行改正。

五、地物符号

在地图上表示实地地物的特定图形和文字、数字标记的符号称为地物符号。根据地物符号可以在地图上识别出实地地物的种类、形状、大小和分布情况，了解它在军事上的应用价值。

（一）地物符号的图形特点

地物符号的图形，依其形状，主要有以下三个特点。

（1）正形符号：与平面形状相似。如居民地、湖泊、森林。

（2）侧形符号：与侧面形状相似。如突出阔叶树、烟囱、水塔。

（3）象征符号：与有关意义相应。如变电所、矿井、气象站。

（二）地物符号的分类

1. 依比例尺表示的符号（轮廓符号）

实地面积较大的地物，如居民地、森林、江河、湖泊等，图形是按比例尺缩绘的，在图上可了解其分布和形状，量出相应实地的长和宽，就可以计算其面积。如图 8-3 所示。

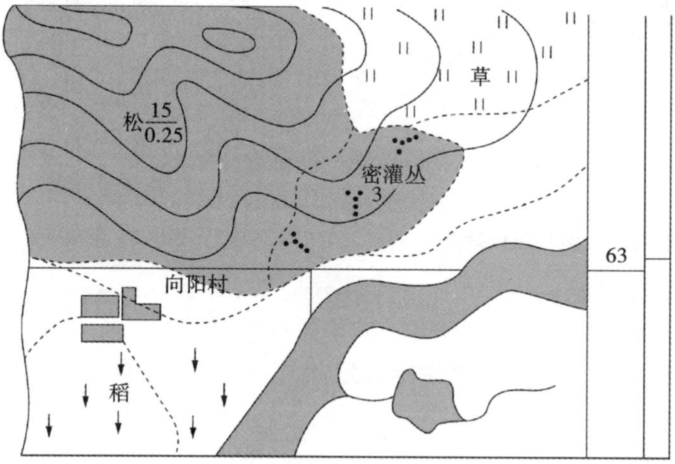

图 8-3 依比例尺表示的符号

2. 半依比例尺表示的符号（线状符号）

实地的线状地物，如道路、垣栅、土堤、通信线等，其宽度不能按比例尺缩绘，而长度是按比例尺缩绘的。因此，从图上只能量取相应的长度，而不能量取宽度和面积。其准确位置在符号的中心线上或底线上。部队一般利用线状地物的转折点、交叉点作为方位物和明显目标。如图 8-4 所示。

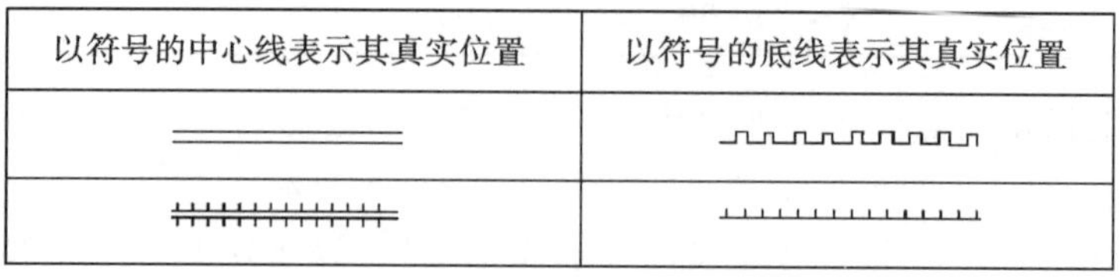

图 8-4 半依比例尺符号定位线

3. 不依比例尺表示的符号（点状符号）

实地上有些对部队战斗行动有影响或具有方位意义的地物，如变电所、桥、塔、油库等，因其实地面积较小，不能按比例尺缩绘，只能用规定的符号表示。在图上可了解实地地物的性质和位置，不能量取大小。符号的定位点表示实地地物的中心位置。如表 8-2 所示。

表 8-2　地物的点状符号

图形特点	符号及名称		
与平面形状相似	居民地 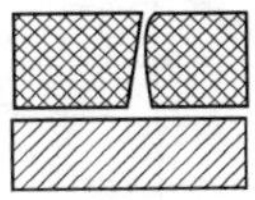	河流、苗圃 	公路、桥梁 
与侧面形状相似	突出阔叶树 	烟囱 	水塔 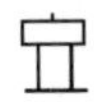
与有关意义相应	变电所 	矿井 	气象站 

（三）对地物符号的规定

为使地物符号易读、易辨，且具有理解的唯一性，测量上对其作了统一规定。

1. 定位规定

定位规定是指以符号的特定性来代表地物在图上的中心点或中心线，是测图和用图的依据。

2. 方向规定

对于不依比例尺的图上定向的规定称为符号的方向规定。符号的方向规定分为垂直于按地图轮廓描绘的符号、按真实方向描绘的符号和变向符号三类。

3. 颜色规定

颜色规定依地面上地物的自然颜色经抽象后的概括分类规定。黑色表示人工地物和部分自然地物，如居民地、道路、独立石、桥梁等。蓝色表示与水、冰雪有关的地物，如河湖、水库和雪山地貌中的冰川等。绿色表示与植被有关的地物，如森林、灌木丛等。棕色表示与地貌、土质有关的内容。为保证用色的系统性，在注记中亦应遵守上述规定。

4. 注记

注记是用文字和数字来补充说明各种符号不能表示的内容。如居民地、江河和山的名称，森林的种类，公路的质量等，可用文字注记。山的高程，河宽，水深，桥梁的长、宽和载重量等，可用数字注记。如图 8-5 所示。

六、地貌判读

地貌，主要是指地球表面高低起伏的变化形态，如山地、丘陵地、平原、谷地等，它和水系一起构成图上其他要素的自然基础。

（一）等高线表示地貌

1. 等高线表示地貌的原理

等高线，是由地面上高程相等的各点连接而成的曲线。我们一到水库，就会看到水面周

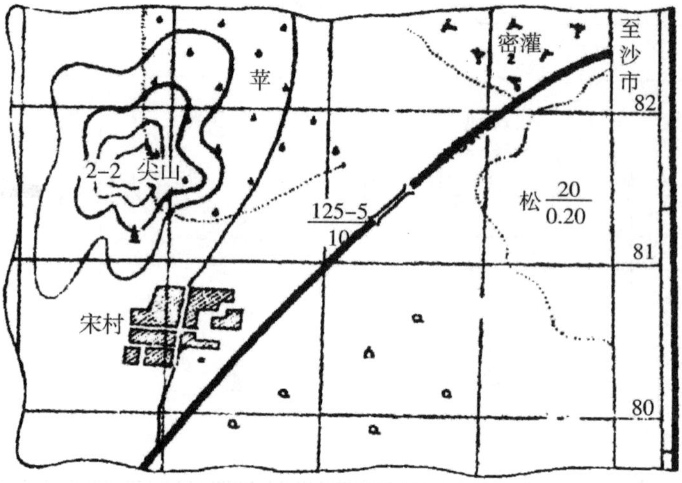

图 8-5　图的注记

围的边沿，有一条一条的水涯线，由此，就可以联想出等高线的构成原理。假想把一座山从底到顶按相等的高度，一层一层地水平切开，这样，在山的表面就出现许多大小不同的截口线，再把这些截口线垂直投影到同一平面上，便形成一圈套一圈的曲线图形，因为同一条曲线上各点的高程都相等，所以称为等高线。地图就是根据这个原理来显示地貌的。如图 8-6 所示。

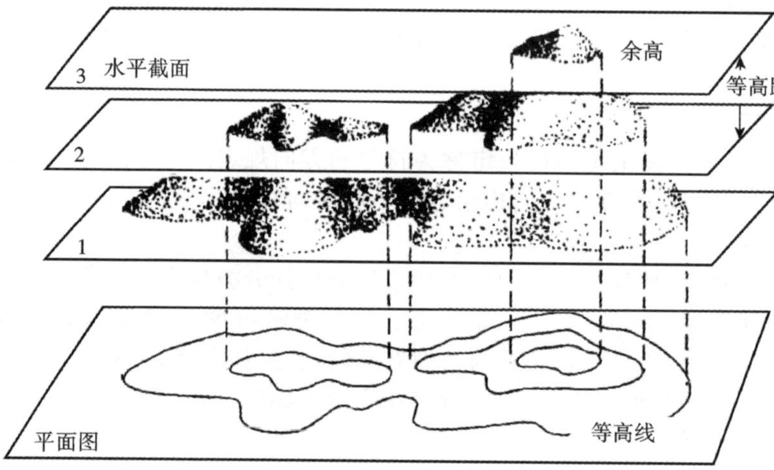

图 8-6　等高线表示地貌

2. 等高线表示地貌的特点

(1) 在同一条等高线上各点的高度相等，每条等高线都是闭合曲线。

(2) 在同一幅地图上或同一等高距的条件下，等高线多，山就高；等高线少，山就低；凹地则与此相反。

(3) 在同一幅地图上或同一等高距条件下，等高线间隔密，实地坡度陡；等高线间隔稀，实地坡度缓。

(4) 图上等高线的弯曲形状与相应实地地貌形状相似。

3. 等高距的规定

相邻两条等高线间的实地垂直距离称为等高距。等高距的大小，在很大程度上决定着地貌表示的详略,等高距愈小,等高线愈多,地貌表示得愈详细;等高距愈大,等高线愈少,地貌表示得愈简略。

我国各种比例尺地图的等高距规定如表 8-3 所示。

表 8-3　各种比例尺地图的等高距

比例尺	1∶25000	1∶100000	1∶25000	1∶200000
等高距 r	5 米	10 米	20 米	40 米

4. 等高线的种类和作用

等高线按其作用不同分为四种,如图 8-7 所示。

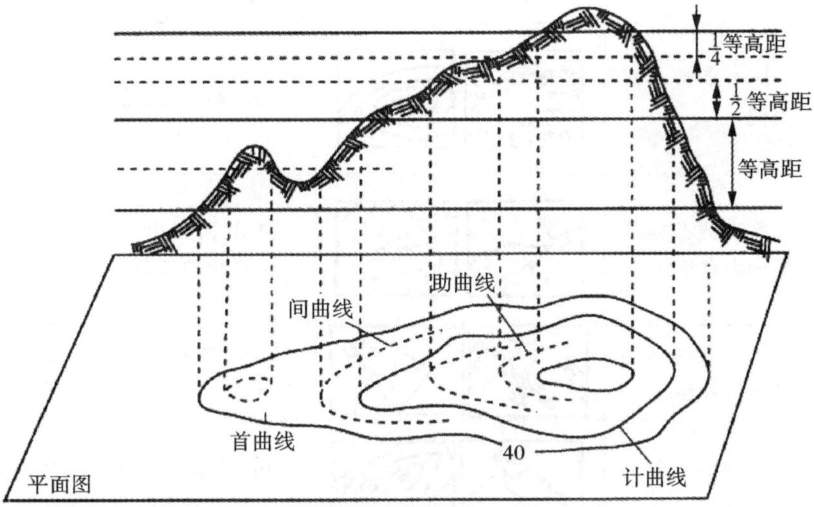

图 8-7　等高线的种类

(1) 首曲线,又称为基本等高线,是按规定的等高距,由平均海水面起算而测绘的细实线,线粗 0.1 毫米,用以显示地貌的基本形态。如在1∶50000的地图上的首曲线,依次为 10 米、20 米、30 米……

(2) 计曲线,又称为加粗等高线,规定从高程起算面起,每隔四条首曲线(即 5 倍等高距的首曲线)加粗描绘一条粗实线,线粗 0.2 毫米,用以数计图上等高线与判读高程。如在 1∶50000的地图上的计曲线,依次为 50 米、100 米、150 米……

(3) 间曲线,又称为半距等高线,是按二分之一等高距描绘的细长虚线。用以显示首曲线不能显示的某段微型地貌,如小山顶、阶坡或鞍部等。

(4) 助曲线,又称为辅助等高线,是按四分之一等高距描绘的细短虚线。用以显示间曲线仍不能显示的某段微型地貌。

间曲线和助曲线只用于局部地区,所以它不像首曲线那样一定要各自闭合。除描绘山顶和凹地的曲线各自闭合外,表示鞍部时,一般只对称描绘,并终止于适当位置;表示斜面时,一般终止于山脊两侧。

对于独立山顶、凹地以及不易辨别斜坡方向的等高线,还要绘出示坡线。示坡线是与等高线相垂直的短线,是指示斜坡的方向线,绘在曲线拐弯处,其不与等高线连接的一端指向下坡方向。

（二）地貌识别

地貌的外表形态尽管千差万别，多种多样，但它们都是由某些基本形态组成的，这些基本形态有山顶、凹地、山背、山谷、鞍部和山脊等，如能熟识这些基本形态，识别等高线图就比较容易了。如表 8-4 所示。

表 8-4　各种地貌等高线图

地　形	表示方法	示意图、等高线图	地形特征	说　　明
山地山峰	闭合曲线外低内高	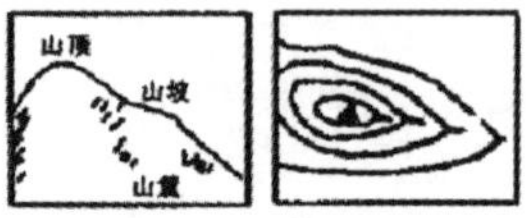	四周低、中部高	示坡线画在等高线外侧，坡度向外侧降低
盆地洼地	闭合曲线外高内低		四周高、中间低	示坡线画在等高线内侧，坡度向内侧降低
山脊、山脊线	等高线凸向低处的山脊连线	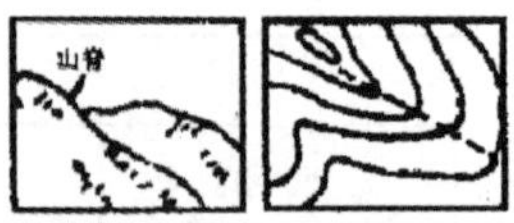	从山顶到山麓凸起高耸的部分	山脊线也称分水线
山谷、山谷线	等高线凸向高处的山谷连线	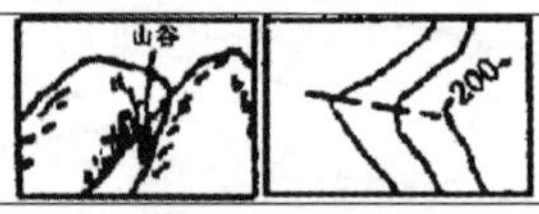	山脊之间低洼部分	山谷线也称集水线
鞍部	由一对山脊等高线组成		相邻两个山顶之间呈马鞍形	鞍部是山谷线最高处、山脊线最低处
峭壁陡崖	多条等高线会合重叠在一处	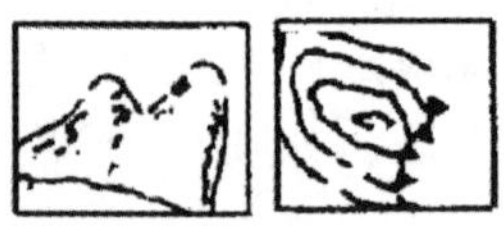	近于垂直的山坡，称峭壁。峭壁上部突出处，称悬崖，陡崖如左图	

1. 山的各部形态

（1）山顶、凹地。

山的最高部位称为山顶。山顶依其形状可分为尖顶、圆顶和平顶三种。图上表示山顶的等高线是一个小环圈，环圈外通常绘有示坡线。

比周围地面低下，且经常无水的低地，称为凹地。大面积的低地称盆地。小面积的低地称凹(洼)地。图上表示凹地的等高线是用一个或数个小环圈，并在环圈内绘有示坡线。

（2）山背、山谷。

山背，是从山顶到山脚的凸起部分，很像动物的脊背。下雨时，雨水落在山背上向两边分流，所以最高凸起的棱线又称为分水线。图上表示山背的等高线以山顶为准，等高线向外凸出，各等高线凸出部分顶点的连线，就是分水线。

山谷，是相邻山背、山脊之间的低凹部分。由于山谷是聚水的地方，所以最低凹入部分的底线又称合水线。图上表示山谷的等高线与山背相反，以山顶或鞍部为准，等高线向里凹入(或向高处凸出)，各等高线凹入部分顶点的连线，就是合水线。

（3）鞍部、山脊。

鞍部，是相连两山顶间的凹下部分，其形如马鞍状，故称鞍部。图上是用一对表示山背的等高线和一对表示山谷的等高线显示的。

山脊，是数个山顶、山背、鞍部相连所形成的凸棱部分。山脊的最高棱线称山脊线。如图 8-8 所示。

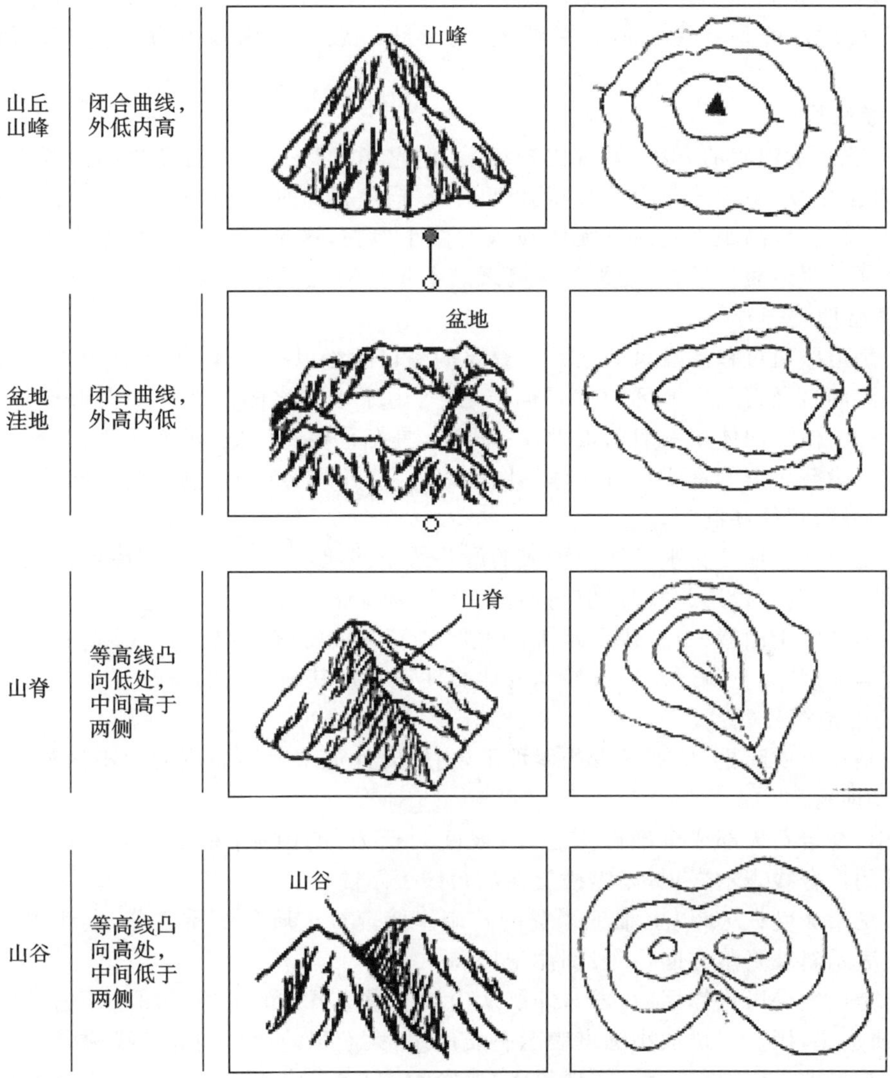

图 8-8　山的各部形态

2. 斜面和防界线

斜面是指从山顶到山脚的倾斜部分，又称斜坡。军事上以敌对双方占领地区为准，把朝向对方的斜面称为正斜面；背向对方的斜面称反斜面。斜面按其起伏形状分为以下四种。

（1）等齐斜面，实地斜面的坡度基本一致，全部斜面均可通视，便于发扬火力。在图上，等高线间隔大致相等，仅有陡坡和缓坡之分，陡坡等高线密，间隔小；缓坡等高线稀，间隔大。

（2）凸形斜面，实地斜面的坡度上缓下陡，斜面部分地段不能通视，形成观察、射击的死角。在图上，等高线间隔上面稀、下面密。

(3) 凹形斜面，实地斜面的坡度上陡下缓，全部斜面均可通视，便于发扬火力。在图上，等高线间隔上面密、下面稀。

(4) 波形斜面，是上述三种斜面的组合斜面，实地斜面的坡度交叉变换，陡缓不一。斜面的若干地段不能通视，形成观察、射击的死角较多，但便于组织多层火力配置。在图上，等高线间隔密疏不一。

防界线通常是斜面上凸起的倾斜变换线。在防界线上能展望其下方的部分或全部斜面，利于构筑射击阵地和观察所。在图上，防界线一般位于山顶下方等高线由稀变密的地方。

3. 地貌符号

用等高线表示地貌的方法，虽然比较科学，但它毕竟是一种相当简化的曲线图形，由于地貌形态复杂多变，不论等高距选择得如何正确，描绘得又如何精细，它都不可能逼真地反映地形的全貌，在等高距之间总有无法显现的微小地貌，这是等高线本身无法克服的缺点，因此，还必须采用地貌符号，才能弥补等高线之不足。地貌符号主要有以下三种。

(1) 微型地貌符号。

山隘，是道路通过鞍部隘口的地方。重要的隘口除绘以符号外，还注有能通行的时间。

山洞(溶洞)，是石灰岩地区的重要标志之一，由于地下水的溶蚀作用而形成地下洞穴，虽然洞口不大，但洞内体积一般都很大，在军事上具有重要的价值，可作为天然仓库，也可作为防原子弹、隐蔽兵力的重要场所。地形图上以山洞符号的点表示洞口的真实位置，同时还注有洞口的最短直径和洞深。

溶斗，是石灰岩地区受水溶蚀而形成的漏斗式小凹地，底部有透水窟窿的才用该符号表示。黄土地区的溶斗也用此符号，但均注记有"土"字。

岩峰，是高耸于山岭、山坡或平地上的柱状岩石，是良好的方位物。孤立的用"孤峰"符号表示，成群的用"峰丛"符号表示，峰丛的比高注记是指其中最高的岩峰。

(2) 变形地符号(图)。

冲沟，是在土质疏松、植被稀少的斜坡上，由暂时性流水冲蚀而成的大小沟壑，它是黄土地形的典型地貌。

陡石山，是岩石大部或全部裸露在外，坡度大于 70°的山地，陡石山符号是按照光线法则，以断续的山脊线表示岩顶，以纵横交错的短线表示陡岩。

陡崖，是指坡度在 70°以上难于攀登的陡峭崖壁。有土质和石质之分，实线表示陡崖的上缘，虚线表示斜坡降落方向，一般都注记比高。

崩崖，是山坡受风化作用后，岩石碎屑从山坡上崩落下来的地段。图上用密集的小圆点表示沙土质崩崖，用三角块加小圆点表示石质崩崖，大面积的崩崖用等高线配合表示。

滑坡，是斜坡表层因地下水(或地表水)的影响，在重力作用下沿着斜坡下滑的地段。滑坡的上缘用陡崖符号绘出，范围用点线描绘，内部用断续的等高线表示。

(3) 土质特征符号。

土质特征符号一般可以用于表现沙地、石块地、盐碱地、小草丘地、残丘地和龟裂地等。

(三) 高程与高差的判定

在地形图上判定高程和高差，是根据等高距和高程注记进行的。要做到迅速、准确，就必须掌握判定的方法。

1. 高程的判定

(1) 先从图廓外查明本图的等高距，并在判定点附近找出控制点或等高线的高程注记。

(2) 据判定点与已知高程注记的位置关系，向上或向下数等高线，并加(减)等高距。

(3) 根据判定点所在的位置，判定其高程。

2. 高差的判定

判定两点的高差时，应先分别判明两点各自的高程，然后两数相减，即得高差。

(四) 地面起伏与坡度的判定

在图上判定战斗行动区域或行进方向上的地面起伏状况时，首先应根据等高线的疏密情况、高程注记、河流的位置和流向，判明各山脊的分布状况和地形总的下降方向，再具体分析山顶、鞍部、山脊、山谷的分布，详细判明起伏状况。其判定依据如下。

(1) 根据等高线的疏密。在地形图上，一般高处坡陡，等高线密；低处坡缓，等高线稀。

(2) 根据高程注记。高程点高程递增的为上坡方向，递减的为下坡方向；等高线的高程注记，字头朝向上坡方向。

(3) 根据示坡线。示坡线与等高线相连接的一端是上坡方向，另一端指向下坡方向。

(4) 根据河流符号。地形图上河流符号多数由细渐粗，大的河流还绘有流向符号，从而能判断出河的上下游，明确倾斜方向；当一组等高线在河流一侧时，靠近河流的等高线低，远离河流的等高线高；当一组等高线横穿河流时，上游的等高线是上坡方向，下游的等高线是下坡方向。

(5) 根据山的各部形态判定。山顶高，鞍部低；山背高，山谷低；山脊高，山脚低；山地高，平原洼地低等。通过图上各部形态的等高线图形，就能判定其高低或上下坡方向。

具体判定时，应根据上述方法，逐片逐段地进行。

第三节　现地使用地形图

我们学习识别地形图的目的是使用地形图，特别是要会现地使用地形图。现地使用地形图，主要是通过地形图与现地对照，确定自己所处的位置，了解周围地形情况，确定执行任务的方向、路线、距离和作战目标。

现地使用地形图，就是将地形图与现地地形一一对应起来，以便分析研究地形，全面地熟悉、掌握地形情况，按照实际地形进行设计，充分发挥地形图的作用。

现地怎样使用地形图？它有哪些要领？概括地说，主要涉及判定方位、标定地形图、确定站立点、对照地形、按地形图行进和分析研究地形等。

一、判定方位

军事活动经常会遇到各种复杂的天候和地形条件，因此，要学会在完全生疏的地方判定方位的本领。军队在行军作战中，必须要随时随地判明方向，明确周围地形和敌我关系位置，才能实施正确的指挥和行动。

判定方位的方法很多，这里只介绍几种常用的方法，可以因地制宜，灵活运用。

(一) 用指北针

指北针的针尖，含有两种磁性，在地球南、北磁极的吸引下，它的针尖永远指着南方和北方，所以，用指北针判定方位，简单方便，只要把指北针放平，它就能指出南北方向。不论是在陆地、在海洋还是在空中，也不管是黑夜、白昼或是刮风下雨，都一样灵便。

由于磁针有吸铁的特性，容易受电和磁体吸引，使用前应检查磁针是否灵敏，使用时不要太靠近高压线、汽车等物体。在雷雨时和磁铁矿、磁力异常地区都不能使用。

（二）用北极星

在茫茫的黑夜里，又该如何判定方位呢？从古代开始，人们就有看星星计时辰，观北斗辨方向的习惯，俗话说："找到北极星，方向自然明。"

到了夜晚，极目长空，繁星闪闪，在北方的天空，有一颗好像不升不落固定不动的星，为人们指引着方向。因为它位于北极的正上方，都称它北极星。所以，只要找到北极星，就知道了北方。

为了观察研究的方便，天文学家们将天空中的星星编成很多"小组"，还给每个小组起了名字，如狮子、小犬、猎户、金牛等。这些星星"小组"，就称为"星座"。连同小组的名字，就称为"××星座"。例如，民间传说的北斗七星，就是一个星座，天文学家给它起名为"大熊星座"，在它附近还有个"小熊星座"。如图 8-9 所示。

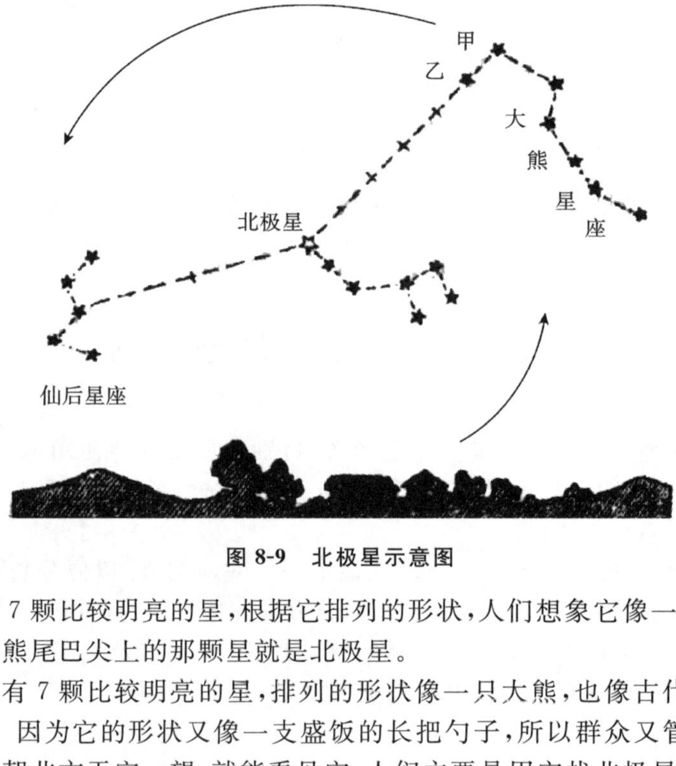

图 8-9　北极星示意图

小熊星座，有 7 颗比较明亮的星，根据它排列的形状，人们想象它像一只小熊，所以起名叫小熊星座，在小熊尾巴尖上的那颗星就是北极星。

大熊星座，也有 7 颗比较明亮的星，排列的形状像一只大熊，也像古代舀酒的斗，所以，都管它叫北斗星。因为它的形状又像一支盛饭的长把勺子，所以群众又管它叫勺子星。晴天晚上，只要举目朝北方天空一望，就能看见它，人们主要是用它找北极星。找北极星时，先顺着勺头外边两颗星从甲到乙的方向，划出一条假想的延长线，在相当于这两颗星之间距离的 5 倍处，有颗比较明亮的星，就是北极星。

在北极星的另一边，还有 5 颗明亮的星，形状像英文字母"W"，称为仙后星座，也称为女帝星。从这 5 颗星中央的一颗算起，在距离缺口长度的 2 倍处，有颗比较明亮的星，就是北极星。

（三）用太阳和手表

自古以来，我国人民就有一种习惯的说法："日出于东而落于西。"其实，在一年中，太阳真正从正东方向升起，从正西方向落下去的日子，却只有春分（3 月 21 日）和秋分（9 月 23

日)这两天,其他日子,都不是从正东升起,从正西落下去的。这是地球一方面绕着太阳公转,同时它自身也在旋转的缘故。大体上说,是春秋天太阳出于东方,落于西方;夏天太阳出于东北,落于西北;冬天出于东南,落于西南。根据太阳出没的位置,就能概略地判定方向。

利用手表判断方向的方法是:先把手表放平,以时针所指时数(以每天 24 小时计算)的折半位置对向太阳,表盘上"12"这个数的指向,就是北方,即"时数折半对太阳,12 指向是北方"。比如,我们在某地上午 8:00 判定方位,其折半位置是 4,即以表盘上的"4"对向太阳,"12"的指向就是北方;若在下午 2:40(即 14:40)判定,应以"7:20"对向太阳,"12"的指向就是北方。如图 8-10 所示。

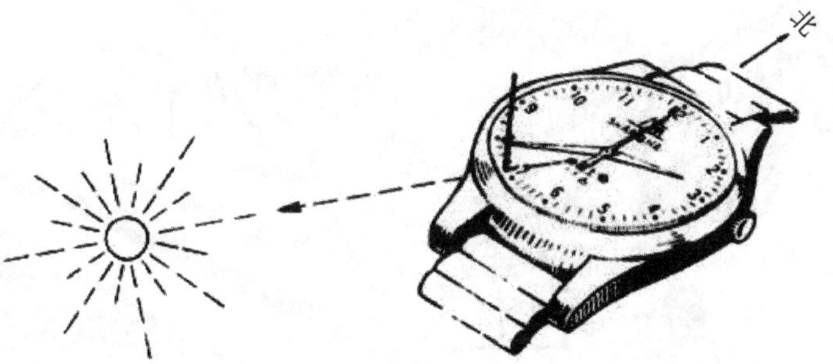

图 8-10　利用手表判断方位

(四) 利用自然特征

有许许多多自然现象,都能帮助我们概略地判定方位。

(1) 独立大树,靠南面,因受到充足的阳光照射,所以枝叶繁茂,树皮光滑;而靠北面,因背向太阳,则枝叶稀疏,树皮也较粗糙。

(2) 锯断的树桩,树桩上有一圈套一圈的曲线,很像地图上的等高线,这是它的年龄标志,称年轮。年轮的间隔宽窄很不一样,根据年轮的宽窄,也能判定南北方向,如年轮间隔宽的一面,因为阳光的照射充分,表明它生长得快,说明是朝南方向;窄的一面,因为阳光照射不充分,证明长得慢,说明是朝北面。

(3) 青苔喜欢在阴暗潮湿的地方生长,如果在大岩石旁边、大树的一侧、房屋的一侧发现长有青苔,那么长有青苔的一侧就是北方。

(4) 冬天,在突出地面的土堆、土堤、建筑物旁,会看到积雪融化的现象。朝阳一侧积雪融化快,是南方,背阳一侧积雪融化慢,就是北方。但对土坑、沟渠和森林中的空地来说,则相反,南面背阳,积雪融化慢,北面向阳,积雪融化快。

二、地形图与现地对照

(一) 标定地形图

现地使用地形图,应先标定地形图方位。标定地形图方位就是使地形图方位与现地方位相一致。标定地形图的方法很多,常用的方法如下。

1. 利用指北针标定

标定方法同上。利用指北针标定地形图,精度高,而且不易产生失误,是初学者标定地形图最好的一种方法。现地判明方位后,只要将地形图上方对向实地北方,地图即已概略标定。

2. 利用明显的地物、地貌点标定

明显的地物点，如烟囱、小桥、独立树等；明显的地貌点，如山顶、鞍部、分水线与合水线的转弯点、明显的山背倾斜变换点(即由陡变缓或由缓变陡的明显位置)等。利用这些明显的点标定地形图，前提是已知站立点的图上位置。标定时，先确定站立点在地形图上的位置，再在实地选择一个地形图上也有的地物点或地貌点，转动地形图，使地形图上的站立点和已选择的地物点或地貌点构成的一条直线，与实地相应两点构成的一条直线概略重合，并且方向一致，地形图即已标定。如图 8-11 所示。

图 8-11　利用明显的地物、地貌点标定

3. 依据直长地物标定

所谓直长地物，就是又直又长的地物。如公路、铁路、水渠、土堤、通信线、输电线等，都是直长地物。

标定时，顺着直长地物的方向站好，先从图上找到这个直长地物符号，再转动地形图，对照两侧地形，使图上和现地地物的方向一致，地形图就标定了。如图 8-12 所示。但要注意图上方位与实地一致，不要搞反了。

（二）确定站立点

在进行地形图与实地对照以及在运动中需要明确运动方向和运动路线时，都要确定目标点的图上位置。

1. 综合分析法

用这种方法确定站立点时，先进行控制对照，即对站立点附近明显地形特征进行综合分析。这时的控制对照是在站立点不明确的情况下进行的，但站立点在地形图上的范围是清楚的。控制对照时，应根据各明显地形点的特征及其相互位置关系，通过综合分析，确定其图上位置。

如图 8-13 所示，用图者站在三角标左下方的山背上，根据左侧冲沟和前方山顶的关系，确定站立点在图上的位置。

2. 后方交会法

这种方法通常是在地形较平坦、通视较好的地段上采用。用这种方法确定站立点时，先

图 8-12　依据直长地物标定

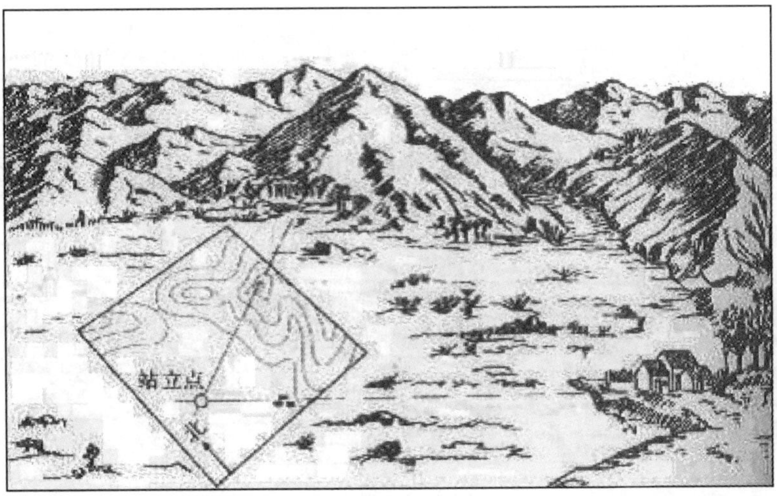

图 8-13　综合分析法

通过控制对照，在实地较远处选择两个地形图上也有的明显地形点。如图 8-14 所示，选择远处山顶与独立房，然后标定地图，用直尺边切于地图上山顶的定位点，摆动直尺，向实地相应山顶瞄准后，沿直尺边向后画方向线；用同样的方法向实地独立房瞄准后并画方向线；两方向线的交点就是站立点的图上位置。

3. 截线法

当站立点在线状地物上时，可用截线法确定站立点的图上位置。先标定地形图，在线状地物的侧方选择一个图上与现地都有的明显地形点，将直尺边切准图上地形点符号的定位点，向现地相应的地形点瞄准并画方向线，方向线与线状地物符号的交点，就是站立点在图

图 8-14　后方交会法

上的位置。如图 8-15 所示。

图 8-15　截线法

（三）现地对照地形

现地对照地形，应当达到两个直接的目的。一是将地图上的地物、地貌一一对应辨清；二是通过对照，发现地形图和现地的变化情况。通常在标定地形图、确定站立点的基础上，根据目标的方向、特征、位置等因素进行对照。

当对照某一区域地形时，通常先对照大而明显的特殊地形，再由近及远、由点到面或逐段分片地进行对照。

对照山地和丘陵地形时，可根据地貌形态、山脉走向，先对照明显的山顶、山脊，然后顺着山脊、山背、山脚和山谷的方向进行对照，对照中要注意其前后层次的色调和透视关系。

对照平原地形时，可先对照主要的道路、河流、居民地和高大突出的建筑物，再根据地物分布规律和相关位置，逐点分片地进行对照。

三、按地形图行进

按地形图行进是部队在生疏地区、复杂地形、恶劣气象等条件而又无向导的情况下，为到达目的地而采取的一种行进方法。

（一）行进前的准备

行进前的图上准备要做到：一选、二标、三量算、四熟记。

一选。利用地形图行进时，首先应根据任务、敌情、地形等情况在图上选出行进的最佳路线。选择时，应着重考虑和研究沿途与行动有关的地形因素，如地貌起伏、居民地、森林、桥梁等情况。

二标。选择好行进路线后，将行进路线用彩笔标绘在图上，并按行进方向顺序编号，以便行进中对照。

三量算。一般用里程表量度里程，再根据行军距离，计算行军时间。如果行进路线坡度较大，在计算时间时应充分考虑到难度系数。

四熟记。一般按行进的顺序把每段的里程、行进时间、经过的居民地、两侧方位物和地貌特征，特别是道路的转弯处、岔路口和居民地进出口附近的方位物及地形特征等都熟记在脑子里，力求做到：胸中有图，未到先知。

（二）行进要领

行进中要做到三明：方向明、路线明、位置明。

方向明。在出发点上，先标定地形图，现地对照，明确行进道路和方向。

路线明。在行进中要时刻明确已走过的路程和所用的时间，现在正通过什么地方，下一步要通过什么地方，还有多少里程和时间。

位置明。在行进中，要边走边对照，随时明确站立点的位置，尤其在通过岔路口、转弯点、居民地进出口时，应及时对照地图，明确图上位置，保证正确的行进方向。

当遇到地形与地图不一样时，应采用多种方法，仔细对照，全面分析，做到有疑不走，方向不明不走，待准确判定后再走。当发现走错路时，应立即停止前进，现地对照，判明从什么地方开始走错，偏离正确路线多远，视情况回到原来路线或选择新的路线。

四、按方位角行进

按方位角行进，就是按照指北针在地形图上预先测量的磁方位角行进，是按地图行进的辅助方法。通常在缺少方位物的沙漠、草原和森林等地区和浓雾、风雪等不良天气以及夜间视度不良的情况下采用。

按方位角行进前，应先在地形图上准备行进资料，即选定行进路线；测定各线段的磁方位角；量取各段的实地距离并换算行进时间；绘制按方位角行进要图。行进时，在出发点上，将磁针北端指向第二点的密位数，这时沿照门、准星的方向行进，找到第二点的方位物或辅助方位物，照直前进。以后路程按上述方法实施。

行进中，要随时保持行进方向，记清行进时间，直至到达终点。

按方位角行进应注意以下几点。

(1) 方位物要明显,夜间应选高大、透空、发光或反光物体。

(2) 集体行进时,应明确分工,指定专人记时间,掌握方向,数记复步。

(3) 在起伏较大的地段行进时,应注意调整步幅。

(4) 走完预定距离,未找到转折点的方位物时,可在这段距离的十分之一半径范围内寻找。

思考题

1. 地形对部队战斗行动的影响体现在哪几个方面?
2. 野外如何辨别方向?
3. 按图行进时应做好什么准备?

第九章　综合训练

第一节　行　　军

行军，是军队沿指定路线进行的有组织的移动。目的是转移兵力，争取主动，形成有利态势。

一、行军的分类

（一）行军类型

（1）按方式分：徒步行军、摩托化行军和两者相结合的行军及履带行军。

（2）按时间分：昼间行军和夜间行军。

（3）按行程和强度分：常行军、急行军、强行军。

①常行军，是指按正常的每日行程和时速进行的行军。

②急行军，是以最快的速度实施的行军，执行紧急任务时采用，应提高行军速度，减少休息时间，必要时轻装行进。其速度一般比常行军高三分之一。

③强行军，是以加快行军速度、减少休息时间并加大每日行程的方法实施的行军。

（4）按行军的方向分：向敌行军、背敌行军和侧敌行军。

（二）行军速度

行军速度和一日行程，应根据上级的命令、敌情、行军队形编成、行军的时间及气象等条件确定。通常，徒步行军的日行程为30～40千米，平均时速为4～5千米；摩托化行军的日行程为250～350千米，平均时速昼间为30～40千米，夜间为25～30千米。高寒山地的徒步行军速度应比一般速度慢三分之一左右。强行军日行程按10小时计算，常行军日行程按7～8小时计算。

二、行军的组织准备

（一）传达任务，确定方案

指挥员接到行军命令后，应迅速地向部队传达任务，分析敌情、任务、地形、道路、气象等情况，确定行军方案。行军方案的主要内容包括：行进路线、行军序列；各分队和配属分队的任务；前卫及搜索分队的编成、任务、警戒、搜索方法；行军途中可能遇到的情况、处置方案及各种保障措施等。而后，明确军官职责分工，分头组织各项准备工作。

（二）下达命令，进行动员

行军命令通常在行军前向所属和配属分队下达。其内容包括：敌情；上级任务；本分队任务；行军出发时间、路线，到达的时间和地点；行军序列、集合时间与地点；伪装与侦察；行军纪律、通信联络方法及信（记）号；指挥观察所与保障组的位置；完成行军准备的时限；等等。下达行军命令后，指挥员应根据实际情况，对分队进行政治动员。

（三）组织保障，分工明确

1. 组织观察

分队行军时，应组织对行军方向的前方和两侧实施不间断的侦察。任务是及时发现敌情，查明行军道路的质量、通行和隐蔽情况，侦察沿途的城镇、较大居民地、交叉路口、隘路、渡口等复杂地形的通行情况，查明沿途可能遭敌人火力封锁的地段等。

2. 组织警戒

当分队单独组织行军时，应向前、后、侧方派出尖兵（担负行军警戒任务的人员）。必要时，在可能遭敌袭击的主要地段，增派固定的侧方警戒，在分队通过后撤回。

3. 组织通信联络

当上级允许实施无线电通信时，通常在尖兵分队、指挥所、所属（配属）各分队、收容组之间建立无线电通信联络网。当上级要求在行军中保持无线电静默时，应以旗语、灯光、音响信号等简易方法实施通信联络。

4. 组织对空防护

一是组织对空观察报知勤务，指定对空观察员，充分利用观察器材组成对空观察网，并规定简易的报知信号；二是组织对空射击火力，组织编成内的便携式低空导弹、高射机枪、步机枪形成一定密度的对空火力网，掩护分队顺利行军。

5. 做好物资器材保障

物资器材保障工作主要涉及武器、弹药、装具、给养、饮水和药品等的准备。

6. 组织装备技术保障

通常选择3～5名技术骨干组成装备技术保障组，主要负责对车辆机械等装备的检查、修理和行军中车辆故障的排除。

7. 组织设营组、收容组

设营组的主要任务是在预定休息及宿营（集结）地筹备食物、燃料和饮水，调查社情、疫情，选择和区分各分队休息地点，划分所属分队（车辆）的位置，派出人员在进入宿营地的路口接引分队，向指挥员报告设营情况。

徒步行军时应成立收容组。通常由一名军官率卫生员和数名体力较好的士兵组成，在本队后跟进，根据情况消除路标。

三、行军的实施

行军时，指挥员应加强观察，掌握行军路线、方向和速度，及时了解敌情、沿途地形和道路状况；及时灵活地处置各种情况；沿上级指定的路线迅速隐蔽地行军，带领部队按时到达指定地区。

（一）准时集合出发

接到上级行军命令后，应迅速在指定地区集合，同时派出警戒（为防敌袭击和侦察而采取的警卫措施),检查各分队人员、武器、车辆、着装等情况,适时登车,按上级规定的时间准时出发和通过出发点。

(二) 掌握路线和速度

为了避免走错路线和迷失方向,应利用多种方法和手段掌握行军路线。在复杂地形和夜间行军时,可派一名军官加强前方尖兵的指挥,或由军官、骨干组成方向组,随尖兵行动。如发现走错路,应首先确定站立点,而后选就近路线插向原定路线。如无把握,应立即返回开始走错的地点,再继续前进。

行军速度和一日行程应根据敌人的袭扰程度、行军队形的编成、人员的体质、移动工具及其技术状况、道路的数量及质量、驾驶员的驾驶技能、行军时间及水文气象等条件确定。

(三) 适时组织休息

正确规定行军中的休息时间和地点,是缓解行军疲劳、保持行军能力、倾力实施行军的重要条件。摩托化行军时,小休息通常每 2～3 小时进行一次,每次 20～30 分钟。徒步行军的首次小休息,通常在行军 30 分钟后进行,时间 15～20 分钟。而后每行军 1～2 个小时休息一次,每次 10～20 分钟。

(四) 果断处置情况

1. 临时改变行军路线

当临时改变行军路线时,指挥员应迅速命令分队停止前进,向各分队简要明确新的行军路线。当前方有迂回路线能进入新的行军路线时,可仍按原行军序列从迂回路线进入新的行军路线;当已经超过通向新路线的路口,前方又无新的迂回路线,或迂回路线较远时,应选较宽阔的路段或空地作为掉头点,组织掉头进入新的行军路线。此时应变后方尖兵为前方尖兵、前方尖兵为后方尖兵。

2. 遭空袭或空中侦察

遭敌空中袭击或空中侦察时,应迅速向上级报告并拉响防空警报。指挥分队迅速疏散隐蔽、就近利用有利地形掩护,视情况组织对空射击。空袭后应查明损失情况,报告上级。摩托化行进中,当接到空袭警报时,人员迅速下车隐蔽,车辆利用地形隐蔽,并注意伪装。夜间应注意灯火管制,要做好对空射击准备。连、排指挥员应保持与各分队之间的联系,空袭后立即组织抢救伤员、抢修车辆,进行必要的调整,恢复行军队形后继续前进,并将情况报告上级。

3. 遭敌袭击

当遭敌袭击时,指挥员应沉着冷静,立即判明敌情,迅速组织反击。如敌兵力较弱,应展开必要兵力歼灭或驱逐之,主力继续前进,并将情况报告上级;如敌兵力较强,应迅速就近抢占有利地形,掩护上级主力歼灭之;如误入敌伏击区,应迅速展开,抢占有利地形,抗击敌人冲击,并迅速将情况报告上级,伺机向敌薄弱方向突围,或根据上级指示,协助主力歼敌。

4. 遇障碍

当道路、桥梁遭敌破坏或者遇到难以通行的地段时,应当绕行。无法绕行时,应及时组织抢修迂回道路,并报告上级。

(五) 夜间行军应注意的问题

夜间应适当减慢行军速度,缩小行军距离。要严格灯火管制,保持肃静,以免暴露行军企图。行军前,应标好行军路线图,分好路段,标出夜间便于识别的地物。

组织休息时，要清点好人员、武器、器材。行军中遇敌照明时，应迅速就地隐蔽，待敌照明过后选择有利地形迅速前进。

第二节　宿　　营

宿营是指部(分)队离开常驻营房执行各种任务时的临时住宿的营地。其目的在于使部(分)队得到休息和整顿，以便更好地完成任务。宿营分为舍营(民房等)、露营及二者相结合三种方式。

一、宿营地的选择

选择宿营地必须综合考虑敌情、天候、环境等因素的影响，尽量选择在隐蔽性好、进出道路通畅、视野开阔的地方。

(一) 地点隐蔽

尽量选择植被茂盛、遮蔽物多的地方，避开独立明显的目标以及交通要道，切忌选择在空旷的高地和缺少植被的山脊宿营，避免被敌人发现。

(二) 交通顺畅

宿营地应有不止一条通道，以便遇到突发情况时能迅速地展开或撤出；还要有一条隐蔽的进出通道，避免进出时被敌人侦察到。

(三) 远离危险

不要在悬崖下或坡度较大的山体边缘宿营，防止落石、塌方、滑坡、雪崩等意外伤亡事故；雷雨天不要在山顶或空旷地带上宿营，以免遭到雷击；要仔细观察周围是否有野兽的足迹、粪便和巢穴，不要建在多蛇多鼠地带，以防人和装备受到损伤；在河滩、河床、溪边宿营，应避开最高水位线以下区域，以防被山洪卷走。

(四) 环境舒适

理想的宿营地应近水、背风、地平、向阳。靠近水源并有充足可利用的林木，但宿营地也不能与水源过分靠近，那里不但易受野生动物和蚊虫袭扰，而且流水声会干扰判断，不易察觉危险；背风处多在林间或林边空地、山脊的侧面和岩石下面等；地面不要有树根、草根和尖石、碎物，也不要有凹凸或斜坡，否则影响休息质量；日照时间较长的地方，宿营地一般比较温暖、干燥、清洁。

(五) 其他

在野外条件下，很难找到一处完全符合所有要求和条件的宿营地，选择时要依次遵循安全→方便→舒适的原则。具体而言，以上三条原则中，每条原则都是下一条的前提，要按从上至下的顺序选择。此外，还有一些细节也须考虑到，营地周围不要有过敏性植物，避免接触后引起过敏性皮炎、皮肤溃烂等疾病，造成非战斗减员。

二、宿营的基本要求

选择好合适的宿营点后，必须制定和完善宿营纪律，并根据自身的时间、精力和现场环境情况，进一步完善宿营条件，以便更好地隐蔽和保存自己。

（一）派出警戒

进入宿营点的第一件事就是派出警戒，如果人数较少或者掉队落单可不必安排警戒，但必须搞好隐蔽。哨位要扼守重要的路口，具备开阔的视野，便于观察和告警。

（二）明确制度

依据现地条件制定应对各种突发情况的预案及行动路线，明确宿营纪律以及灯火管制和信（记）号规定等，尤其是告警信号。

（三）营地规划

多人作战小组行动时，必须对小组成员的宿营点进行规划，成员之间的宿营点应相对分散，并留出通道便于联系、防御和支援，一旦遇到情况可快速撤出或立即投入战斗。

（四）整治环境

为改善睡眠环境，在条件允许的情况下应对宿营点进行适当整治，利用随身工具对土地进行平整，除掉带刺或带尖的藤条、木块、石头等，用土、茅草、落叶等物填平凹凸处。此外，还可根据停留时间和携带装备情况搭建帐篷和避身所。

（五）隐蔽伪装

充分利用制式器材和就便材料，如伪装网、树枝、野草等，进行融入周围地形的隐蔽伪装，寻找就便器材时一定要就近取材，不要选用与宿营地周围环境有较大反差的材料，并注意不要留下人为破坏的痕迹。休息之前，应组织人员消除进入宿营地的痕迹，宿营全程切忌使用明火和光源。

三、搭建简易帐篷和避身所

野外宿营，环境恶劣，应在保证安全的基础上因地制宜、就地取材，搭建简易帐篷和避身所，改善宿营条件。

（一）房顶形帐篷

房顶形帐篷是指将绳子拴在两棵树之间拉紧形成脊线，或者用锹柄、木棍等物作支柱，再用背包带连接两个支柱顶端，将两端延长，斜拉固定在地桩上形成屋脊样式，再将雨布等搭在脊线上形成两个屋顶坡面，坡面底边用石头压牢而成的帐篷。

（二）单坡面帐篷

单坡面帐篷是利用断墙、塄坎等，将雨布的一边固定在墙或坎上，雨布的另一边固定在地面上所形成的帐篷。

（三）遮棚

在林中过夜，可以就地取材搭制临时遮棚，分单坡面遮棚和丛林遮棚两种。

（1）单坡面遮棚：搭制这种遮棚时，先选择两棵树作立柱，然后在距地面一米处绑一横杆，横杆上斜搭（约 45°）若干后杆，后杆上再绑上两横杆，将树枝像铺瓦一样，一层层重叠地搭挂在支架上，遮棚的两侧用树枝遮堵，便搭制成一个临时遮棚。

（2）丛林遮棚：通常设置在便于排水的高地，在天气闷热时，高地也常有凉爽的微风。

在丛林中可充分发挥创造性，利用树木、竹、藤、茅草、芭蕉叶并结合雨布等就便器材，搭制各种形式的遮棚。其基本方法是：先撑棚架后盖顶，围墙铺床同时行，最后挖出排水沟，铲除杂草把地平。便搭制成一个临时遮棚。

（四）雪地猫耳洞

在积雪厚的地区可以掏筑雪洞以避风寒。如图 9-1 所示。

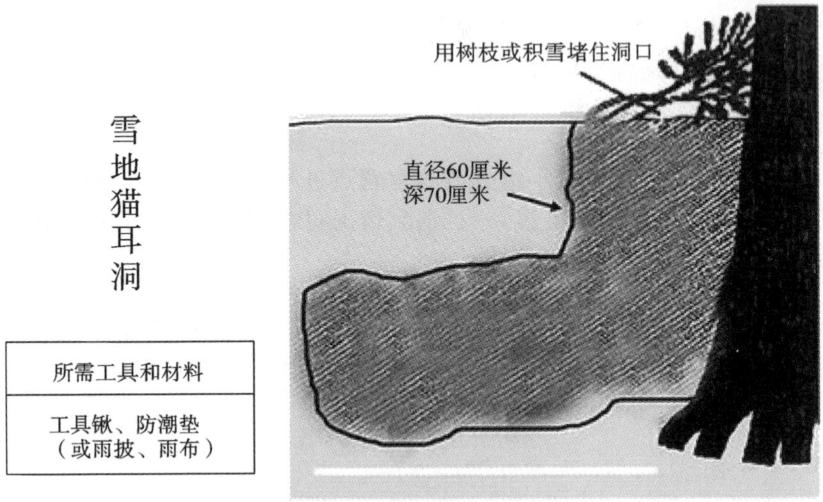

图 9-1　雪地猫耳洞

依托树林、灌木丛挖一个直径 60 厘米、深 70 厘米的雪坑，然后在一面坑壁底部掏出一个适合一人躺下的横向雪洞，将出口及四壁的雪拍实，用树枝和积雪遮蔽雪坑顶部，但需留出观察孔，在坑底横向雪洞内垫上防潮物供人休息。为了确保安全，雪洞内一定要留一把铁锹或刀，在暴风雪之后，可能需要用来挖掘出口。

（五）沙漠避身所

在沙漠地区可以挖沙漠避身所，如图 9-2 所示。

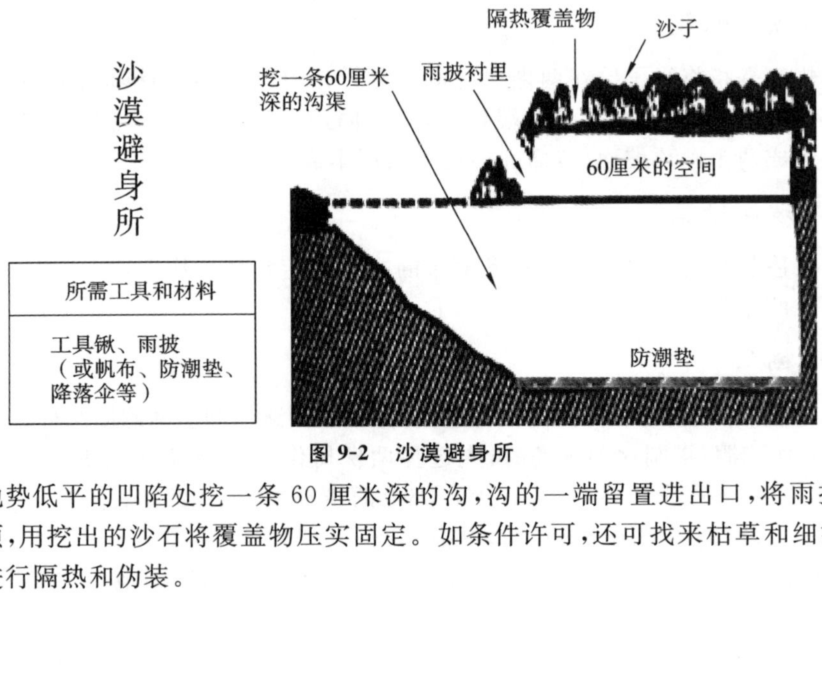

图 9-2　沙漠避身所

选一地势低平的凹陷处挖一条 60 厘米深的沟，沟的一端留置进出口，将雨披等覆盖物平铺于沟顶，用挖出的沙石将覆盖物压实固定。如条件许可，还可找来枯草和细沙覆盖在避身所顶部进行隔热和伪装。

第三节　野外生存

野外生存，即人在住宿无着的山野丛林中求生。野外求生，是军队因战斗需要发展而来的一种生存技能。深入敌后的特种部队、侦察兵和空降兵、海军陆战队，以及在战斗中与部队失去联系的战士和失事的空勤人员，在孤立无援的敌后或生疏的荒野丛林和孤岛上，在仪器断绝的情况下，必须依靠自身的求生意志、求生知识及求生技能等，在各种恶劣环境中谋求生存。野外生存知识和技巧也适用于在野外执行各种任务和遭遇意外事件时的生存。

一、执行野外任务前的基本准备

在执行野外任务前，应对所执行的战斗任务的地区环境进行全面的了解，尤其是有关地形、植被、气候等情况，做到心中有数。在物资的准备上，除了必带的武器装备外，还应携带如下器材物品。

(1) 刀具(包括手术刀片)。一把锋利的刀是野外生存时的无价之宝，特别是带有锯齿的多功能刀具，用途更大。

(2) 生火工具。它们是野外生存中取暖和野炊时的火源。野外用的生火工具主要有火柴和打火机。在野外生火的方法还有很多，比如把望远镜的凸透镜卸下，在阳光明媚的郊外，可以用它轻易地点燃干草。

(3) 小型手电筒。它是夜间行动的照明设备，也可以当信号灯使用。

(4) 绳索。无论是攀登，还是通过一些地形复杂的地区和障碍，或者捆绑物品时都需要它。

(5) 药品。它是保证身体健康的必需品。可携带急救包、止痛药、肠胃药、抗生素(用于治疗细菌感染)、抗组胺类药(用于治疗过敏症和蚊虫叮咬)、抗疟疾药、漂白粉、高锰酸钾、创可贴等。

除此以外，根据需要还可以带一些针线、放大镜等其他物品。这些物品(除刀具和绳索)最好用一个特制的小盒或袋子装在一起，以便于保管和使用。

二、野外判定方向和求救

(一) 判定方向

判定方向，是现地判明东、西、南、北方向，以便明确周围地形和敌我的关系位置，保持正确的前进方向。尤其是夜间，视度不良、人的视听及各种感觉器官受周围环境的影响较大，容易产生错觉。要保证夜间行动的隐蔽、迅速、准确，保持正确的前进方向是首要条件。

判定方向主要可利用指北针、北极星、太阳等，在本书第八章军事地形学中已做介绍。在阴天和没有指北针、地图的情况下，我们还应当学会利用自然界的一些特征和其他方法判定方向。

独立大树通常是南面枝叶茂密、树皮较光滑；北面枝叶较稀少，树皮粗糙，有时还长有青苔。砍伐后，树桩上的年轮北面间隔小，南面间隔大。

突出地面的物体，如土堆、土堤、田埂、独立岩石和建筑物等，南面干燥、青草茂密，冬季积雪融化较快；北面潮湿，易生青苔，积雪融化较慢。土坑、沟渠和林中空地则相反。

我国大部分地区，尤其是北方，庙宇、宝塔的正门多朝南方；广大农村住房的正门一般也多朝南开。

还可利用已知点判定方向。通过已知高地的走向、河流的流向等与自己站立点的位置关系，来判定概略方位。如事先在地图或沙盘上知道河流为东西走向，河水由西向东流，到达河边观察河水流向，便知上游是西，下游是东。

在作战和野外训练中，因迷失方向，可能会出现与部队失去联系的现象，为摆脱困境，在野外迷失方向时，切勿惊慌失措，而是要立即停下来，冷静地回忆一下所走过的道路，想办法利用一切可能利用的标志重新判定方向，然后再寻找道路。最可靠的方法是“迷途知返”，退回原出发地。

在山地迷失方向后，应先登高远望，判断应该向什么方向走。通常应朝地势低的方向走，这样容易碰到水源，顺河而行最为保险，这一点在森林中尤为重要。因为道路、居民点常常是滨水临河而筑的。

（二）求救

要想获得援助，前提就是让他人知道自己的处境和位置，而要想让他人知道，唯一的办法就是发出信号。发信号的方式很多，如施放烟雾、打枪、镜子反光、灯光、火光、音响、在开阔地面上写字等，还可以用旗语表示。无论采取什么方式发出信号，只要是间隔一分钟重复三次的行动都象征着寻求援助。夜间可在高处点火堆；白天可燃烟，在火上放青草，就会发出白烟，每隔 6 分钟放一次青草，这是世界通用的救难信号；在易被空中发现的地方用石块摆放成 SOS 的求救标记；在草原可用刀割或手拔出相应的求救标记等。

三、野外寻找水源

（一）寻找水源

听，凭借灵敏的听觉器官，多注意山脚、山涧、断崖、盆地、谷底等是否有山溪或瀑布的流水声，有无蛙声和水鸟的叫声等。如果能听到这些声音，说明已经离有水源的地方不远了，并可证明这里的水源是流动的活水。但要特别注意的是，不要把风吹树叶的“哗哗”声当作流水的声音。

嗅，通过鼻子，尽可能地嗅到潮湿气味，或因刮风带过来的泥土腥味及水草的味道。然后沿气味的方向寻找水源。当然这要有一定的经验积累。

观察，凭着丰富的经验和知识。去观察动物、植物、气象、气候及地理环境等，也可以找到水源。

根据地形地势（地理环境），判断地下水位的高低。如山脚下往往会有地下水，低洼处、雨水集中处，以及水库的下游等地下水位均较高。另外，在干河床的下面，河道的转弯处外侧的最低处，往下挖掘几米就能有水。但泥浆较多，需净化处理后，方可饮用。

根据气候及地面干湿情况寻找水源。如在炎热的夏季，地面总是非常潮湿，在相同的气候条件下，地面久晒而不干、不热的地方，地下水位较高；在秋季地表有水汽上升，凌晨常出现像纱似的薄雾，晚上露水较重，且地面潮湿，说明地下水位高，水量充足；在寒冷的冬季，地面的隙缝处有白霜时，地下水位也比较高；春季解冻早的地方和冬季封冻晚的地方以及降雪后融化快的地方，地下水位均高。

根据植物生长情况寻找水源。生长着香蒲、沙柳、马莲、金针（也称黄花）、木芥的地方，水位比较高，水质也好；生长着灰菜、蓬蒿、沙里旺的地方，也有地下水，但水质不好，有苦味或涩味，或带铁锈味；初春时，其他树枝还没发芽时，独有一处树枝已发芽，此处有地下水；入秋时，同一地方其他树叶已经枯黄，而独有一处树叶不黄，此处有地下水；另外，如三角叶杨、梧桐、柳树、盐香柏，这些植物只长在有水的地方，在它们下面定能挖出地下水来。

根据动物、昆虫的活动情况寻找水源。夏季，蚊虫聚集，且飞成圆柱形状的地方一定有水；有青蛙、大蚂蚁、蜗牛居住的地方也有水；另外，燕子飞过的路线和衔泥筑巢的地方，都是有水源和地下水位较高的地方。再有，鹌鹑傍晚时向水飞，清晨时背水飞；斑鸠群早晚飞向水源，这些也是判断水源的依据。

根据天气变化寻找水源。天空出现彩虹的地方，肯定有雨水；在乌黑、带有雷电的积雨云下面，定有雨水或冰雹；在总有浓雾的山谷里，定有水源；收集露水也可缓解燃眉之急。

直接从植物中取水。在南方的丛林中，到处都有野芭蕉，也称仙人蕉。这种植物的芯含水量很大，只要用刀将其从底部迅速砍断，就会有干净的液体从茎中滴出，野芭蕉的嫩芯也可食用，在断粮的情况下，可以充饥；可以从芦荟、仙人掌及其果实中获取水；如果能找到野葛藤、葡萄藤、猕猴桃藤、五味子藤等藤本植物，也可从中获取水；在春天树木要发芽之时，还可从桦树、山榆树等乔木的树干及枝条中获取水。注意，千万不要饮用那些带有乳浊液的藤或灌木、乔木的汁液，可能有毒。

从植物中获取的水，容易变质，最好即取即饮，不要长时间存放。

上述取水方法在野外缺水时是有效的。然而，单纯地依靠上述方法去寻找水源却不是长久之计，且很复杂、很辛苦。只限于少数人员（3～7 人）和短时间（3～5 天）内使用。不适合人员众多或时间过长的情况下采用。就安全而言，最好不要远离水源一两天的路程。

（二）野外饮用水的净化处理

在极度疲惫干渴之际，找到了水源，最好不要立即狂饮，应该就当时的环境条件对水源进行必要的净化和消毒处理，以避免因饮水而中毒或染上疾病。

一般说来，除泉水和井水可直接饮用外，不管是河水、湖水、溪水、雪水、雨水、露水，还是通过渗透、过滤、沉淀而得到的水，最好都进行消毒处理后再饮用。具体方法如下。

(1) 将净水药片放入水容器中，搅拌摇晃，静置几分钟，即可饮用，可灌入壶中存储备用。一般情况下，1 片净水药片可对 1 升的水进行消毒，如果水质较混浊，可用多片净水药片进行消毒。目前，军队都采用此法在野外对水进行消毒。

(2) 如果没有净水药片，可以用随身携带的医用碘酒代替净水药片对水进行消毒。在已净化过的水中，每升水滴入 3～4 滴碘酒，如果水质混浊，则每升水中滴入的碘酒要加倍。搅拌摇晃后，静置的时间也应长一些，20～30 分钟后，即可饮用或备用。

(3) 利用亚氯酸盐，即漂白剂，也可以起到消毒的作用。在已净化的水中，每升水滴入漂白剂 3 滴或 4 滴，水质混浊则加倍，摇晃均匀后，静置 30 分钟，即可饮用或备用。只是水中有些漂白剂的味道，注意不要把沉淀的浊物一同喝下去。

(4) 如果以上的消毒药物均没有，正巧随身携带有野炊时用的食醋（白醋也行），也可以用其对水进行消毒。在净化过的水中倒入一些醋汁，搅匀后，静置 30 分钟后便可饮用。只是水中有些醋的酸味。

(5) 在海拔高度不太高（海拔 3000 米以下）且有火种的情况下，把水煮沸 5 分钟，也是对水进行消毒的很好的方法。

另外要提醒注意的是，在水源紧缺的情况下，要合理安排饮用水，不要为一时口渴而狂饮，如果一次喝个够，身体会将吸收后多余的水分排泄掉，这样就会白白浪费很多的水。如果在喝水时，一次只喝一两口，然后含在口中慢慢咽下，过一会儿感觉到口渴时再喝一口，慢慢地咽下，这样重复饮水，既可使身体将喝下的水充分吸收，又可解决口舌咽喉的干燥问题。

四、野外觅食

野外生存获取食物的途径主要有两种。一种是猎捕野生动物，另一种是采集野生植物。

猎捕野生动物首先要知道动物的栖息地，掌握动物的生活规律，然后再采取压捕、套猎、捕兽卡以及射杀等方法进行猎捕。这需要在专家的指导下经过较长时间的训练和实践后才能真正掌握。下面仅简单介绍一下可食用昆虫和可食用野生植物的种类、食用方法。

目前，世界上人们在食用的昆虫有蜗牛、蚯蚓、蚂蚁、知了、蟑螂、蟋蟀、蝴蝶、蝗虫、蚱蜢、湖蝇、蜘蛛、螳螂、蝎子等。虽然很多人对吃昆虫不习惯，甚至感到厌恶，但在万不得已的情况下，为维持生命，保持战斗力，继而完成任务，不妨一试。但是应注意，尽量要煮熟或烤透，以免昆虫体内的寄生虫进入人体，导致中毒或得病。

常见的可食昆虫有蝗虫，浸酱油烤着吃，煮或炒也可以；螳螂，烤或炒，煮也可以；蜻蜓，干炸后可食；蝉，生吃或干炸，幼虫也可食；蜈蚣，干炸，但味道不佳；天牛，幼虫可生食或烤；蚂蚁，炒食，味道好；蜘蛛，除去脚烤食；白蚁，可生食或炒食；松毛虫，烤食。

可食野生植物包括可食的野果、野菜、藻类、地衣、蘑菇等。对可食野生植物的识别是野外生存知识的主要内容。我国地域广大，适合各种植物生长，其中能食用的就有 2000 种左右。我国常见的可食野果有山葡萄、笃斯、黑瞎子果、茅莓、沙棘、火把果、桃金娘、胡颓子、乌饭树、余甘子等，特别是野栗子、椰子、木瓜更容易识别，是应急求生的上好食物。常见的野菜有苦菜、蒲公英、鱼腥草、马齿苋、刺儿草、荠菜、野苋菜、扫帚菜、菱、莲、芦苇、青苔等。野菜可生食、炒食、煮食或通过煮浸食用。

但是，一般人需要在专家的指导下经过一定时间的训练才能掌握这些知识，这里介绍一种最简单的鉴别野生植物有毒无毒的方法，供紧急情况下使用。通常将采集到的植物割开一个小口子，放进一小撮盐，然后仔细观察是否改变原来的颜色，通常变色的植物不能食用。

五、野外常见伤病的防治

昆虫叮咬的防治：在野外为了防止昆虫的叮咬，应穿长袖衣和裤，扎紧袖口、领口，皮肤暴露部位涂擦防蚊药。不要在潮湿的树荫和草地上坐卧。宿营时，烧点艾叶、青蒿、柏树叶、野菊花等驱赶昆虫。被昆虫叮咬后，可用氨水、肥皂水、盐水、小苏打水、氧化锌软膏涂抹患处止痒消毒。

蚂蟥是危害很大的昆虫。遇到蚂蟥叮咬时，不要硬拔，可用手拍或用肥皂液、盐水、烟油、酒精滴在其前吸盘处，或用燃烧着的香烟烫，让其自行脱落，然后压迫伤口止血，并用碘酒涂擦伤口以防感染。部队行进中，应经常查看有无蚂蟥爬到脚上。如在鞋面上涂些肥皂、防蚊油，可以防止蚂蟥上爬。涂一次的有效时间为 4～8 小时。此外，将大蒜汁涂抹于鞋袜和裤脚，也能起到驱避蚂蟥的作用。

昏厥：野外昏厥多是由于摔伤、疲劳过度、饥饿过度等原因造成的。主要表现为脸色突然苍白，脉搏微弱而缓慢，失去知觉。遇到这种情况，不必惊慌，一般过一会儿便会苏醒。醒来后，应喝些热水，并注意休息。

中毒：其症状是恶心、呕吐、腹泻、胃疼等。遇到这种情况，首先要洗胃，快速喝大量的水，用指触咽部引起呕吐，多喝水，以加速排泄，并立即送医救治。

中暑：其症状是突然头晕、恶心、昏迷、无汗或湿冷，瞳孔放大，发高烧。发病前，常感口渴头晕，浑身无力，眼前阵阵发黑。此时，应立即在阴凉通风处平躺，解开衣裤带，使全身放松，再服十滴水、仁丹等药。发烧时，可用凉水浇头，或冷敷散热。如昏迷不醒，可掐人中穴、合谷穴使其苏醒。

冻伤：如发现皮肤有发红、发白、发凉、发硬等现象，应用手或干燥的绒布摩擦伤处，促进血液循环，减轻冻伤，轻度冻伤用辣椒泡酒涂擦便可见效。如发生身体冻僵昏迷不醒的情况，不要立即将伤者抬进温暖的室内，应先摩擦肢体，待伤者恢复知觉后，再到较温暖的地方救治。

蜇伤：被蝎子、蜈蚣、黄蜂等毒虫蜇伤，伤口红肿、疼痒，并伴有恶心、呕吐、头晕等症状。要先挤出毒液，然后用肥皂水、氨水、烟油、醋等涂擦伤口，或将马齿苋捣碎，汁冲服，渣外敷。也可用蜗牛洗净后捣碎涂在伤口上。此外，蒜汁对蜈蚣咬伤也有疗效。

思　考　题

1. 请说说如何选择宿营地。
2. 在作战行动或野外训练中，如迷失方向应如何求救？
3. 在野外如何获取饮用水？
4. 请说出至少两种在野外可以安全食用的植物名称。
5. 在野外如何防止昆虫叮咬？

参 考 文 献

[1] 中国人民解放军军事科学院. 毛泽东军事文选[M]. 北京:战士出版社,1981.

[2] 中国军事百科全书编审委员会. 中国军事百科全书[M]. 北京:军事科学出版社,1997.

[3] 中国军事百科全书编审委员会. 中国军事百科全书(增补)[M]. 北京:军事科学出出版社,2002.

[4] 廖国良,李士顺,徐焰. 毛泽东军事思想发展史[M]. 北京:解放军出版社,1991.

[5] 张长顺. 兵员动员学[M]. 北京:国防大学出版社,1987.

[6] 中华人民共和国国务院新闻办公室. 2004 年中国的国防[R/OL]. (2005-5-27). http://www.gov.cn/zwgk/2005-05/27/content_1540.htm.

[7] 中华人民共和国国防教育法. 2001 年 4 月 2 日第九届人大常委会第 21 次会议审议通过.

[8] 毛泽东. 毛泽东选集[M]. 北京:人民出版社,1967.

[9] 中共中央党史研究室. 中国共产党的七十年[M]. 北京:中共党史出版社,1991.

[10] 刘继贤. 毛泽东军事思想原理[M]. 北京:解放军出版社,2007.

[11] 朱梅生. 军事思想概论[M]. 北京:国防大学出版社,1997.

[12] 军事学院战史简编编写组. 中国人民解放军战史简编[M]. 北京:解放军出版社,1983.

[13] 军事科学院世界军事年鉴编辑部. 世界军事年鉴(2005)[M]. 北京:解放军出版社,2005.

[14] 洪保秀. 邓小平国防思想研究[M]. 北京:解放军出版社,1998.

[15] 中国自然地理编写组. 中国自然地理[M]. 北京:高等教育出版社,1989.

[16] 中国共产党第十六次全国代表大会文件汇编. 北京:人民出版社,2002.

[17] 张勤德,戴旭. 现代国防大典[M]. 北京:中央文献出版社,1999.

[18] 军事科学院世界军事研究部. 美国军事基本情况[M]. 北京:军事科学出版社,2005.

[19] 军事科学院世界军事研究部. 俄罗斯军事基本情况[M]. 北京:军事科学出版社,2005.

[20] 张召忠. 打赢信息化战争[M]. 北京:世界知识出版社,2004.

[21] 吕登明. 信息化战争与信息化军队[M]. 北京:解放军出版社,2004.

[22] 唐超. 军事地理与地形学[M]. 北京:海潮出版社,2005.

[23] 肖占中. 军事信息管理[M]. 北京:解放军出版社,2005.

[24] 肖占中,刘是民. 军事思想与军事战略[M]. 北京:军事谊文出版社,1998.

[25] 肖占中. 军事作战指挥[M]. 北京:海潮出版社,2006.

[26] 肖占中. 新军事丛书[M]. 沈阳:白山出版社,2008.

[27] 肖占中. 军事理论与军事技能教程[M]. 北京:军事谊文出版社,2010.

附录　各种军训方队类型图